USING PYTHON

머신러닝 기반 데이터분석

WITH CASE STUDY

박민서 지음

자유아카데미

머리말

이 책을 집필하게 된 계기는 머신러닝 수업 후 복습을 위한 설명 노트의 필요성에서 시작되었습니다. 수업에서 배운 내용을 집에서 다시 복습할 때, 어려운 부분 없이 쉽게 점검하고 정리할 수 있도록 설명하는 것이 목표였습니다.

이 책은 머신러닝을 처음 접하는 분들에게 시작의 첫걸음을 제공하는 입문서입니다. 산업현장에서 다시 공부를 시작하는 직장인, 머신러닝을 처음 배우는 대학생, 그리고 비전공자이지만 자신의 전공 분야에 머신러닝을 접목하고자 하는 분들께 특히 추천합니다.

책에서는 머신러닝의 핵심이 되는 필수 이론을 차례대로 설명하며, 실습을 함께 구성하여 머신러닝에 대한 개념을 보다 쉽게 이해할 수 있도록 하였습니다. 머신러닝은 단순히 알고리즘을 암기하는 것이 아니라, 정확하게 이해해야 실무에서 활용할 수 있는 기술입니다. 따라서 최대한 쉽게, 그리고 편안하게 읽고 따라할 수 있도록 내용을 구성하였습니다.

이 책을 끝까지 공부하면 누구나 자신만의 머신러닝 모델을 만들고 실행할 수 있습니다. 한 걸음 한 걸음 차근히 따라가다 “아, 머신러닝이 이런 거구나!”라는 깨달음과 성취감을 느낄 수 있기를 바랍니다.

최선을 다해 집필하였지만, 부족한 부분이 있을 수 있습니다. 이에 대한 수정사항과 프로그램 파일은 자유아카데미 홈페이지(www.freeaca.com) 자료실을 통해 제공할 예정이니 참고하시기 바랍니다.

마지막으로, 좋은 책을 만들 수 있도록 지원해 주신 자유아카데미에 깊이 감사드리며, 부록 및 CASE STUDY 작업을 함께해 준 서울여자대학교 AIX(AI to Everything) Lab 연구원들께도 진심으로 감사의 마음을 전합니다.

2025년 2월

박민서 드림

차례

01 시작하기 1

1 책의 내용 미리보기 _2

2 책의 구성 살펴보기 _3

3 이 책은 누구를 위한 책인가? _6

4 머신러닝을 위한 준비물: 파이썬(Python) _7

02 머신러닝 개요 17

1 머신러닝이란? _18

2 머신러닝의 작동 원리 _20

3 머신러닝 프로세스 _22

03 회귀 27

1 선형회귀모델링 _28

2 선형회귀모델 평가하기 _36

3 다른 특징들도 고려하기 _39

4 회귀모델의 응용 사례 _40

5 회귀모델 프로세스 이해하기 _42

04 회귀모델 실습: 집 가격 예측하기 45

1 문제 정의하기 _47

2 라이브러리 불러오기 _47

3 데이터 수집하기 _48

4 데이터 탐색하기 _51

5 모델링하기 _68

05 지도학습과 분류 85

1 분류기로 배우는 지도학습 _86
2 선형분류기 _90
3 결정경계 _93
4 모델 평가하기 _95
5 분류모델 프로세스 이해하기 _104

06 지도학습/분류 실습: 레스토랑 리뷰 분류하기 105

1 문제 정의하기 _106
2 라이브러리 불러오기 _107
3 데이터 수집하기 _107
4 데이터 탐색하기 _109
5 전처리하기 _113
6 모델링하기 _127
7 성능 평가하기 _129

07 비지도학습/클러스터링 135

1 문서 검색 _134
2 문서 유사도 검색을 위한 방법론 _135
3 유사한 문서 검색하기 _143
4 클러스터링 모델 _144
5 클러스터링 프로세스 이해하기 _150

08 비지도학습/클러스터링 실습: 쇼핑몰 고객 그룹핑하기 153

1 문제 정의하기 _154
2 라이브러리 불러오기 _155
3 데이터 수집하기 _155
4 데이터 탐색하기 _156
5 전처리하기 _158
6 모델링하기 _163

09 추천 169

1 상품추천 _170
2 개인화 _170
3 분류 방법에 의한 추천시스템 _172
4 협업 필터링에 의한 추천시스템 _174
5 행렬 분해 기반의 추천시스템 _179
6 추천시스템 평가하기 _185
7 추천시스템 프로세스 이해하기 _191

10 추천 실습: 사용자 맞춤 영화 추천하기 193

1 문제 정의하기 _194
2 라이브러리 불러오기 _195
3 데이터 수집하기 _199
4 데이터 탐색하기 _200
5 전처리하기 _203
6 모델링하기 _208

11 Case Studies 231

Case Study 1: 야구장 관중 수 예측하기

1 문제 정의하기 _232
2 라이브러리 불러오기 _233
3 데이터 수집하기 _233
4 데이터 탐색하기 _236
5 데이터 전처리 _245
6 모델링하기 _251
7 모델 예측 결과 및 성능 평가 _258

Case Study 2: 전기 에너지 소비량 예측

1 문제 정의하기 _260
2 라이브러리 불러오기 _261
3 데이터 수집하기 _263
4 데이터 탐색하기 _268
5 데이터 전처리 _278
6 모델링하기 _290
7 모델 예측 결과 및 성능 평가 _294

부록 299

1 결정 트리(Decision Tree) _300
2 랜덤 포레스트(Random Forest) _302
3 에이다 부스트(Adaptive Boosting, AdaBoost) _305
4 그래디언트 부스팅 머신(Gradient Boosting Machine, GBM) _308
5 XGBoost(eXtreme Gradient Boosting) _311
6 LightGBM(Light Gradient Boosting Machine) _313

CHAPTER 01

시작하기

책의 내용 미리보기
책의 구성 살펴보기
이 책은 누구를 위한 책인가?
머신러닝을 위한 준비물: 파이썬(Python)

1 책의 내용 미리보기

「머신러닝 기반 데이터 분석 with Case Study」는 일상생활에서 필요한 다양한 애플리케이션 및 시스템을 만들기 위해 활용될 수 있는 머신러닝 알고리즘에 대해 이론적으로 공부하고, 이를 Case Study를 통해 실제 경험해 볼 수 있도록 구성하고 있습니다. 이론으로 배우고 예제를 직접 실습하면서 알고리즘 작동 방식을 익힙니다.

머신러닝 알고리즘은 일상생활에서 흔하게 사용되고 있습니다. 매우 다양한 영역에서 적용되고 있습니다. 특히 불확실한 환경과 미래의 일에 대한 의사 결정 시 데이터 기반 결정을 할 수 있도록 돕습니다. 현재 많은 데이터가 쌓여 있고, 디지털 시대가 되면서 더 많은 데이터가 실시간으로 생성되고 있습니다. 데이터 안에 답이 있을 수 있습니다. 데이터 안에서 인사이트를 찾고 이를 잘 활용할수록 미래를 먼저 준비할 수 있습니다. 이 과정을 돕는 것이 머신러닝 알고리즘입니다.

머신러닝 기술이 어떻게 데이터 분석에 사용되는 것일까요? 예제를 통해 알아봅시다.

쇼핑몰 운영에 도움을 줄 수 있습니다. 머신러닝 알고리즘을 도입하여 상품을 추천할 수 있습니다. 고객 맞춤형 마케팅을 진행할 수 있습니다. 또한 함께 구매할 가능성이 높은 품목 별 디스플레이가 가능합니다.

넷플릭스는 머신러닝을 적용하여 영화 소비 방식을 바꾸었습니다. 사람들이 영화를 빌리러 비디오 가게에 방문하는 대신, 디지털로 어디서나 볼 수 있게 만들어 주었고, 수천 수만 개의 영화 중 원하는 영화를 쉽게 찾아서 볼 수 있도록 고객 맞춤형 추천을 제공해 주었습니다. 즉, 머신러닝 알고리즘을 활용하여 고객 맞춤형 영화 추천시스템을 제공하였습니다.

또 다른 예로 음악 추천시스템과 사람과 사람을 연결해 주는 소셜미디어 등이 있습니다. 친구를 연결해 주는 페이스 북, 기사님과 승객을 연결해 주는 티맵 및 카카오 택시 등이 대표적입니다.

머신러닝 기술이 다양한 산업에 적용 및 접목되어 각 개인에게 특별한 경험을 만들어 줍니다. 이 책에서는 대표적인 머신러닝 알고리즘들을 다룹니다. 이론을 배우고 실습을 함께 수행합니다.

머신러닝 과정은 파이프라인으로 표현할 수 있습니다. 이를 **머신러닝 파이프라인**이라고 합니다. 데이터에서 시작합니다. 데이터를 살펴보고 이해합니다. 데이터의 특성을 고려하여 적합한 머신러닝 알고리즘을 도입하고, 이를 시스템(애플리케이션)에 적용 및 통합하여 시스템에 지능(인텔리전스)을 입힙니다.

예를 들면, 머신러닝 알고리즘을 도입해서 웹 쇼핑몰에 지능을 입힙니다. 고객들이 쇼핑몰에 입장했을 때, 쇼핑몰 시스템은 머신러닝 알고리즘을 통하여 각 고객들에게 어떤 상품을 구매하는 것이 좋을지 고객 맞춤형 추천을 해 줄 수 있습니다.

그림 1.1 머신러닝 파이프라인

이 책에서는 다양한 머신러닝 알고리즘에 대한 파이프라인을 다룰 것입니다. 각 머신러닝 알고리즘의 특징을 정확히 이해하고 실습을 통해 익혀서 여러분 만의 똑똑한 애플리케이션 및 시스템을 만들 수 있기를 기대합니다.

2 책의 구성 살펴보기

머신러닝 알고리즘을 학습하기 위한 가장 좋은 방법은 다음과 같습니다.

① 알고리즘을 명확히 이해하고,

② 많은 사례를 다루어 보는 것 입니다.

첫 번째로 배울 알고리즘은 회귀분석 알고리즘입니다. 사례를 통해서 배웁니다. 살고 있는 주택의 가격이 궁금합니다. 살고 있는 주택의 가격을 어떻게 알 수 있을까요? 우리는 주로 부동산을 방문해서 주택의 가격을 물어봅니다.

때때로 부동산에서 제시한 우리 집의 가격이 아쉬울 때가 있을 것입니다. 이제는 데이터에 기반해서 가격을 매기는 시대가 되었습니다. 과거의 데이터 및 우리 집과 비슷한 다른 집들의 가격 데이터를 기반으로 우리 집의 가격을 예측하는 시대가 되었습니다. 우리 집과 비슷한 다른 집들의 가격을 살펴보고 이를 기반으로 우리 집의 가격을 예측해 보는 것입니다. 침실이 몇 개인지, 욕실은 몇 개인지, 어느 지역에 위치에 있는지, 주변에 편의 시설이 있는지, 교육 시설이 있는지, 집의 전체 평수는 얼마나 되는지, 언제 건축되었는지 등의 다양한 요소들이 집의 가격과 밀접한 연관이 있습니다. 머신러닝 기술 중 회귀분석(Regression) 알고리즘을 사용하면 주어진 주택의 특징을 활용하여 주택의 가격을 미리 예측해 볼 수 있습니다.

그림 1.2 회귀분석 알고리즘으로 예측하는 주택 가격

두 번째 알고리즘은 분류 알고리즘입니다. 레스토랑 추천 사례를 통해 배웁니다. 레스토랑에 방문했던 고객들의 평가 및 리뷰들을 기반으로 레스토랑을 추천합니다. 머신러닝 기술 중 지도학습을 활용합니다. 지도학습은 분류 알고리즘의 일종입니다.

예를 들어, 우리는 방문 목적에 따라 레스토랑을 선택합니다. 저의 경우 특별한 날에는 일식 레스토랑을 선호합니다. 일식은 비싼 편이라서 자주 방문하기 쉽지 않습니다. 저는 일식 중에서 특히 스시를 좋아합니다. 그렇다면 제가 일식 레스토랑을 찾을 때 염두해 두는 것이 무엇일까요? 기준이 분명해집니다. 특별한 날에 가고, 스시를 좋아하니까, 스시가 맛있고 분위기가 좋은 곳을 선택할 것입니다. 일식 레스토랑에서 다른 요소들은 저에게는 레스토랑 선택 시 중요한 요소가 아닐 것입니다. 그렇다면 저에게 적합한 레스토랑을 어떻게 찾아야 할까요?

일식 레스토랑들에 대한 수많은 리뷰들이 있습니다. 그중 스시와 분위기에 대한 리뷰들만 추출합니다. 해당 리뷰들을 자세히 살펴봅니다.

예를 들어 봅시다. "스시가 매우 훌륭합니다."라는 리뷰가 있습니다. "훌륭하다"라는 단어가 얼마나 많이 사용하는지에 따라 해당 레스토랑의 평판이 긍정적인지 부정적인지 분류할 수 있습니다. 이와 같이 긍정적인지 부정적인지 구분하는 방법을 분류

(Classification)라고 합니다. 머신러닝 알고리즘에서는 지도학습(Supervised Learning)이라고도 합니다.

그림 1.3 분류로 배우는 레스토랑 추천시스템

세 번째 알고리즘은 클러스터링 알고리즘입니다. 문서 검색을 합니다. 사람들은 원하는 정보를 얻기 위해 책이나 문서를 찾습니다. 머신러닝 알고리즘을 활용해서 사용자들에게 맞춤형으로 필요한 정보를 제공할 수 있습니다. 수많은 데이터에서 각 사용자들이 필요한 정보를 구조적으로 찾을 수 있도록 돕습니다.

예를 들어, 웹에는 스포츠, 뉴스, 오락 등에 관한 많은 기사들이 있습니다. 기사들의 내용들(말뭉치, 단어 등)을 분석해서 태그를 달아 놓으면 추후 기사들을 검색할 때 편리할 것입니다. 더 나아가 비슷한 태그가 달린 기사들을 묶어 놓으면, 기사를 효율적으로 검색할 수 있습니다. 이렇게 비슷한 기사별로 묶는 방법을 클러스터링(Clustering)이라고 하며, 다른 말로 그룹핑(Grouping)입니다. 머신러닝 알고리즘에서 비지도학습(Unsupervised Learning)이라고도 합니다.

그림 1.4 클러스러링(그룹핑)으로 배우는 뉴스기사 검색

네 번째 알고리즘은 추천 알고리즘입니다. 협업 필터링(Collaborative Filtering)입니다. 많은 추천시스템은 자신이 이전에 구매했던 상품들을 분석해서 추후 구매할 것이라고 예상되는 상품을 추천해 줍니다. 이와 같은 방법의 추천은 개인화를 반영하기 때문에 정확도가 높습니다. 그러나 이전에 구매했던 경험이 없을 경우에는 추천 정확도가 낮을

수밖에 있습니다. 이를 보완하고, 보다 다양한 상품을 추천하기 위해 자신이 이전에 구매했던 상품들뿐만 아니라, 비슷한 상품을 구매했던 다른 사람들의 데이터도 함께 사용합니다.

우리는 때때로 다른 사람의 아이디어를 듣고 "아하!! 저런 방법이 있었구나!!" 합니다. 비슷합니다. 다른 사람들이 구매했던 구매항목들을 참고해서 미처 생각하지 못했던 상품들을 추천받을 수 있을 것입니다. 이와 같이 자신의 데이터뿐만 아니라 다른 사람의 데이터도 함께 고려해서 추천해주는 방법을 협업 필터링이라고 합니다. 이 책에서는 매트릭스 기반의 방법(Matrix Factorization)으로 협업 필터링을 풀어 볼 것입니다.

그림 1.5 쇼핑몰 데이터로 배우는 개인 맞춤형 추천시스템

마지막으로 다양한 사례(야구 관중 수 예측, 전기 에너지 소비량 예측)들을 직접 실습해 봅니다. 배운 머신러닝 알고리즘들에 대해 복습하고 평가 방법을 정리합니다. 직접 코드를 따라가면서 다양한 데이터를 다루어 보고, 머신러닝을 직접 경험해 봅니다.

이 책은 머신러닝을 이해하기 위해 알아야 하는 최소의 이론과 예제를 담고 있습니다. 머신러닝 시작의 장벽을 낮추고자 합니다. 전공자뿐만 아니라 비전공자도 시작을 할 수 있도록 도와주는 책입니다. 이 책을 마스터한 이후, 확장하여 보다 다양한 알고리즘들을 익히는 것을 추천 드립니다.

3 이 책은 누구를 위한 책인가?

이 책은 머신러닝을 처음 공부하는 사람들을 위한 입문서입니다. 머신러닝의 가장 기본적인 알고리즘들을 추려서 이론적으로 쉽게 설명하고, 이를 다양한 사례에 적용하고 있습니다. 머신러닝을 처음 만나는 사람들에게 "모델", "학습" 등의 머신러닝 용어나 개념은 어려울 수 있습니다. 이 책에서는 다소 생소한 용어들을 직관적이고 쉽게 설명합니다. 이 책을 통해 머신러닝 공부는 "할 만 하구나. 시작해 보자" 하는 자신감을 얻기를 기대합니다.

제가 생각하는 이 책의 독자는 소프트웨어 엔지니어 및 데이터 과학자가 되고 싶은 모든 사람(비전공자 포함)들입니다. 머신러닝 알고리즘들 중 대표적인 알고리즘들을 선별하여 쉽게 설명하려 했지만, 처음 머신러닝을 만나는 독자들에게는 여러가지 용어나 개념들에 대한 장벽이 있을 수 있습니다.

책을 보다 잘 이해하기 위해서는 "데이터 사이언스를 위한 기초수학"을 알아야 될 수도 있습니다. 그러나 수학에 대해서는 너무 걱정하지 마세요. 실제 머신러닝 알고리즘의 이해를 위해 필요한 수학은 어려운 수학이 아닙니다. 고등학교 수준의 수학이면 충분합니다. 책 중간 중간에 수학에 대한 설명을 합니다.

마지막으로 프로그래밍 언어로 파이썬(Python)을 추천 드립니다. 파이썬을 처음 접하거나, 잘 모른다고 해도 걱정하지 마십시요. 이 책을 따라가다 보면, 마지막에는 자연스럽게 사용하고 있을 겁니다.

지금부터는 머신러닝 시작을 위한 준비를 해봅시다. 파이썬을 설치하고 실행해 보도록 합시다.

4 머신러닝을 위한 준비물: 파이썬(Python)

이 책은 파이썬 프로그래밍 언어를 사용하여 머신러닝 알고리즘을 실습합니다. 파이썬은 사람이 데이터와 쉽게 상호작용할 수 있게 도와주는 프로그래밍 언어 중 하나입니다. 간단한 코드에서부터 복잡한 코드까지 쉽게 코딩(구현)할 수 있습니다. 파이썬은 전문적인 프로그래머가 아니더라도 누구나 쉽게 프로그래밍을 시작할 수 있도록 다양한 패키지(라이브러리)를 제공하고 있습니다. 특히, 파이썬은 직관적인 언어이기 때문에, 소프트웨어 전공자가 아닌 비전공자들에게도 많은 사랑을 받고 있습니다.

파이썬을 사용하는 방법으로는 크게 2가지가 있습니다. 하나는 자신의 컴퓨터에 파이썬 프로그래밍을 위한 환경을 설치해서 사용하는 방법입니다. 다른 하나는 구글에 접속해서 코랩(Goolge Golab)을 이용하는 방법입니다. 지금부터 2가지 방법을 함께 설치 및 접속해 보겠습니다.

4.1 Jupyter Notebook & Jupyter Lab

우선 자신의 컴퓨터(로컬 환경)에 파이썬 프로그래밍을 위한 환경을 세팅해 보겠습니다. 이 방법을 사용할 경우 인터넷 접속 여부에 관계 없이 파이썬을 사용할 수 있습니다.

Jupyter Notebook 또는 Jupyter Lab을 사용하는 것을 권장합니다. Jupyter Notebook은 IPython Notebook이라고도 불리어지고 있는데요. 파이썬 터미널(코딩하는 환경)과 위키 페이지(문서를 만들 수 있는 환경)의 조합으로 이루어져 있습니다. 즉, 소스 코드(파이썬 코드)와 문서를 함께 작성할 수 있는 환경을 제공합니다.

Jupyter Notebook에서 .ipynb(ipython noebook 파일)을 클릭하면, 소스 코드와 위키 페이지의 조합으로 구성된 문서가 오픈됩니다. 프로그래밍과 문서화 작업을 함께 할 수 있습니다.

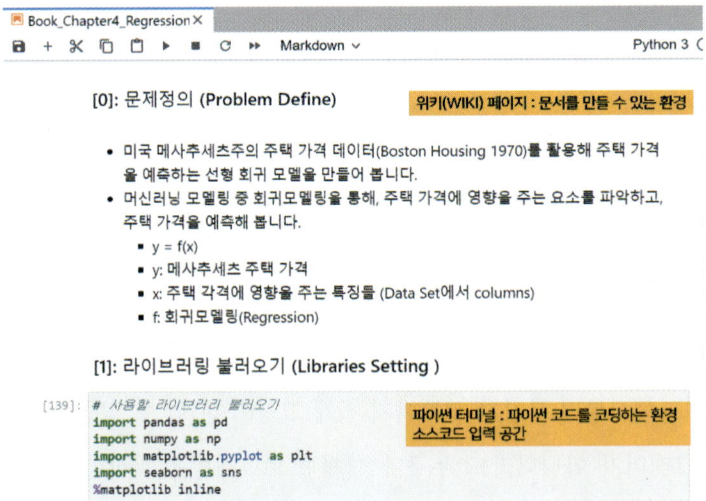

그림 1.6 Jupyter Notebook

Jupyter lab은 Jupyter notebook에 탐색기를 더해 탐색하기 편리한 인터페이스를 제공합니다. Jupyter lab은 영어로는 Web-based interactive computing platform으로 코

드 및 데이터를 위한 웹 기반 대화형 개발 환경입니다. [그림 1.7]을 보면 더 쉽게 이해가 될 수 있습니다. 왼쪽에는 탐색할 수 있는 환경(탐색기)이, 오른쪽에는 소스코드(파이썬 터미널) 및 문서화(위키 페이지)할 수 있는 창이 함께 제공됩니다.

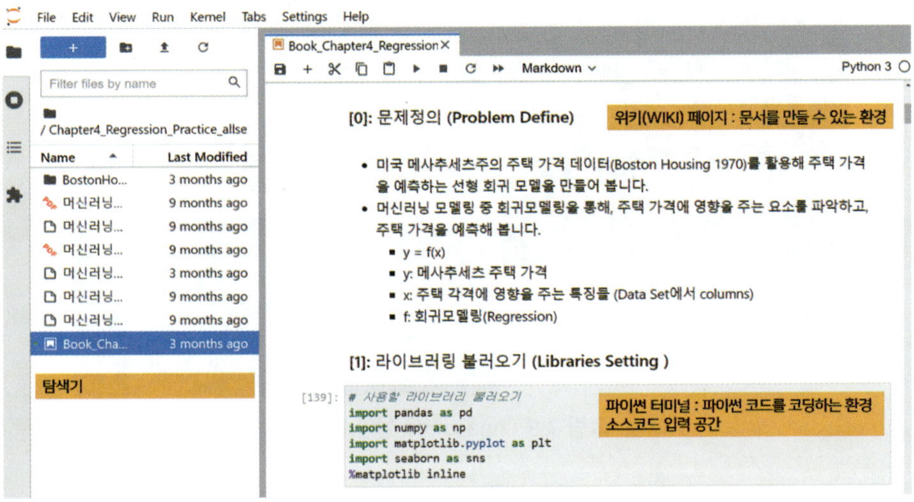

그림 1.7 Jupyter Lab

Jupyter Notebook 와 Jupyter Lab 모두 데이터 과학 및 머신러닝에 필요한 라이브러리들을 모아 놓은 통합 패키지인 아나콘다(Anaconda)를 설치하면 쉽고 편리하게 설치할 수 있습니다. 아나콘다는 파이썬과 함께 머신러닝 프로그래밍에 필요한 다양한 패키지(pandas, scipy, jupyter, numpy 등)를 제공합니다.

이제부터 함께 설치해 봅시다. (설치하는 방법은 같습니다만, 사이트의 업데이트에 따라 화면 배치나 구성은 바뀔 수 있습니다.) 먼저, 아나콘다 사이트(Anaconda.com)를 방문합니다.

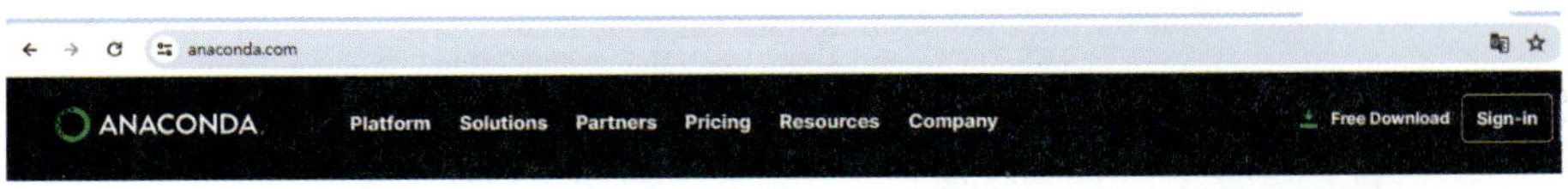

그림 1.8 Anaconda 사이트 화면

Free Download를 클릭해서 알맞은 패키지를 다운로드받습니다.

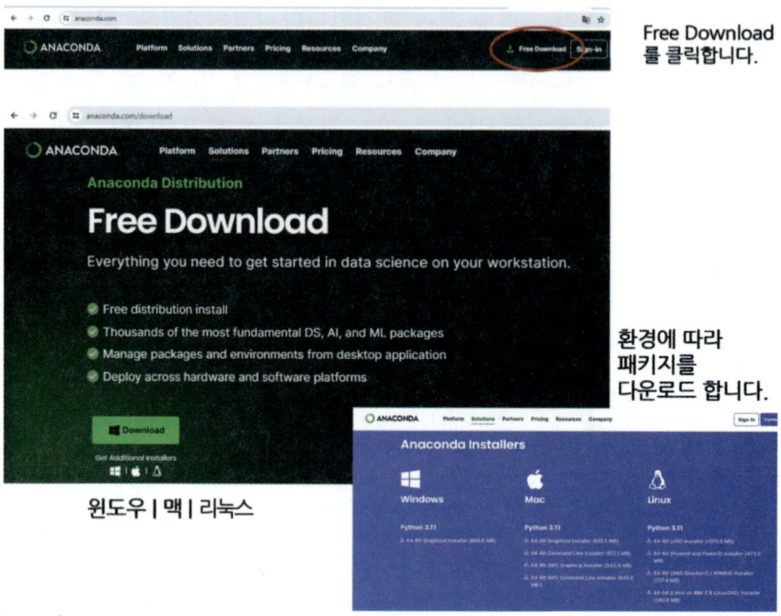

그림 1.9 Anaconda 설치 화면

다운로드 후 설치를 합니다. PATH 환경 설정에서만 유의하시고 대부분은 NEXT를 클릭하시면서 진행합니다. 아래 화면은 PATH 환경 설정 화면입니다.

PATH 설정화면에서 “Add Anaconda to my PATH environment variable”을 체크하시는 것을 추천합니다.

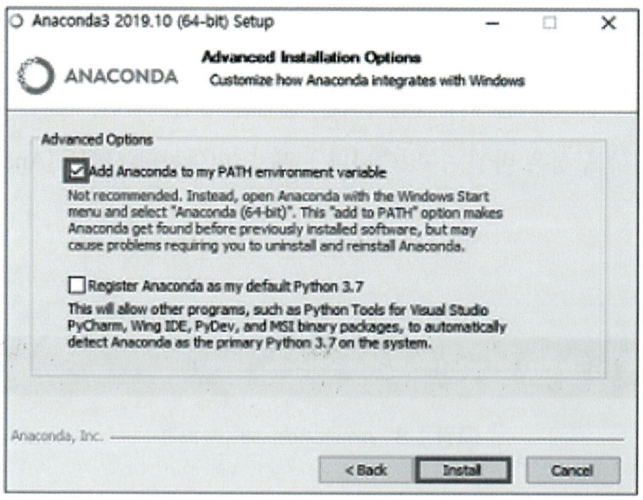

그림 1.10 Anaconda PATH 설정 화면

설치를 마쳤다면 Jupyter Notebook과 Juptyer Lab이 잘 설치되었는지 확인해 봅니다. Windows의 경우는 쉽게 실행할 수 있습니다. 원하는 탐색창에 jupyter lab 또는 juptyer noteook을 타이핑하면 됩니다.

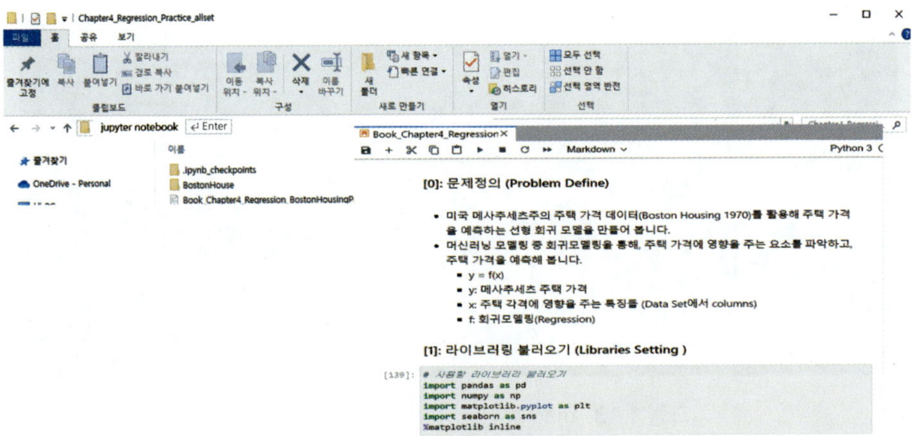

그림 1.11 Jupyter Notebook 실행화면

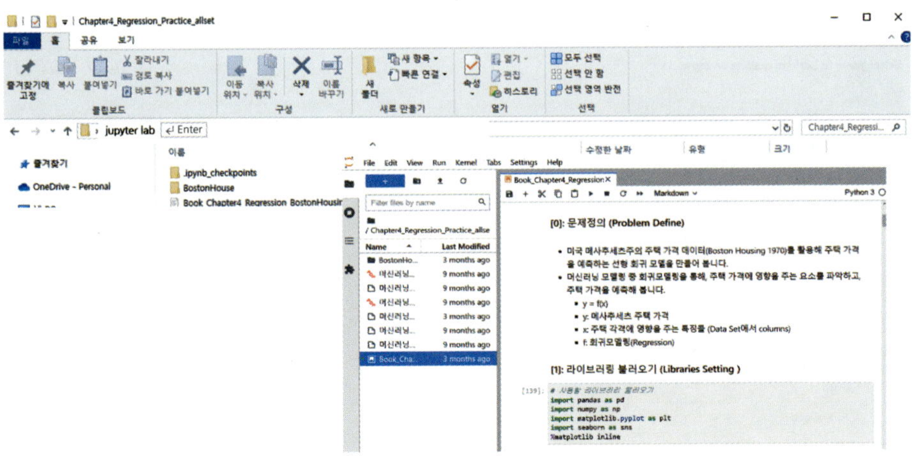

그림 1.12 Jupyter Lab 실행화면

참고 Mac에서 실행하기

터미널에서 jupyter notebook 또는 jupyter lab을 실행시키면 다음과 같은 화면이 보입니다.

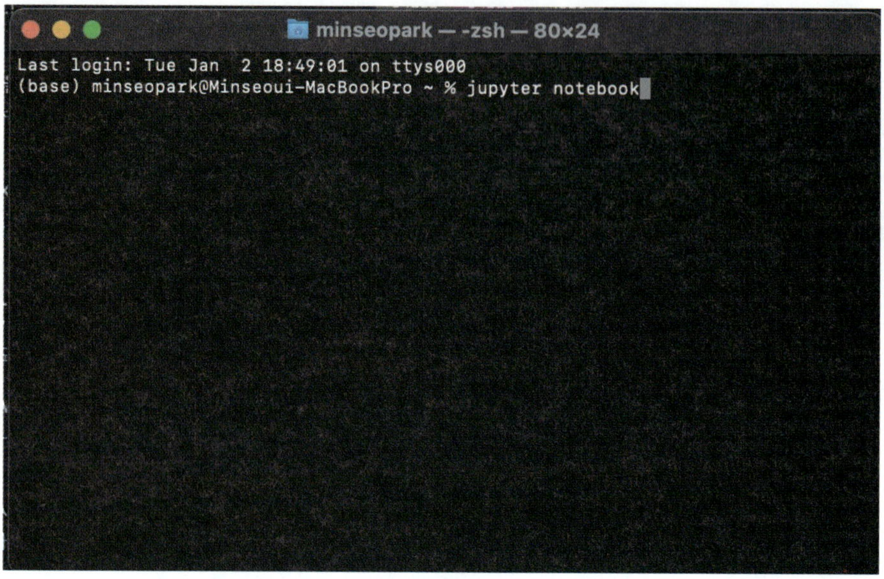

그림 1.13 mac에서 jupyter notebook 실행하기

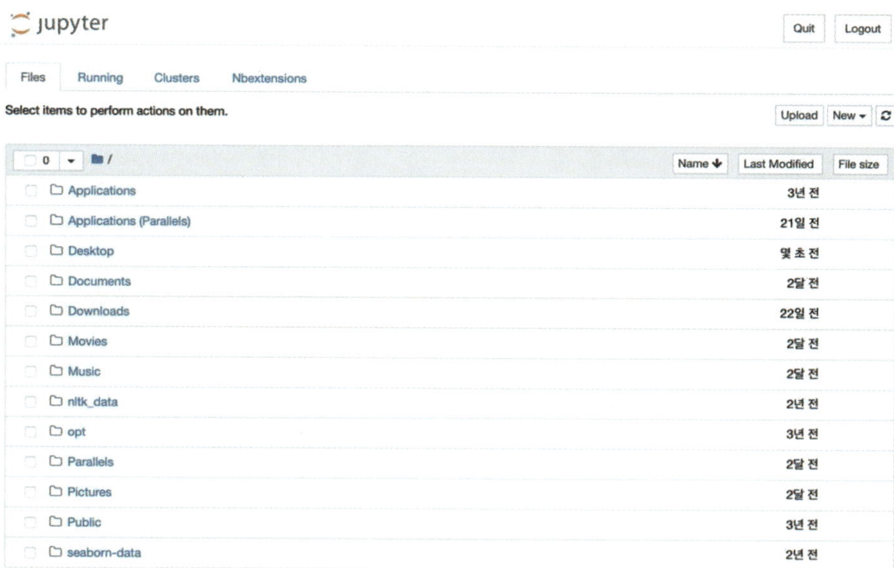

그림 1.14 mac에서 jupyter notebook 실행된 화면

그림 1.15 mac에서 jupyter lab 실행하기

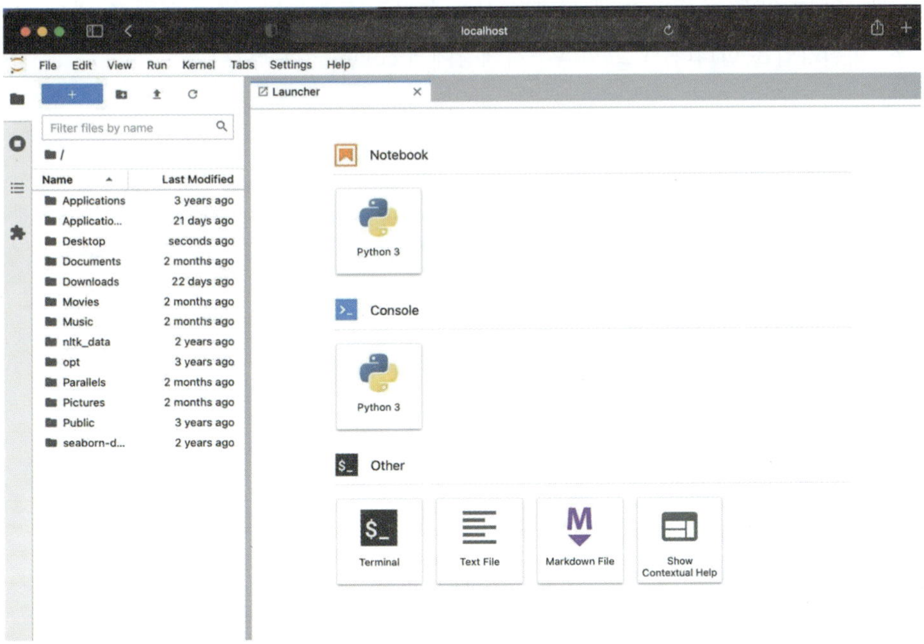

그림 1.16 mac에서 jupyter lab 실행된 화면

4.2 Google Colab

구글 코랩(Google Golab)은 구글에서 제공하는 온라인 파이썬 프로그래밍 도구로 Jupyter Notebook과 매우 유사한 기능을 제공합니다. Jupyter Notebook과의 차이점은 구글 클라우드를 기반으로 하기 때문에 반드시 인터넷에 연결되어 있어야 합니다.

구글 코랩은 구글 클라우드를 사용합니다. 개인의 PC나 노트북의 사양에 독립적입니다. 머신러닝/딥러닝을 구현하는 데 필요한 환경인 GPU(Graphical Processing Unit: 그래픽 처리장치)/TPU(Tensor Processing Unit: 텐서 프로세싱 유닛)를 구글 클라우드에서 제공하기 때문에 로컬 환경에 개발 환경 설치 등의 번거로운 절차 없이 구글 계정 로그인만으로 손쉽게 사용할 수 있습니다.

Colab은 Colaboratory(co)의 준말로 웹 브라우저에서 python을 작성하고 실행할 수 있습니다. 준비물은 구글 계정과 웹 브라우저면 충분합니다. 웹 브라우저로는 크롬(Chrome)을 추천합니다.

크롬 브라우저를 열고 구글에 접속합니다. 로그인을 합니다. 만약 구글 계정이 없을 경우, 회원가입을 합니다. 로그인 후, 검색창에서 colab을 검색합니다.

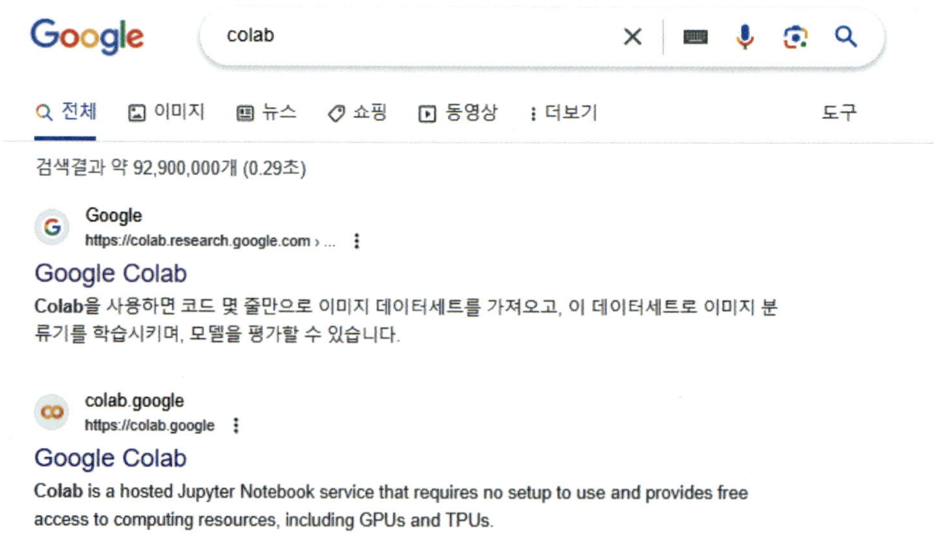

그림 1.17 colab 검색

첫 번째 검색 결과인 'Google Colab'을 클릭합니다.

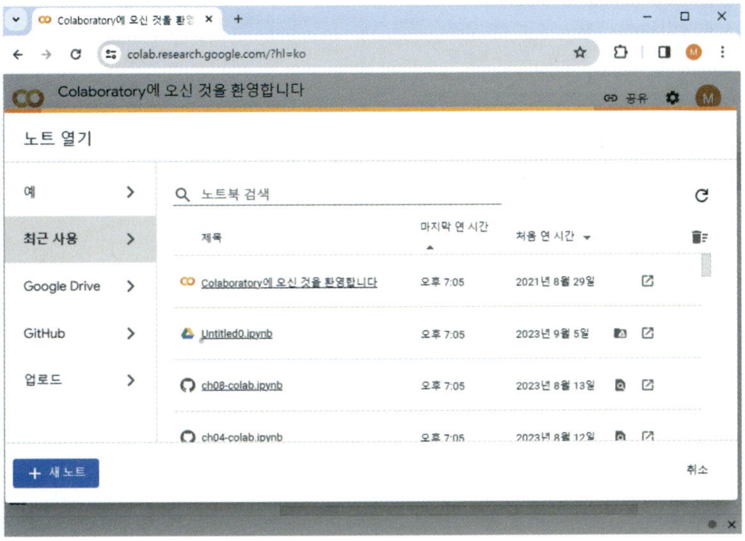

그림 1.18 접속 화면

오른쪽 아래의 취소를 누르면 초기 화면을 만날 수 있습니다. 또는 새노트를 누르거나 해당 파일을 누르면 colab 기반의 jupyter notebook을 만날 수 있습니다.

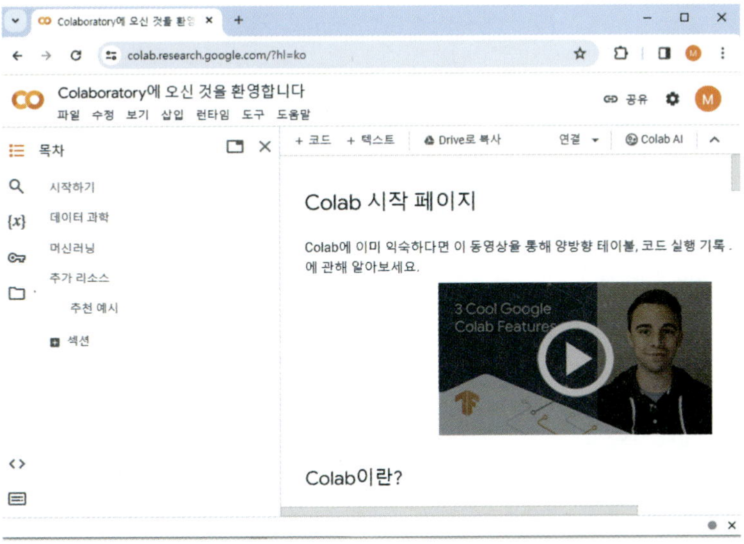

그림 1.19 취소 버튼을 누른 후 만나는 초기 화면

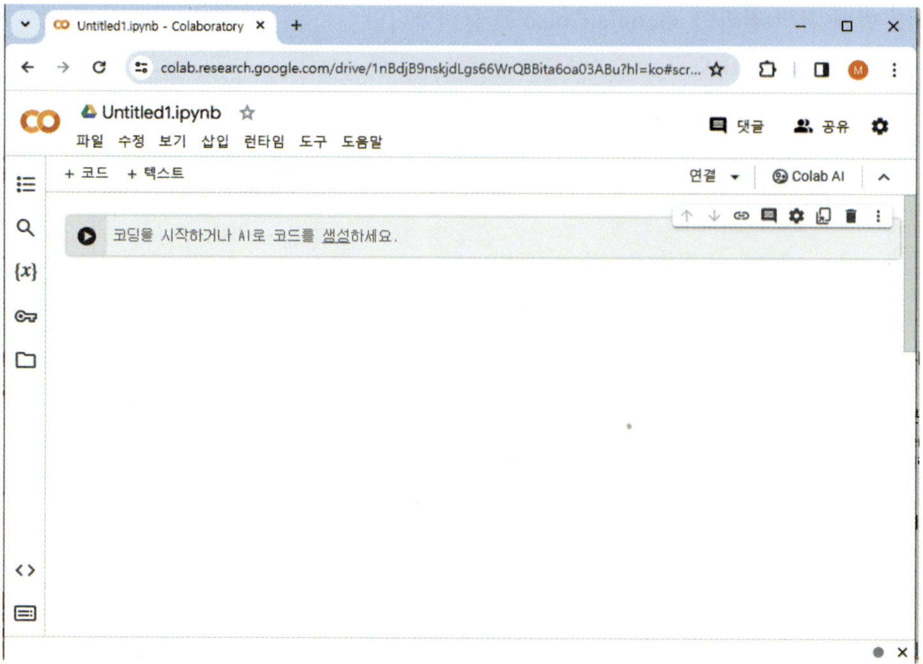

그림 1.20 새노트 버튼을 눌러 새로운 notebook을 생성

이제 파이썬 프로그래밍을 하기 위한 환경 세팅을 마쳤습니다. 드디어 공부할 준비가 모두 되었습니다. 이론을 배우면서 실습도 함께해 봅시다.

CHAPTER 02

머신러닝 개요

머신러닝이란?
머신러닝의 작동 원리
머신러닝 프로세스

1 머신러닝이란?

머신러닝은 과거의 데이터 및 실시간으로 생성되고 쌓이는 데이터로부터 미래를 예측하는 것을 의미합니다. 데이터를 통해 과거를 보고 미래를 미리 볼 수 있는 기술이자 도구입니다. 머신러닝을 통해 데이터 안에서 인사이트를 찾습니다.

머신러닝을 프로그래밍과 비교해서 생각해봅시다. 프로그래밍은 데이터를 입력으로 받아서 만들어진 소프트웨어(프로그램)에서 답을 구합니다. 주어진 데이터에 대해서 답을 찾는데 초점을 맞춥니다. 미래의 일을 예측하기는 어렵습니다. 그러나 머신러닝은 데이터 안에서 규칙을 발견하고 그 규칙을 새로운 데이터에 적용해서 결과 값을 도출할 수 있습니다. 아직 일어나지 않은 미래의 일을 예측하기 위해 만들어진 기술입니다.

[그림 2.1]은 프로그래밍과 머신러닝을 비교하고 있습니다. 프로그래밍은 입력으로 데이터를 받아서 답을 출력합니다. 머신러닝은 입력으로 데이터와 답을 받아서 규칙을 출력합니다.

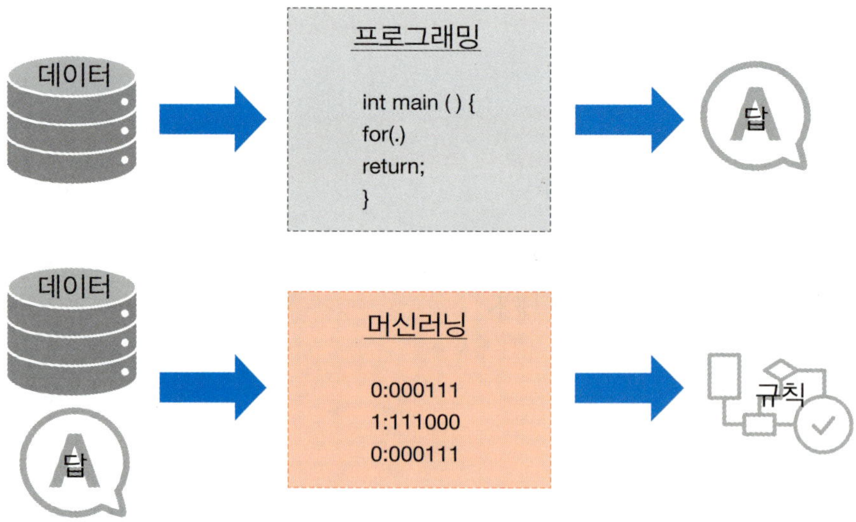

그림 2.1 프로그래밍과 머신러닝의 차이점

예제로 다시 한번 살펴봅시다. 환자가 기침을 심하게 해서 병원을 찾았습니다. 검사를 해보니 폐암 증상과 비슷했습니다. 폐암일 확률이 높았습니다. 의사 선생님은 수술을 권했습니다. 이런 상황에서 많은 환자들은 다음과 같이 질문을 합니다. "혹시 수술하면 살 수 있을까요? 살 수 있는 확률이 얼마나 될까요?" 의사 선생님은 이전에 수술하고 치료했던 경험을 바탕으로 환자들에게 치료될 수 있는 확률을 알려줍니다. 의사 선생님들은 늘 이런 질문에 대한 답에 대해서 고민을 하게 됩니다. "보다 정확하게 예측할 수 있다면 얼마나 좋을까?"

머신러닝 기술이 의사 선생님들의 정확한 예측을 도울 수 있습니다. 그동안 집도한 수술 환자들의 기록을 활용하여 규칙을 만들고 그것을 기반으로 예측할 수 있게 돕습니다. 수술했던 환자들의 수술 전 후 상태의 데이터를 분석하여 규칙을 만듭니다. 만들어진 규칙에 새로 온 환자의 수술 전 상태를 입력으로 넣어 수술 후의 상태를 예측합니다.

머신러닝은 관찰 값(데이터)과 답을 입력으로 사용하여 머신러닝 알고리즘으로 반복학습합니다. 반복학습을 통해 패턴과 규칙(함수: function)을 만듭니다. 만들어진 패턴과 규칙을 활용하여 새로운 수술 환자에 대한 치료 가능성을 예측합니다. 수식으로 표현하면 다음과 같습니다니다.

규칙(함수/패턴)

$$Y = f(X)$$

수술 후 환자 상태 값 (치료가능/불가능)

수술 전 환자 상태

일반 프로그래밍이 출력(Y)를 찾는 것에 초점을 맞추고 있다면, 머신러닝은 다수의 입력(Xs)과 다수의 출력(Ys)가 주어졌을 때, 그 둘 사이의 f(규칙/함수/패턴)를 찾는 것입니다.

모든 머신러닝 알고리즘은 함수를 의미합니다. 이 책에서는 머신러닝의 대표적인 함수(=알고리즘)들을 다룹니다. 회귀(Regression), 지도학습(Supervised Learning(=Classification)), 비지도학습(Unsupervised Learning(=Clustering)), 추천(Recommendation(Collaborative Filtering, Matrix Factorization))을 살펴보고 실습해 봅니다.

함수(=알고리즘)는 다르게 표현하면 다음과 같습니다.

- 독립변수(X)와 종속변수(Y)와의 **관계식**을 의미합니다.
- 주어진 문제에서 **풀이 방법**을 의미합니다.
- 과거의 데이터에서 **패턴 및 규칙**을 찾는 것입니다.

머신러닝은 다양한 산업에 활용될 수 있습니다. 어떤 고객을 대상으로 마케팅을 할 것인지, 향후 6개월 이내에 이탈할 고객이 누구인지, 미래의 주가를 예측하는 일 등을 머신러닝을 활용하여 미리 볼 수 있습니다.

예제 1) Sales Prediction: 특정 고객 → 마케팅 캠페인 반응할 확률

- x: 고객 과거 데이터, 캠페인 요소들
- y: 반응할 확률 → 캠페인을 확인한 사람에게 Sales를 하는 것이 좋다.

예제 2) 휴대폰 고객이 향후 6개월 내에 이탈할 확률

- x: 휴대폰 고객, y: 이탈할 확률

예제 3) y: 다음 주 주가상승 여부 = f(x: 최근 주가 추이, 환경분석)

2 머신러닝의 작동 원리

인생은 시험의 연속입니다. 시험을 만날 때마다 우리는 시험을 패스하기 위해 열심히 공부를 합니다. 기본기를 다지고, 기출문제를 풀어보고, 틀린 것을 다시 리뷰하면서 점검합니다. 반복해서 공부하면서 시험을 준비합니다. 이런 과정을 통해 시험에서 좋은 성적을 얻을 수 있습니다.

머신러닝은 시험을 패스하기 위해 공부하는 과정과 비슷합니다. 반복 학습을 통해 좋은 성적을 얻는 과정과 비슷합니다. 차이는 공부하는 주체입니다. 시험 공부는 사람이 하는 것이고 머신 러닝은 공부(학습)를 기계(컴퓨터)가 하는 것입니다.

사람이 책이나 기출문제를 공부하듯 기계는 데이터를 수집하고 탐색한 후 머신러닝 알고리즘을 사용해서 학습합니다. 사람이 기출문제를 통해 문제 풀이법을 습득하는 과정과 기계가 데이터를 학습해서 적절한 머신러닝 알고리즘(ex. Regression, Classification, Clustering 등의 머신러닝 알고리즘)을 찾는 것이 같은 과정입니다. 반복

학습을 많이 할수록 시험에서 좋은 결과를 얻듯이 머신러닝도 양질의 데이터를 많이 반복학습해서 적절한 알고리즘(함수, 문제 풀이법)을 도출합니다. 도출된 알고리즘(풀이법, 함수)를 활용하여 아직 일어나지 않은 문제에 대해서도 미리 예측할 수 있습니다.

[그림 2.2]는 사람이 하는 시험공부와 기계가 하는 데이터를 학습하는 과정을 비교하여 묘사하였습니다.

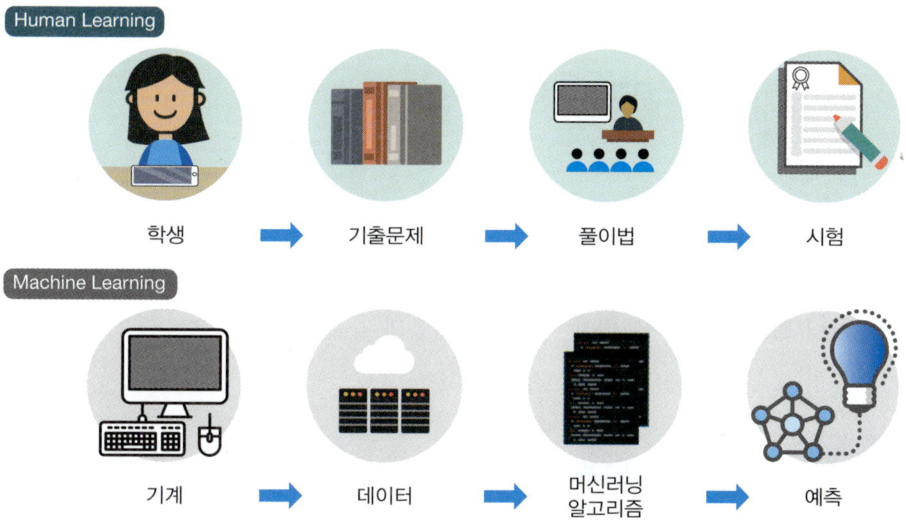

그림 2.2 인간학습(Human Learning)과 머신러닝(Machine Learning)

머신러닝의 학습 과정을 수학시간에 배웠던 깔대기 모형으로 표현해 볼 수 있습니다(그림 2.3). 수학시간에 깔대기에 값을 넣고, 깔대기 속에서 연산을 수행합니다. 깔대기는 연산의 결과 값을 준다고 배웠습니다. 깔대기 속에는 입력과 출력사이의 관계식(=함수)가 들어가 있습니다.

머신러닝의 작동원리는 깔대기의 연산 원리와 같습니다. 깔대기 연산에서 입력과 출력이 많이 쌓일수록 깔대기 속 함수식을 보다 정교하게 만들 수 있습니다. 머신러닝도 마찬가지입니다. 입력과 출력이 많이 쌓일수록, 반복학습을 많이 할수록 보다 정교한 함수식을 만들 수 있습니다. 정교한 함수일수록 새로운 데이터가 들어왔을 때 정확하게 출력을 예측할 수 있습니다.

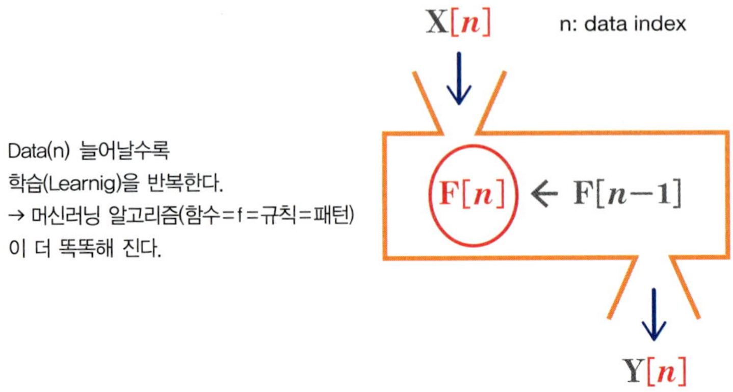

그림 2.3 깔대기 모형으로 배우는 머신러닝

3 머신러닝 프로세스

머신러닝 프로세스를 간단하게 정리하면 다음과 같습니다.

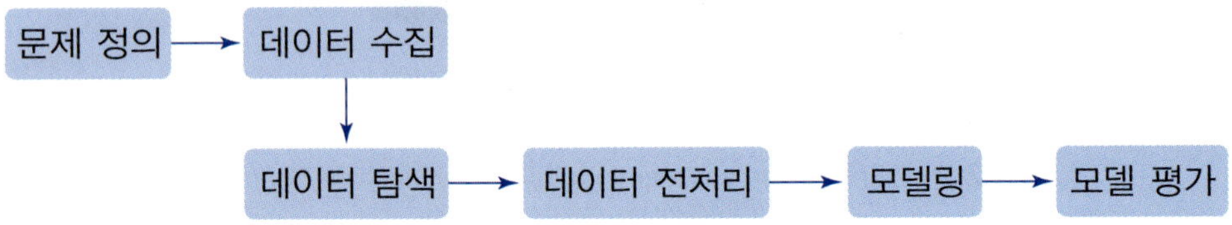

그림 2.4 머신러닝 프로세스

① 문제 정의

② 데이터 수집

③ 데이터 탐색

④ 데이터 전처리

⑤ 모델링

⑥ 모델 평가

지금부터 단계별로 자세히 살펴보겠습니다.

3.1 문제 정의

전체 머신러닝 프로세스 중 가장 중요한 단계입니다. 명확한 목적 의식을 가지고 머신러닝 프로세스를 시작해야 합니다. 고등학교 수학시간에 선생님들께서 이렇게 많이 말씀하셨을 것입니다. “문제 안에 답이 있어요. 문제만 잘 이해하면 답을 찾을 수 있어요.” 머신러닝도 문제를 잘 이해하는 것에서부터 시작합니다. 풀고자 하는 문제를 정확히 이해하고 정의해야 합니다.

예를 들어 봅시다. 내일 경기하는 야구경기의 관중 수가 궁금합니다. 질문을 정확히 할 때, 정확한 답을 얻을 수 있습니다. 내일 경기가 홈 구장에서 열리는 경기일 수도 있고 원정 경기일 수도 있습니다. 구단 마다 홈 구장의 승률과 원정 경기의 승률이 다릅니다.

“홈 구장의 관중 수를 예측해야 될 수 있습니다”, “원정 경기의 관중 수를 예측해야 될 수도 있습니다”, “내일 경기하는 구단들의 특성에 따라 관중 수가 달라집니다. 특정 구단의 경기에 대한 관중 수 예측이 필요할 것입니다.”

큰 맥락에서는 모두 야구경기 관중 수가 궁금한 질문이지만, 상황에 따라 답이 다릅니다. 홈 구장인지 원정 경기인지에 따라 답이 다를 수 있습니다. 경기하는 구단들이 어떤 구단 들인지에 따라 답이 달라질 수 있습니다. 문제를 명확하게 정의해야 그에 대한 답을 정확히 얻을 수 있습니다.

3.2 데이터 수집

문제를 풀기 위해서는 적절한 데이터 수집이 필요합니다. 양질의 데이터를 수집하는 것이 매우 중요합니다. 많은 경우, 문제를 풀기 위해 필요한 데이터가 모두 저장되어 있지 않거나, 시스템마다 다른 형태로 저장되어 있는 경우가 많습니다.

필요한 데이터를 잘 정의하고 이를 수집하는 것이 중요합니다. 우리가 시험공부를 할 때 틀린 답을 열심히 공부하면 시험에서 좋은 결과를 얻을 수 없습니다. 양질의 데이터를 수집하는 것은 좋은 규칙을 만드는데 반드시 필요한 과정입니다.

데이터 수집의 대표적인 기술로는 정형데이터의 경우 API를 활용한 수집 기술을 사용하면 편리합니다. 비정형 데이터를 수집할 경우는 크롤링 및 다양한 수집기를 활용하는 방법을 추천합니다.

3.3 데이터 탐색

수집한 데이터를 이해하고 탐색하는 과정입니다. 그래프나 통계적인 방법을 이용하여 다각도로 데이터를 살펴봅니다. 데이터가 어떻게 구성되어 있는지 확인하는 단계입니다.

대표적인 탐색으로는 변수 별로 탐색, 변수간 상관관계 탐색, 데이터의 이상치와 결측치 탐색, 변수의 분포 탐색을 통한 불균형 여부 탐색 등이 있습니다.

	탐색	탐색 후 해결 방법
1	변수 별 분포	변환을 통한 스케일 조정
2	변수 간 상관관계	다중공선성에 의한 변수 제거 (← 데이터 분석 시 부정적인 영향을 미치는 현상 중 하나로써 일부 변수가 다른 변수와 상관 정도가 높아 서로 부딪치는 영향을 발생할 수 있다.)
3	이상치와 결측치 여부	제거와 추정 값(대표값: MEAN/MIN/MAX/Media 값)으로 대체
4	변수 개수	변수의 특성에 따라 차원 축소 방법 적용
5	변수 분포	불균형 발생 시 데이터 생성/증폭을 통한 분포 조정

3.4 데이터 전처리

데이터 전처리는 데이터를 수집하고, 수집된 데이터를 탐색한 후, 알고리즘을 적용하기 위해 필요한 데이터를 걸러내는 과정입니다. 데이터를 가공/정제/변환하여 모델링(알고리즘에 적용)에 필요한 데이터 셋을 만듭니다.

데이터 전처리 후 데이터 셋은 테이블 형태로 표현할 수 있습니다. 행(row)은 샘플(sample)을 나타냅니다. 쉽게 말해 행의 개수가 데이터의 개수(= 샘플의 개수)입니다. 열(column)은 흔히 설명변수/독립변수/특성(features)/속성(attributes)/x라고 표현합니다. 즉, 데이터를 나타내는 특징들이 열거됩니다.

그림 2.5 데이터 셋

데이터 전처리는 순서가 정해진 것은 아니지만, 다음과 같은 순서로 진행하는 것을 추천합니다.

① 각 변수 별 확인을 통해 결측치 및 이상치를 확인하여 결측값과 이상값을 처리합니다.
② 데이터를 재샘플링합니다.
③ 데이터를 통합하고, 테이블을 만듭니다.
④ 변수의 상관성을 확인하여 독립변수(특성, 특징, x)들을 선택합니다.
⑤ 카테고리 변수의 경우 더미 변수로 변환하거나, 수치 데이터로 변환합니다.
⑥ 이미지 및 텍스트 등의 비정형 데이터의 경우도 숫자 형태의 데이터로 변환합니다.

3.5 모델링

데이터 특성, 데이터의 개수(크기), 문제의 종류 등을 고려하여 머신러닝 알고리즘(=모델)을 선택하는 과정을 모델링이라고 합니다.

수식으로 표현하면 y(결과 값)$=f(x$(입력 값))에서 f(function=함수)를 선택하고 만드는 과정입니다. 입력 값과 결과 값을 기계(컴퓨터)에 넣어서 반복 학습하여 두 데이터 셋 사이의 관계 함수(관계식)를 만드는 과정입니다. x와 y의 종류, 크기, 개수 등에 따라 f가 달라집니다. 적절한 함수(모델) 종류를 선택한 후, 함수(모델)의 성능을 높이기 위해서 각 모델의 파라미터(=변수=x)들을 조정하고 가중치 수정하면서 반복학습을 합니다. 이 과정을 통해 최적의 모델(f=함수)를 만듭니다.

3.6 모델 평가

학습한 모델을 평가합니다. 평가 방법은 모델에 따라 달라집니다. 다음의 방법들이 많이 사용됩니다.

- 회귀 모델링에서는 평균 제곱근 오차(RMSE: Root Mean Square Error)
- 지도학습에서는 혼동행렬(Confusion Matrix)
- 비지도학습에서는 유사도(Similarity)
- 추천시스템에서는 정확도(Accuracy), 정밀도(Precision), 재현률(Recall), F1 Score(재현율과 정밀도의 조화 평균) 등이 사용됩니다.

CHAPTER 03

회귀

선형회귀모델링

선형회귀모델 평가하기

다른 특징들도 고려하기

회귀모델의 응용 사례

회귀모델 프로세스 이해하기

1 선형회귀모델링

1.1 모델링 하기

회귀(Regression)는 데이터 분석 분야에서 가장 널리 쓰이는 분석 도구입니다. 어떤 일이 발생할 때 해당 일의 발생과 관련된 특징들(특징변수, 독립변수, 입력값, y=f(x)에서 x값)과 발생된 일(관찰값, 종속변수, 출력값, 타겟값(Target Value), y=f(x)에서 y 값)의 관계를 추적하는 모델입니다.

집값을 예측하는 회귀모델을 만들어 보겠습니다. 집값은 집의 크기, 침실의 개수, 화장실 개수 등과 밀접히 관련되어 있습니다. 이 특징들의 변화에 따라 집값이 다를 것입니다. 특징들을 관찰하고 이를 기반으로 집값을 추적하는 모델을 만드는 것입니다.

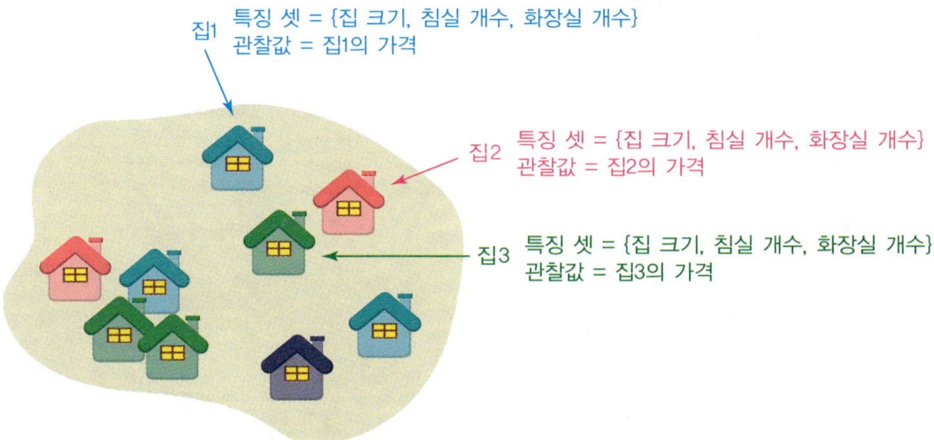

그림 3.1 집값 예측

집값 예측은 매우 중요한 문제입니다. 많은 사람들이 가계 자산의 50% 가깝게 부동산에 투자하고 있습니다.

우리 집을 팔고 싶다고 가정해 봅시다. 우리 집을 부동산에 얼마에 내놔야 할지 고민이 될 것입니다. 우리 집의 가치가 얼마일까요? 우리 집의 가치를 알아보기 위해 우선 우리 집 근처의 집들의 최근 매매 가격을 살펴볼 것입니다. 주변을 둘러보면서 우리 집과 비슷한 규모 및 구조의 집들이 얼마에 매매되었는지 살펴봅니다.

이때 두 가지 관점에서 살펴보는 것이 좋습니다. 첫 번째는 외관이나 구조가 우리 집과 비슷한 집인가? 특징 셋을 비교해 보는 것이 필요합니다. 두 번째는 최근 매매 기록을 살펴보는 것입니다. 관찰값(판매가격)의 관점에서 살펴봅니다.

두 가지 관점에서 우리 집 주변의 집들 중 우리 집과 비슷한 집의 매매 가격 추이를 관찰합니다. 그래프로 나타내 보겠습니다.

[그림 3.2]는 우리 집 주변의 집 크기와 집값에 대한 그래프입니다. y축은 집의 매매 가격입니다. 각 점은 집들의 크기(x축)에 따른 매매가격을 나타냅니다.

여기서 잠깐 용어정리를 다시 해봅시다. y값은 관찰 결과이자 종속변수, 출력값이라고 합니다. x는 독립변수, 특징변수라고 합니다. 특징변수라고 불리우는 이유는 계속 언급했듯이 해당 변수들이 특징을 나타내는 변수로 쓰이고 있기 때문입니다.

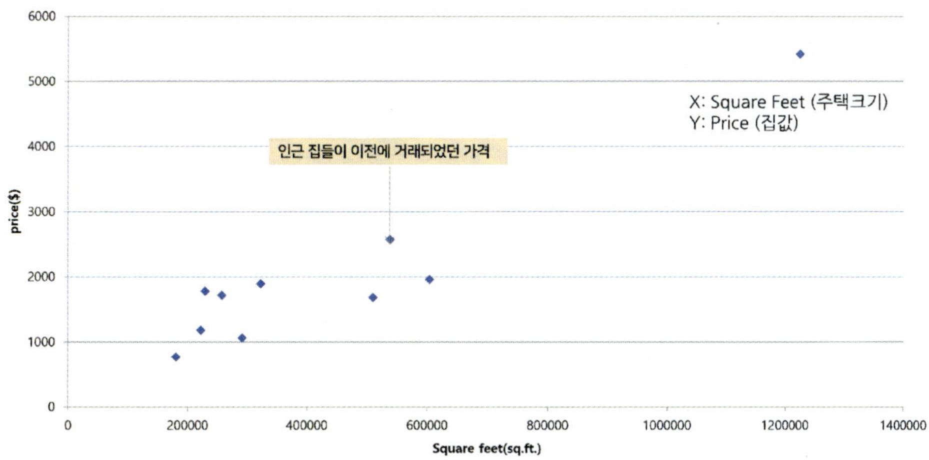

그림 3.2 우리 집 주변의 집들의 집값

지금까지 우리 집 주변의 집들을 탐색해 보았습니다. 이제 우리 집을 예측해 봅시다. 우리 집의 크기와 비슷한 집들을 찾아봅니다. 평수가 정확히 같은 집은 없을 것입니다. 정확히 같은 크기(평수)의 집을 찾을 확률은 낮습니다. 실제로 찾아보니 없습니다. 유연성을 발휘해서 비슷한 평수의 집들의 가격을 살펴보았습니다. [그림 3.3]과 [그림 3.4]는 우리 집과 비슷한 평수의 집들의 가격을 보여주고 있습니다.

[그림 3.4]에서 보듯이 우리 집과 비슷한 평수(크기)의 집들을 찾아보니 두 채 밖에 없습니다. 두 채의 가격으로 우리 집의 가치를 측정하기에는 충분하지 않습니다.

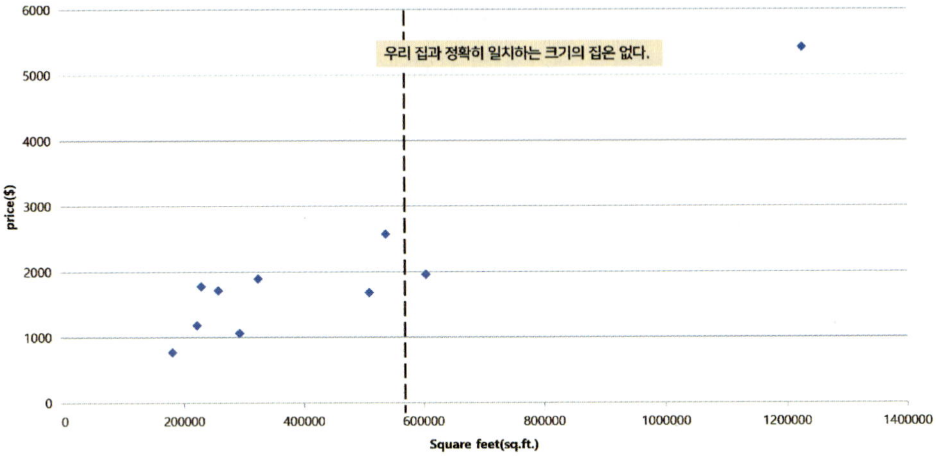

그림 3.3 우리 집과 같은 평수의 집은?

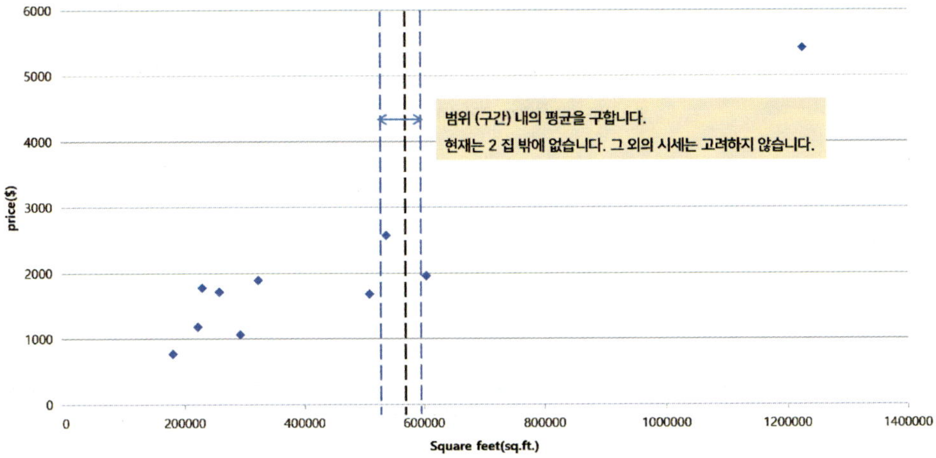

그림 3.4 우리 집과 비슷한 크기의 집의 판매가격 찾기

주변 집의 비슷한 평수(크기)의 데이터 만을 활용하지 않고, 주변의 다른 집들의 크기와 매매가격을 사용하여 우리 집의 가격을 예측합니다. 다시 말해, 주변 지역의 집들의 크기 데이터와 매매가격들을 활용해서 우리 집의 가치를 예측할 수 있는 모델을 만드는 것입니다. 이를 위해서 선형회귀(Linear Regression)모델을 사용합니다. 선형회귀모델은 수집한 우리 집 주변의 집들의 크기와 매매가격과의 관련성을 직선 또는 곡선으로 표현하는 모델입니다. 이 선을 회귀 식 또는 회귀 직선(곡선)이라고 합니다.

[그림 3.5]는 회귀 직선식을 보여줍니다. 회귀 직선식은 절편(W_0)과 회귀계수이자 가

중치이자 기울기인 W_1으로 구성되어 있습니다. 식으로 표현하면 다음과 같습니다.

$$Y = W_1X+W_0,\ W = (W_0,\ W_1).$$

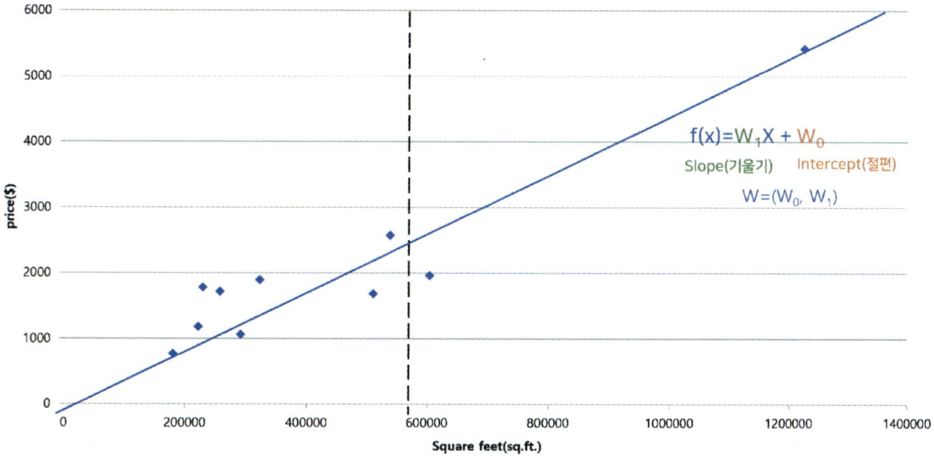

그림 3.5 주택크기와 판매가격을 표현하는 회귀식

W의 값을 파라미터라고도 표현하는데, 파라미터를 잘 조정하여 가장 훌륭한 선을 긋는 것이 선형회귀의 최종 목표입니다. 가장 훌륭한 선이란 우리 집값을 가장 합리적으로 예측해 줄 수 있는 선을 의미합니다. 모든 집들의 매매 가격 들과의 예측선의 값 차이가 최소가 되도록 선을 긋는 것입니다.

[그림 3.6]에서는 여러가지 회귀 직선식과 그중 최적의 직선을 보여줍니다.

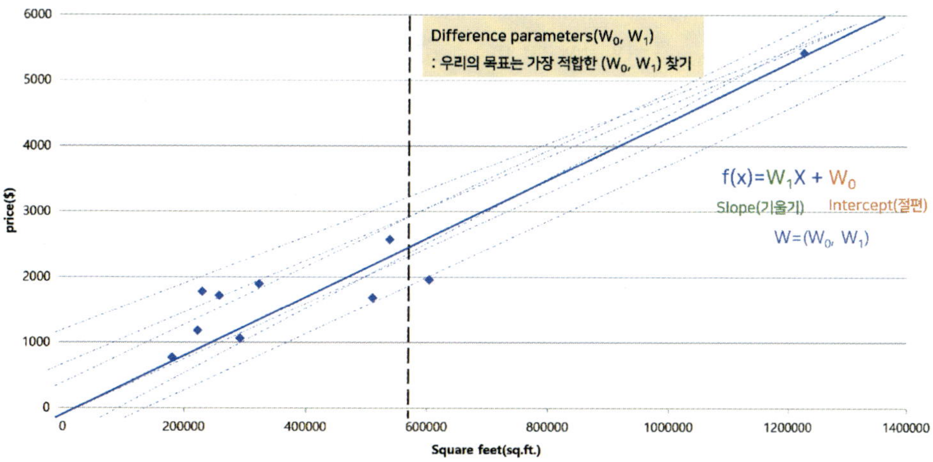

그림 3.6 가장 훌륭한 회귀식 찾기

가중치 W_1는 X(집의 크기)가 변화할 때 관찰 중인 집의 매매가격이 얼마나 변하는지를 표시하는 수치를 의미합니다. 즉, 'X_1이 Y에 영향을 얼마나 미치는가?'의 지수로 생각하시면 됩니다. 가중치 W_1와 절편 W_0에 의해서 회귀식이 만들어 집니다. W_0과 W_1를 잘 결정하는 것이 중요합니다. W_0과 W_1는 어떻게 결정되는 것일까요?

W_0과 W_1를 회귀모델의 파라미터라고 불리는데, 지금부터 어떻게 결정되는지 알아보겠습니다.

가장 훌륭한 선을 긋기 위해 W_0과 W_1를 어떻게 조정하면 좋을까요? W 집합의 값(W_0, W_1)을 변경하면서 선을 그려봅니다. 모델에 적합한 W를 고르는 일은 쉽지 않습니다. W를 어떻게 골라야 최적의 선을 그릴 수 있을까요?

W를 변경해서 선을 그릴 때의 비용을 정의해 봅시다. 여기서 비용은 특정 회귀선(직선)과 실제값들의 차이를 제곱한 합을 의미합니다. 특정 회귀(직)선과의 실제값의 거리를 구하는 것입니다. 특정 회귀(직)선은 모델의 예측값을 의미하므로 제곱한 합의 의미는 모델의 예측값과 실제값들의 차이를 구하는 것입니다.

[그림 3.7]은 모델의 예측값과 실제값들의 차를 나타내는 RSS(Residual Sum of Squares: 잔차의 제곱의 합)를 시각적으로 보여줍니다. 잔차는 표본(sample)로 도출된 회귀식과 실제 관측값과의 차이를 의미합니다. 여기서 잔차는 회귀(직)선과 실제값의 차이를 의미합니다.

$$\begin{aligned}RSS(w_0,\ w_1) = (\$_{house1}-[w_0+w_1 sq.ft_{house1}])^2+(\$_{house2}-[w_0+w_1 sq.ft_{house2}])^2 \\ +(\$_{house3}-[w_0+w_1 sq.ft_{house3}])^2\cdots\cdots+[\text{include all houses}]\end{aligned}$$

$(\$_{house1}-[w_0+w_1 sq.ft_{house1}])^2$은 제일 왼쪽 집의 매매가격($\$_{house1}$)과 회귀식의 예측값($[w_0+w_1 sq.ft_{house1}]$)의 차이를 제곱한 값입니다. 모든 집의 실제 매매가격과 예측값과의 차이의 제곱을 최소가 되는 선을 찾고 이를 식으로 표현합니다. 이 선이 우리 집의 가격을 예측해 주는 예측선이 됩니다. 우리 집의 평수(크기, x축의 값)에 선에 대입해 보면, 판매 가격을 구할 수 있습니다.

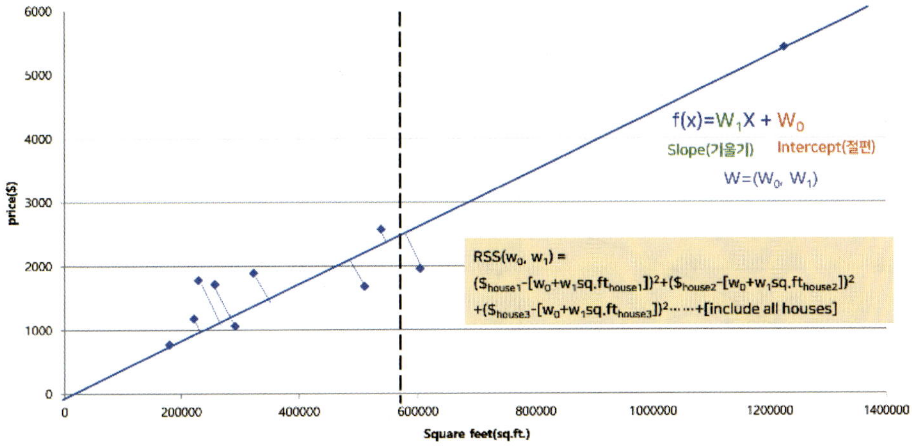

그림 3.7 다양한 회귀직선식과 그 중 가장 훌륭한 회귀식 찾기

> **선형회귀(Linear Regression)**
>
> • 가장 훌륭한 선 긋기
>
> • 실제 데이터에 가장 근접한 선 긋기
>
> • RSS(Residual Sum of Squares)가 가장 작은 선 긋기

1.2 선형회귀모델은 꼭 직선이어야 할까요?

선형회귀모델 식이 꼭 직선이어야 할까요? 2차 곡선이면 어떻게 될까요?

선형(linear)은 직선을 의미하는 것이 아니라, 계수의 곱과 합으로 이루어진 식을 의미합니다. 즉, 2차 함수 곡선도 선형함수에 포함됩니다. 선형회귀모델을 2차 곡선으로도 표현할 수 있습니다. [그림 3.8]은 2차 곡선으로 표현된 그래프입니다. 2차 곡선의 값과 실제값들의 차를 나타내는 RSS(Residual Sum of Squares; 잔차제곱합)를 구해봅니다. 이차함수는 파라미터가 W=(W_O, W_1, W_2) 3개입니다. X^2 항이 추가되었습니다. RSS를 최소로 만드는 3개의 파라미터를 찾는 것입니다. 문제에 따라 예측선을 직선보다 곡선으로 만드는 것이 더 정확히 예측할 수 있습니다.

곡선을 그릴 수 있다는 점에 착안을 해서, RSS를 가장 작게 할 수 있는 방법을 생각해 보았습니다.

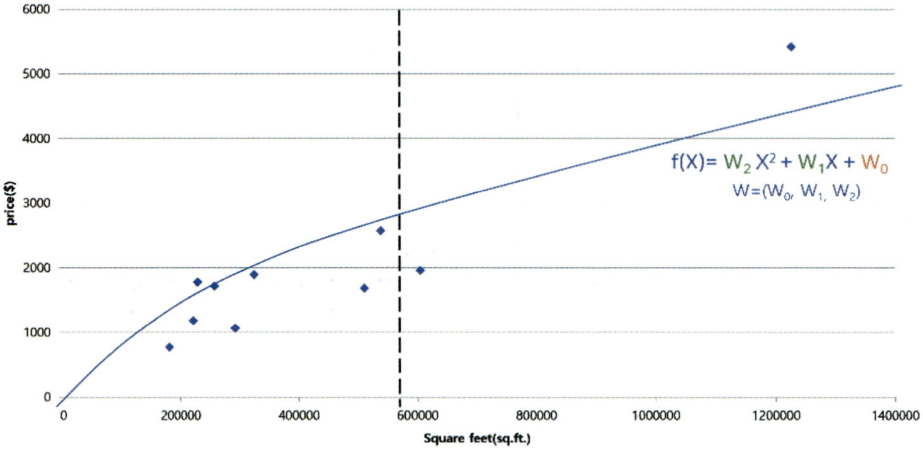

그림 3.8 선형회귀곡선: 2차 함수

모든 주택들의 실제 매매 가격을 그대로 연결하는 것입니다. [그림 3.9]를 보시면 n차 곡선이 그려지는 것을 볼 수 있습니다. 이때 n은 실제 집의 수입니다. 다시 표현하면 우리가 가지고 있는 모든 데이터들의 값입니다.

어떻게 보이시나요? RSS(잔차제곱합)는 가장 작아졌지만, 우리 집의 가격은 오히려 2차 곡선보다 불리하게 측정되는 것을 볼 수 있습니다.

선형회귀모델링을 만드는 이유는 아직 거래되지 않은 집에 대한 합리적인 가격을 예측하기 위한 선을 긋는 것입니다. 그러나 [그림 3.9]처럼 이전에 거래되었던 모든 집들의 매매 가격을 그대로 고려한다면, 오히려 결과가 편향(bias)될 수 있습니다. 이와 같은 이슈들을 과거 거래되었던 집들의 매매 가격에 대해 과적합(overfitting)되었다고 표현합니다. 어떠한 경우일까요?

예를 들면, 우리가 집을 빨리 팔거나 사야할 때가 있을 것입니다. 급매입니다. 급매는 급하게 매매를 해야 되는 상황입니다. 일반적인 가격보다 낮게 매매를 하는 것입니다. 급매의 경우를 일반적인 거래 가격 예측에 반영하게 되면, 급매를 원하지 않는데도 불구하고, 이전의 급매 거래 가격으로 인해서 우리 집의 가치가 낮게 책정될 수 있습니다.

RSS는 실제값과 예측값의 차이를 작게 만드는 곡선 및 직선을 찾는 것을 목표로 하지만, 모든 실제값을 그대로 연결하여 차이를 최소로 만드는 것보다는 미래에 매매될 집들의 합리적인 곡선을 찾는 것이 더 필요합니다. 2차 곡선이나 직선이 더 좋은 곡선일 경우가 많습니다.

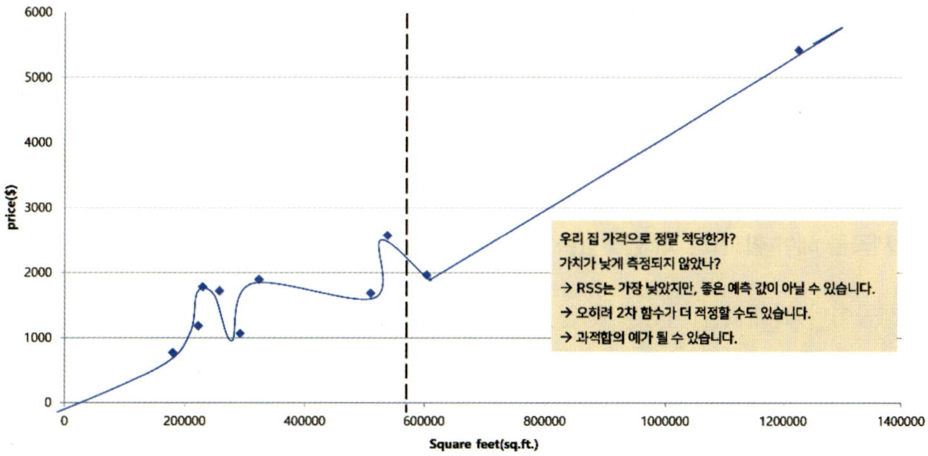

그림 3.9 선형회귀곡선: n차 함수와 과적합의 예

거리를 구하는 방법 4가지

거리는 선형회귀에서 가장 훌륭한 선을 찾는 기준으로 사용됩니다. 네 가지 방법을 주로 사용합니다.

1. **평균제곱오차**(MSE; mean square error)

$$MSE = \frac{1}{N}\sum_{i=1}^{N}(y_i - \hat{y}_i)^2$$

y: 실제값, $\hat{y}$: 예측값, N: 데이터 수

2. **평균제곱근오차**(RMSE; root mean square error): MSE 값은 제곱을 구하므로, 값이 너무 커지는 특성이 있을 수 있으므로, MSE에 루트를 씌운 경우를 의미합니다.

$$RMSE = \sqrt{\sum_{i=1}^{N}\frac{(y_i - \hat{y}_i)^2}{N}}$$

y: 실제값, $\hat{y}$: 예측값, N: 데이터 수

3. **잔차제곱합**(RSS; residual sum of squares)

$$RSS = N \times MSE$$

N: 데이터 수

4. **평균절대오차(MAE; mean absolute error)**: 실제값과 예측값의 차이를 절댓값으로 변환하여 평균한 것을 의미합니다.

$$MAE = \frac{1}{N}\sum_{i=1}^{N} |y_i - \hat{y}_i|$$

y: 실제값, $\hat{y}$: 예측값, N: 데이터 수

왜 제곱을 해야 할까요? 왜 절댓값을 사용하는 것일까요?

제곱이나 절대값을 사용하지 않을 경우, 값들이 +, −로 연산되어 거리가 0이 될 수 있습니다.

2 선형회귀모델 평가하기

2.1 훈련 데이터와 테스트 데이터로 과적합 평가하기

[그림 3.9]를 통해 다항식(n차 곡선)의 경우 과적합이 발생할 수 있음을 살펴보았습니다. 지금까지 매매된 집들에 대한 매매가격은 정확히 예측할 수 있지만, 다른 새로운 집에 대한 예측에는 일반화되기 어렵습니다. 과거의 모든 데이터를 완벽하게 반영함에 따라 마주칠 수 있는 머신러닝의 문제 중 하나입니다.

[그림 3.9]의 다항식의 곡선은 정말 합리적일까요? 모든 데이터를 지나는 선(=함수)을 만드는 것이 합리적일까요? 아마도 대답은 '합리적이지 않다' 일 것입니다. 잔차 제곱합은 최소가 될지 몰라도 새로운 값에 대한 예측은 빗나가게 됩니다. 오히려 [그림 3.7]과 [그림 3.8]의 모델(직선 또는 2차 곡선)들이 [그림 3.9]보다 잔차제곱합은 크더라도 다른 새로운 집의 가격을 예측하는 모델로서는 더 합리적일 것입니다.

좋은 모델을 선택하기 위해서 무엇을 해야 될까요? 우리는 미래를 미리 볼 수 없습니다. 새로운 집값의 예측에 대해서는 잘 예측했는지 검증할 수 없습니다. 미래가 현재가 되어 결과가 나와야만 비로소 예측값의 정확성을 구할 수 있습니다.

따라서 예측값을 시뮬레이션해 봐야 합니다. 주어진 데이터들 중에서 몇몇의 데이터

를 제거합니다. 이미 거래된 집 중 몇몇을 제거해 줍니다. [그림 3.10]에서 회색 처리된 집들이 제거된 집들입니다. 잠시 해당 집들이 없다고 가정해 봅시다. 남은 집들로 모델(예측선=예측식=함수)을 만듭니다. 그런 후에 만들어진 모델(예측선=예측식=함수)로 제거된 회색 집들의 가격을 예측합니다. 회색 집들을 미래의 새로운 집들이라고 가정하고, 회색 집들의 가격을 맞추어 예측하고 검증합니다.

모델을 만들기 위해 사용하는 데이터 묶음(회색 집을 제외한 집들)을 훈련 셋 또는 학습 셋(Training Set)이라고 부릅니다. 회색 데이터들의 묶음을 테스트 셋(Test Set)이라고 부릅니다.

그림 3.10 데이터 셋

이제부터 모델을 검증해 봅시다. 훈련(학습) 오류를 살펴봅시다. 여기서 오류란 실제값과 예측값과의 차이를 의미합니다. 다르게 표현하면 예측선과 실제값과의 거리(차이)를 의미합니다. 학습셋에 해당하는 집들에 대한 오류가 얼마나 되는지 잔차제곱합으로 살펴봅니다.

우리의 목표는 훈련 오류가 최소화되는 파라미터(Ws)를 찾아서, 훈련 셋과 테스트 셋 모두의 잔차 제곱합을 최소화하는 것이 목표입니다. 그러나 미래의 데이터를 미리 사용할 수 없기 때문에 훈련 셋에 있는 집들만 먼저 살펴보고, 훈련 셋의 잔차 제곱합을 최소화할 수 있는 파라미터를 찾습니다. [그림 3.7]과 [그림 3.8]의 Ws를 찾는 것입니다. 훈련 셋을 사용해서 Ws를 구한 후, 회색으로 분류된, 미래의 데이터 셋을 대신하는 테스트 셋을 이용하여 예측에 대한 검증을 합니다. 테스트 셋의 값을 넣어서 잔차 제곱합을 구합니다. Ws가 적절한지 검증하고, Ws의 변화에 따라 훈련 셋과 테스트 셋의 모델 복잡도가 어떻게 변하는지 살펴봅시다.

2.2 훈련 셋과 테스트 셋의 오류 변화

회귀모델(=회귀선=회귀식)은 직선일 수도 있고 2차 곡선일 수도 있습니다. 또는 모든 과거의 데이터를 연결하는 n 차원의 복잡한 다항식(곡선)일 수도 있습니다. 모델의 차수를 증가시킬수록(모델의 곡선이 복잡할 수록) 훈련 데이터에 대한 오류(실제값과 예측값의 차이)는 작아지고 정확도는 높아집니다. 그런데 테스트 데이터에 대한 오류는 어떻게 될까요?

회귀모델에서의 오류는 잔차 제곱합으로 구합니다. 모델을 의미하는 선과 실제 데이터의 측정값의 차이(=거리)의 제곱이 작을수록 오류가 작고 정확도가 높습니다. 앞서 공부한 것을 되짚어 보면 회귀직선, 2차 회귀곡선, n차 다항 회귀곡선으로 갈수록 잔차 제곱합은 감소합니다.

테스트 셋을 제외하고 훈련 셋에 대해서만 생각하면 모델 차수를 증가시킬수록 오류가 작아진다는 가정은 참입니다. 그러나 테스트 셋에 대한 오류에서는 모델 차수가 증가할수록 오류가 무한정으로 작아지지 않을 수 있습니다. 오히려 너무 복잡한 고차 다항식의 경우 테스트 데이터 셋에 대한 오류는 커질 수 있으며, 정확도가 떨어질 수 있습니다. 이유는 훈련 셋에 대한 의존성이 너무 강하기 때문입니다. 실제로 훈련 셋과 테스트 셋의 오류에 대한 관찰 값을 그래프로 그려 보면, 회귀식이 고차항으로 갈수록 훈련 셋에 대한 오류(training error)는 작아지지만 어느 지점에서부터 테스트 오류(test error)는 증가하는 것을 볼 수 있습니다.

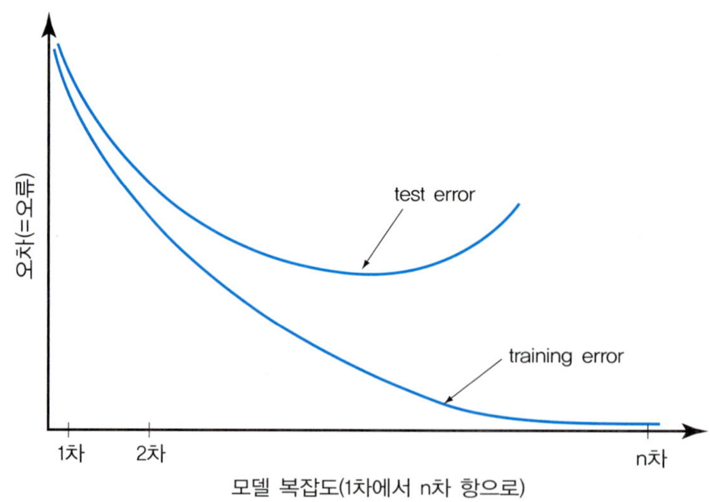

그림 3.11 훈련 셋과 테스트 셋의 오류 변화

3 다른 특징들도 고려하기

지금까지 집의 크기 변화에 따른 집의 매매가격을 예측해 보았습니다. 우리 집과 비슷한 평수(크기)를 가진 집들의 가격을 분석해서 우리 집의 매매가격을 예측하였습니다.

그런데 여기서 우리 집과 비슷한 평수(크기)의 집을 살펴보니 해당 집들의 대부분은 화장실이 하나 밖에 없었습니다. 그러나 우리 집은 화장실의 개수가 2개입니다. 요즘에는 화장실의 개수가 집의 가치를 책정하는 데 중요한 요소가 되고 있습니다. 따라서 화장실이 1개인 집과 우리 집의 가치를 같다고 비교하는 것은 합리적이지 않습니다. 집의 가치(=매매 가격) 예측은 주택의 크기만으로 측정해서는 안 될 것입니다.

집의 크기와 함께 화장실의 개수도 고려해야 합니다. 집의 매매가격을 하나의 축(=y)으로, 집의 크기를 또 다른 하나의 축(=x_1)으로, 다른 한 개의 축(=x_2)은 화장실의 개수로 3차원 공간에 그립니다. 집의 크기, 화장실 개수, 매매 가격이 직육면체로 그려집니다.

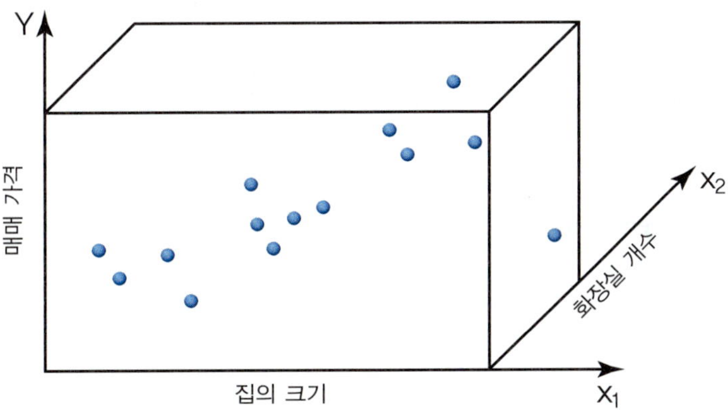

그림 3.12 화장실 개수도 함께 고려한 판매가격

집값의 매매 가격 예측에 집의 특징을 한 개만 고려해서 회귀선을 그어서 미래의 집의 매매 가격을 예측하는 것이 아니라, 집의 특징을 다양하게 고려해서 예측할 수 있습니다. 2개의 특징을 고려해서 가격 예측선을 평면으로 만들 수 있습니다. 집의 크기와 화장실의 개수를 곱해서 Y축의 위치(=집의 매매가격)을 찾습니다. W가 평면의 파라미터를 의미합니다. 식은 그림 [그림 3.13]과 같습니다.

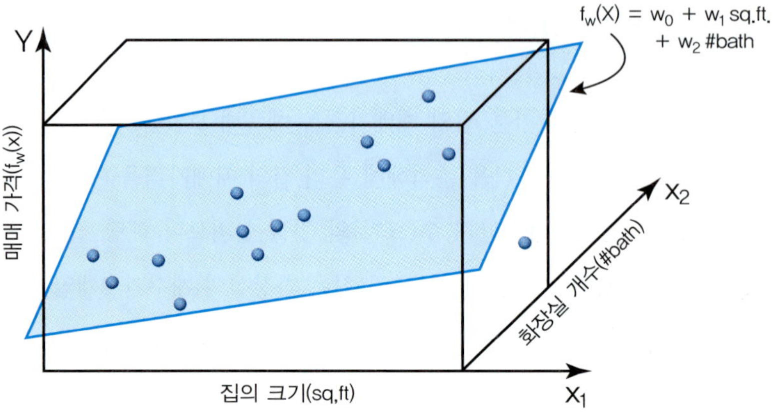

그림 3.13 초평면 회귀 공식

여기서 다음과 같은 질문이 생길 수 있습니다. 화장실 개수만 특징으로 추가하면 될까요? 고려해야 되는 특징들이 여러 개 떠올려 질 것입니다. 침실 개수도 고려해야 될 것 같고, 집이 위치한 동네도, 대지면적도, 집의 연령 즉 집의 건축시기도 고려해야 될 것 같습니다.

다양한 집의 특징들이 집의 매매 가격에 영향을 줄 수 있습니다. 다양한 특징들을 고려할수록 축이 더 많아 질 것이고, 아마도 평면은 초평면(hyperplane)으로 바뀔 것입니다. 모양이 반듯하지 않은 평면이 될 것입니다. 추후 배우게 될 서포트 벡터 머신(SVM; Support Vector Machine)에서 데이터를 분류하는 데 이런 원리, 즉 초평면이 사용됩니다.

4 회귀모델의 응용 사례

지금까지 회귀모델링으로 집의 매매가격을 예측해 보았습니다. 이 외에도 다양한 분야에서 응용될 수 있습니다. 몇 가지를 예를 더 살펴보겠습니다.

머신러닝을 공부한 후 미래에 우리가 받게 될 연봉을 예측할 수 있지 않을까요? 연봉을 Y라고 가정할 때, 머신러닝 수업의 다양한 과정이 파라미터가 될 수 있습니다. 해당 파라미터를 기반으로 추후 졸업하고 미래에 우리가 받게 될 연봉을 예측할 수 있을 것입니다.

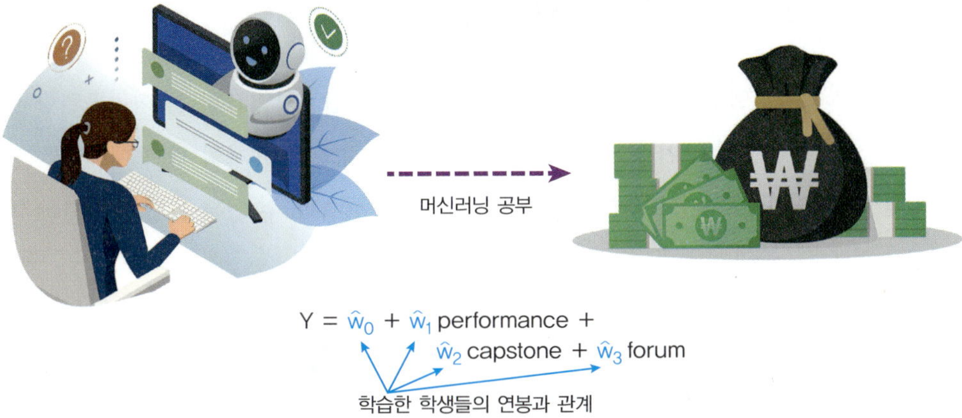

그림 3.14 머신러닝 수업과 연봉 예측

주식시장의 움직임을 예측할 수 있습니다. 내일의 주식은 최근 주가의 움직임에 연관되어 있을지도 모릅니다. 뉴스를 비롯한 미디어에 노출되는 여러 사건들, 그리고 원자재 가격 등과도 연동될 것입니다. 이런 특성들이 주가 예측(Y)시에 사용되는 회귀모델의 특징들(=파라미터=X값)이 될 수 있습니다.

X_1: 최근 주가 추이
X_2: 뉴스
X_3: 국제 정세 (세계 곳곳에서 일어나는 여러 사건들)

그림 3.15 주가 예측에 활용될 수 있는 회귀분석

5 회귀모델 프로세스 이해하기

지금까지 회귀모델(regression model)에 대해 자세히 살펴보았습니다. 회귀모델링 과정을 도식으로 표현해 보면 [그림 3.16]과 같습니다. 우리 집 근처의 과거 매매 가격을 살펴보고 이를 반영하여 우리 집의 미래 매매 가격을 예측할 수 있는 모델을 만드는 과정입니다.

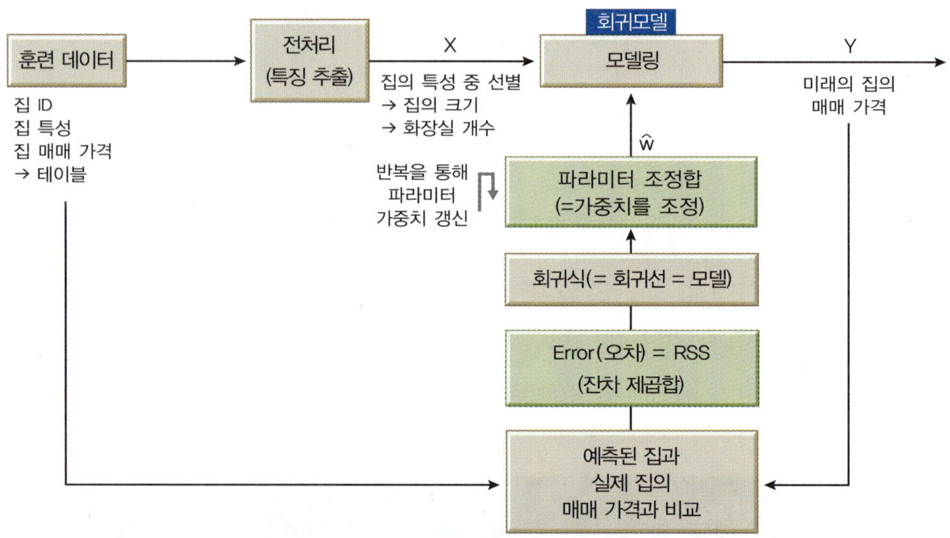

그림 3.16 회귀모델링: 집값 예측하기

먼저 집의 매매 가격을 예측하기 위해 집 ID, 집들의 특성들, 집들의 매매 가격을 수집하고, 수집된 데이터를 테이블로 만들어 줍니다. 주변 집들의 데이터들을 수집해 테이블에 넣어 주면, 이것이 모델링 시 사용되는 훈련(학습) 데이터 셋이 됩니다.

이제 전처리를 합니다. 모델링 시 사용될 데이터의 특징을 추출하고, 집 매매 가격과 관련 있는 특징들만 선별합니다. 머신러닝에서는 이러한 과정을 특징 추출(Feature Extraction) 또는 전처리(Preprocessing)라고 합니다.

그럼 이 특징들로 무엇을 할 수 있을까요? 이 특징들을 사용해서 미래의 우리 집의 매매 가격을 예측하는 모델을 만듭니다. [그림 3.16]에서는 집의 크기와 화장실 개수를 집의 매매 가격 예측의 주요 특징으로 추출했습니다.

추출된 특징들에 대한 훈련 데이터를 머신러닝 모델에 넣습니다. 이 과정을 모델링이라고 합니다. [그림 3.16]에서는 회귀모델을 사용합니다. 반복 학습을 하면서 파라미터($\widehat{W}$)를 조정합니다. 파라미터를 $\widehat{W}$로 표시하는 이유는 머신러닝 모델에서 가중치(Weight)를 의미하기 때문입니다.

회귀모델에서 $\widehat{W}$의 의미는 회귀식 변수에 대한 계수이자 특징변수들에 대한 가중치를 나타냅니다. 이를 전문 용어로 회귀계수라고 합니다. $\widehat{W}$가 클수록 해당 특징변수(X)가 판매가격(Y)에 더 큰 영향을 미친다고 이해해도 좋습니다. 예를 들어, 도출된 회귀모델이 $Y = W_1X_1 + W_2X_2$(Y: 집값, $W_1 = 2$, X_1: 집의 크기, $X_2 = 3$, X_2: 화장실 개수)라고 한다면, 집의 매매 가격은 집의 크기와 화장실 개수와 양의 관계를 가지며 집의 크기보다 화장실의 개수가 집의 매매 가격에 더 큰 영향력을 미친다고 해석할 수 있습니다. 집의 크기 계수는 2이고, 화장실 개수의 계수는 3이기 때문입니다.

이제 검증을 합니다. 회귀모델(=회귀식)에서 오류를 최소화합니다. 훈련 데이터의 잔차 제곱합이 최소가 되도록 합니다. 훈련 데이터의 오류가 최소가 되는 파라미터를 찾아 이를 모델에 반영하여 모델을 갱신합니다. 훈련 데이터의 오류가 최소가 되는 지점, 더 나아가서 더 이상 변하지 않는 지점이 되었을 때를 최적의 모델이라고 표현하고 이때의 식을 모델로 선정합니다. 도출된 모델(=회귀선=회귀식)을 통해 새로운 집에 대한 매매 가격을 예측하게 됩니다.

미래의 새로운 데이터는 다시 훈련 데이터로 이용되고 이 과정을 반복을 하게 되고, 반복을 통해 모델은 계속 갱신됩니다. 그리고 다시 훈련 데이터에 대한 모델의 오류를 계산하고, 최소화하고 모델의 정확도를 높이면서 파라미터를 조정합니다. 머신러닝은 이렇게 모델을 만들고, 학습을 반복하고, 테스트 데이터에 적용하고, 적용된 테스트 데이터가 다시 훈련 데이터로 반영되어 모델을 업데이트합니다.

다음 장에서는 파이썬(Python)을 사용해서 회귀모델링에 대한 소스코드를 직접 만들어 보고 실습을 해 보도록 하겠습니다.

CHAPTER 04

회귀모델 실습
: 집 가격 예측하기

문제 정의하기
라이브러리 불러오기
데이터 수집하기
데이터 탐색하기
모델링하기

공공 데이터인 미국 메사추세츠 주의 집 가격 데이터(Boston Housing 1970 데이터)를 활용하여 집 가격을 예측해 보겠습니다. Jupyter Lab/Notebook 또는 google colab을 사용하여 소스코드를 만들어 보겠습니다. 직접 새로운 .ipynb 파일을 만들어서 한 줄 한 줄 타이핑하면서 따라가는 것을 권장합니다(Book_Chapter4_Regression_BostonHousingPrediction.ipynb 파일 참조). 대부분의 문제가 다음의 순서대로 진행하면 쉽게 풀릴 수 있습니다.

1) 문제 정의하기(Problem Define)
2) 라이브러리 불러오기(Libraries Setting)
3) 데이터 수집하기(Data Collection)
4) 데이터 탐색하기(Data Exploration)
   4.1. 데이터셋 기본 정보 파악
   4.2. 종속변수(목표변수) 탐색
   4.3. 설명변수(독립변수/특징변수/속성) 탐색
   4.4. 변수 간의 관계 탐색
      [4.4.1] 설명변수(x)와 종속변수(y) 간의 관계 탐색(1)
      : 집의 가격~방 수의 관계
      [4.4.2] 설명변수(x)와 종속변수(y) 간의 관계 탐색(2)
      : 집의 가격~빈곤층의 비율의 관계
      [4.4.3] 도시별 차이 탐색
5) 모델링 하기(Modeling)
   5.1. 데이터 전처리
      [5.1.1] 표준화(Scaler)
      [5.1.2] 범주형(문자형) 변수 처리
      [5.1.3] 데이터 나누기
      [5.1.4] 다중공선성(VIF; Variance Inflation Factor)
   5.2. 회귀 모델링
   5.3. 모델 해석

[5.3.1] 회귀계수(Regression Coefficient)

[5.3.2] 유의성 검정

[5.3.3] 모델에 적용

5.4. 모델 예측 결과 및 성능 평가

[5.4.1] 예측 결과의 시각화

[5.4.2] 모델의 성능 평가

1 문제 정의하기

풀고자 하는 문제에 대해 정의합니다. 머신러닝으로 문제를 푼다는 의미는 y = f(x)에서 함수인 f(function)를 찾는 것입니다. 함수(f)를 머신러닝에서는 모델(model)로 불립니다.

수학 문제를 풀 때 문제를 잘 이해하고 수식을 만들면 잘 풀리듯이 머신러닝 문제에서도 y = f(x)에 대한 정의만 명확히 하면, 의외로 쉽게 문제가 풀릴 수 있습니다. 보스턴 집 가격 예측 문제에서 y = f(x)를 정의해 봅시다.

y는 메사추세츠 주의 주택 가격, x는 집값에 영향을 주는 요소들, 특징들입니다. 보통 x값들을 테이블의 컬럼(열)에 표시되며, 특징변수, 독립변수, 속성이라고 불리기도 합니다. f는 x와 y 사이의 관계식이자 회귀모델을 의미합니다.

2 라이브러리 불러오기

머신러닝 모델을 잘 만들기 위해서는 데이터를 잘 파악하는 것이 무엇보다 중요합니다. 데이터의 크기가 커지고 정보량이 많아지면서 데이터를 불러오고 내용을 파악하는데 효과적인 방법이 필요합니다. 가장 효과적인 방법이 시각화해서 눈으로 확인해 보는 것입니다. 지금부터 데이터를 불러와서 그래프로 시각화합니다.

머신러닝을 위해서 파이썬에서 제공하고 있는 미리 만들어진 라이브러리를 가져와서 데이터를 탐색하는 것을 추천합니다.

```
# 라이브러리 불러오기
import pandas as pd
import numpy as np
import matplotlib.pyplot as plt
import seaborn as sns
%matplotlib inline
```

먼저 판다스(pandas) 라이브러리를 불러옵니다. 판다스는 파이썬 분석 라이브러리 중 하나로 데이터의 조작, 분석, 시각화 등을 위한 다양한 기능을 제공합니다. 무엇보다 데이터프레임이라는 자료형을 제공하여 데이터 처리를 편리하게 해 줍니다. 데이터프레임은 쉽게 말해, 테이블 또는 데이터베이스라고 생각해도 좋습니다.

넘파이(numpy) 라이브러리를 불러옵니다. 넘파이는 파이썬에서 수학 연산과 데이터 분석을 도와주는 라이브러리입니다. 특히, 대규모 데이터를 다차원 배열로 변환 처리할 수 있도록 지원하는 라이브러리입니다.

맷플롯립(matplotlib) 라이브러리를 불러옵니다. 맷플롯립은 MATLAB의 기능을 파이썬으로 가져오는 컨셉에서 시작된 파이썬에서 제공하는 대표적인 데이터 시각화 라이브러리입니다. 특히 matplotlib.pyplot은 맷플롯립에서 파이플롯(pyplot)이라는 모듈을 가져온다는 의미입니다.

간결하게 표현하기 위해 as를 사용합니다. as plt로 선언하면 소스코드에서 matplotlib.pyplot은 plt라는 축약어로 부를 수 있습니다.

%matplotlib inline은 새로운 창을 열지 않고 쥬피터 노트북(jupyter notebook) 안(inline)에서 소스코드와 함께 그래프를 시각화할 수 있게 해 줍니다.

시본(seaborn) 라이브러리를 불러옵니다. 시본은 파이썬에서 가장 널리 사용하는 시각화 라이브러리 중 한 개입니다. 통계 그래프를 만들 때 주로 사용되며 고수준(high-level) 인터페이스를 제공해서 손쉽게 구현이 가능합니다.

3 데이터 수집하기

이제 보스턴 집 가격 데이터를 읽어오겠습니다. Boston Hosing 1970 데이터에서 일부 변수(특징변수들)를 추출해서 읽어 옵니다. 미국 메사추세츠 주의 92개 타운의 506

개 지역의 주택 가격 및 특성 데이터들이 포함되어 있습니다. df라는 이름의 변수를 만들어 그 안에 데이터를 읽어 와서 저장합니다.

df는 data frame의 약자로 데이터프레임을 나타내는 변수입니다. 변수 이름은 임의로 정할 수 있습니다. 그러나 의미를 알 수 있도록 변수의 이름을 만들어 주면 추후에 소스코드를 재 사용하고 이해하기 좋습니다.

```
df=pd.read_csv("./BostonHouse/BostonHousing.csv")
```

pd.read_csv 함수를 이용해서 BostonHosing.csv 안의 데이터를 파이썬으로 불러옵니다. 테이블 형태로 df 변수에 저장됩니다. ./는 현재 디렉토리를 의미 합니다. ./BostonHouse/ BostonHosing.csv의 의미는 현재의 디렉토리에 BostonHouse라는 하위 디렉토리 안에 BostonHosing.csv 파일이 있다는 것을 의미합니다.

pd는 판다스 라이브러리를 의미하는 축약어입니다. pd.read_csv는 pandas 안에 있는 read_csv라는 함수를 불러온다는 의미입니다. read_csv는 함수 이름에서 직관적으로도 알 수 있듯이 csv 포맷 파일을 읽어오는 함수입니다. csv 파일은 comma-separated values 형태의 데이터로서 쉼표(,)로 구분한 텍스트 데이터 파일을 의미합니다.

이번 장에서 사용하고 있는 예제 파일(Boston Housing.csv)을 메모장에서 열어보면, 각 데이터가 쉼표(,)로 구분되어 있는 것을 볼 수 있습니다.

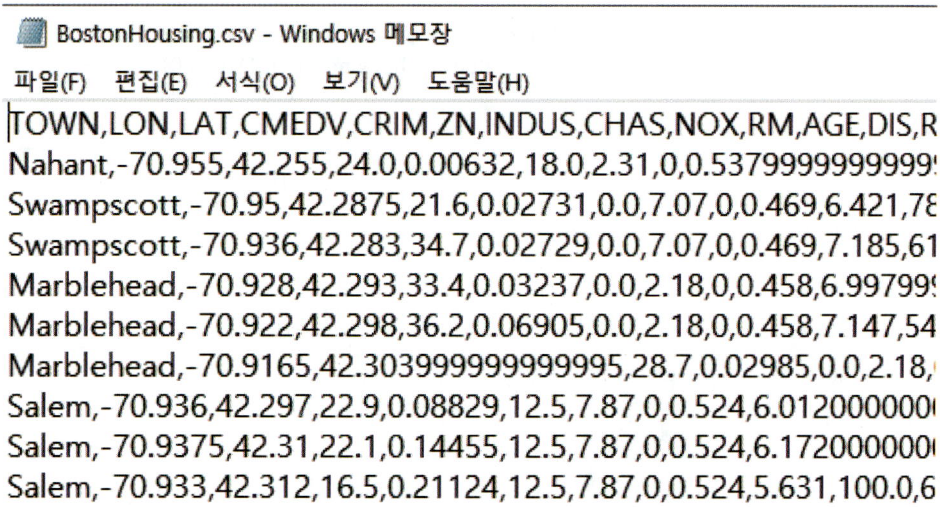

수집한 데이터가 잘 저장되었는지 df.head(3)을 통해 확인합니다. head는 데이터의 제일 윗부분부터 확인한다는 의미입니다. 괄호 안에 숫자를 입력하면 입력한 숫자만큼의 데이터(행 전체)을 보여주고, 숫자를 입력하지 않으면 5개의 행을 디폴트 값으로 보여줍니다.

```
#데이터셋을 불러와서 첫 세 줄을 출력하여 데이터의 구성을 살펴봅니다.
df.head(3)
```

	TOWN	LON	LAT	CMEDV	CRIM	ZN	INDUS	CHAS	NOX	RM	AGE	DIS
0	Nahant	-70.955	42.2550	24.0	0.00632	18.0	2.31	0	0.538	6.575	65.2	4.0900
1	Swampscott	-70.950	42.2875	21.6	0.02731	0.0	7.07	0	0.469	6.421	78.9	4.9671
2	Swampscott	-70.936	42.2830	34.7	0.02729	0.0	7.07	0	0.469	7.185	61.1	4.9671

수집된 데이터의 특징들을 살펴봅니다. 특징(Features)들은 테이블에서 열(column)을 의미하며, 속성(Attribute), 독립변수(x), 설명변수라고도 합니다. 모두 같은 의미입니다.

설명변수 (특징변수, 독립변수, 속성, 열)	설명
TOWN	집이 위치해 있는 도시 이름
LON, LAT	해당 지역의 경도(Longitudes) 위도(Latitudes) 정보
CMEDV	해당 지역의 집의 가격(중앙값) (corrected median values of housing in USD 1,000)
CRIM	지역 범죄 율(crime)
ZN	소속 도시에 25,000 제곱 피트(sq.ft) 이상의 집의 면적지 비율
INDUS	소속 도시에서 상업적 비즈니스에 활용되지 않는 농지 면적
CHAS	해당 지역이 Charles 강과 접하고 있는지 여부 (더미변수(dummy variable)로 활용될 예정)
NOX	소속 도시의 산화질소 농도
RM	해당 지역의 집 당 평균 방의 수
AGE	해당 지역에 1940년 이전에 건설된 집의 비율

DIS	5개의 보스턴 고용 센터와의 거리에 따른 가중치 부여
RAD	소속 도시가 고속도로(Highway)와의 접근성 지수
TAX	소속 도시의 10,000달러당 재산세
PTRATIO	소속 도시의 학생–교사 비율
B	해당 지역의 흑인 지수(1000(Bk − 0.63)^2), Bk는 흑인의 비율
LSTAT	해당 지역의 빈곤층 비율

변수란?

변수는 저장소를 의미합니다. 쉽게 말해 가방을 예로 들 수 있습니다. 우리가 외출을 할 때 가방을 들고 나갑니다. 학교를 갈 때 책가방을 메고 가고, 여행갈 때는 여행가방을 가지고 갑니다. 가방은 일종의 물건을 저장하는 공간입니다. 다양한 물건들을 넣고 다닐 수 있고, 외출 시마다 목적에 맞게 다른 품목들을 넣고 소지할 수 있습니다.

변수는 저장소(저장 공간)라고 생각하시면 됩니다. 프로그램을 실행할 때마다(≒외출할 때마다) 데이터(≒물건)를 넣고, 프로그램을 종료하면(≒집에 돌아오면) 사라지는(≒물건을 꺼내는) 임시 저장소입니다.

4 데이터 탐색하기

데이터에 대한 이해도가 높을수록 모델링의 정확도를 높일 수 있습니다. 데이터의 이해를 위해 다양한 방법으로 데이터를 탐색합니다.

4.1 데이터 셋 기본 정보 파악

데이터의 각 변수들의 기본 정보를 파악합니다.

우선 데이터 셋의 구조를 파악합니다. shape 함수를 사용해서 살펴봅니다. shape는

(행, 열)을 출력해 주기 때문에 데이터의 개수와 변수의 개수를 알 수 있습니다. 행은 데이터의 개수를 의미하며, 열은 변수의 개수를 의미합니다.

```
### 데이터 셋 구조 보기
df.shape
```

```
(506, 17)
```

해석 집의 개수가 506개이고, 집의 특징을 나타내는 변수의 개수가 17개입니다.

데이터의 결측치를 살펴봅니다.

결측치는 데이터에 값이 존재하지 않는 것을 의미합니다. 데이터 값이 0인 것과 다른 의미입니다. 데이터가 아예 존재하지 않는 것을 의미합니다. 다행히도 BostonHousing.csv 파일에는 결측치가 없습니다. 결측치를 처리할 필요 없이 바로 모델링을 진행하여도 괜찮습니다. 만약, 결측치가 발견되었다면 결측치를 전처리한 후 모델링을 진행하는 것이 좋습니다.

결측치를 포함하는 변수를 모델링에 그대로 사용할 경우, 해당 변수로 인해서 모델링 결과에 편향이 발생할 수 있습니다. 따라서 결측치 값을 대표값(평균, 중앙값 등의 통계값)으로 채우거나 필러링해서 사용합니다.

저자는 데이터 양이 많이 부족하지 않다면, 결측치를 많이 포함하는 변수는 결측치를 대표값으로 채우는 것보다 해당 변수를 모델링에서 제외하는 것을 추천 드립니다.

isnull 함수를 이용해서 결측치의 유무를 확인합니다. 직관적으로 '결측치(null)가 있는지(is)'를 살펴보는 함수를 호출합니다. sum 함수를 사용하여 결측치의 개수를 세어봅니다. 다행히도 BostonHousing.csv 파일은 결측치가 없습니다.

```
### [결측치] : 비어있는 데이터를 찾습니다.
### 각 컬럼(변수, 특성, x)에 결측치가 있는지 확인합니다.
df.isnull().sum()
```

```
TOWN       0
LON        0
LAT        0
CMEDV      0
CRIM       0
ZN         0
INDUS      0
```

```
CHAS       0
NOX        0
RM         0
AGE        0
DIS        0
RAD        0
TAX        0
PTRATIO    0
B          0
LSTAT      0
dtype: int64
```

해석 506개의 관측치(observations, 집들)의 17개의 변수(variable, features, columns, x)들에 결측치가 없습니다.

각 변수(데이터)의 타입을 확인합니다.

df.info 함수를 통해 각 변수의 타입을 확인할 수 있습니다. int64는 소수점이 없는 정수형이고, float64는 소수점이 있는 실수형입니다. object는 문자형, 즉 텍스트를 의미합니다.

```
### [data(변수) type]을 확인합니다.
df.info()
```

```
<class 'pandas.core.frame.DataFrame'>
RangeIndex: 506 entries, 0 to 505
Data columns (total 17 columns):
 #   Column   Non-Null Count  Dtype
---  ------   --------------  -----
 0   TOWN     506 non-null    object
 1   LON      506 non-null    float64
 2   LAT      506 non-null    float64
 3   CMEDV    506 non-null    float64
 4   CRIM     506 non-null    float64
 5   ZN       506 non-null    float64
 6   INDUS    506 non-null    float64
 7   CHAS     506 non-null    int64
 8   NOX      506 non-null    float64
 9   RM       506 non-null    float64
 10  AGE      506 non-null    float64
 11  DIS      506 non-null    float64
 12  RAD      506 non-null    int64
 13  TAX      506 non-null    int64
```

```
 14  PTRATIO  506 non-null    float64
 15  B        506 non-null    float64
 16  LSTAT    506 non-null    float64
dtypes: float64(13), int64(3), object(1)
memory usage: 67.3+ KB
```

해석 TOWN(도시 이름)만 object 형으로 문자형 변수(범주형 변수)이고, 이를 제외한 모든 변수는 숫자형(float64(실수형), int64(정수형))입니다.

기본 통계를 구합니다.

숫자형 변수만 뽑아서 df.describe() 함수를 수행합니다. 데이터에 대한 각종 통계량을 요약해서 출력해 줍니다.

```
### [통계] 숫지형 변수만 뽑아서 기본 통계를 해 봅니다.
df.describe()
```

	LON	LAT	CMEDV	CRIM	ZN	INDUS	CHAS	NOX	RM	AGE	DIS	RAD	TAX	PTRATIO	B	LSTAT
count	506.000000	506.000000	506.000000	506.000000	506.000000	506.000000	506.000000	506.000000	506.000000	506.000000	506.000000	506.000000	506.000000	506.000000	506.000000	506.000000
mean	-71.056389	42.216440	22.528854	3.613524	11.363636	11.136779	0.069170	0.554695	6.284634	68.574901	3.795043	9.549407	408.237154	18.455534	356.674032	12.653063
std	0.075405	0.061777	9.182176	8.601545	23.322453	6.860353	0.253994	0.115878	0.702617	28.148861	2.105710	8.707259	168.537116	2.164946	91.294864	7.141062
min	-71.289500	42.030000	5.000000	0.006320	0.000000	0.460000	0.000000	0.385000	3.561000	2.900000	1.129600	1.000000	187.000000	12.600000	0.320000	1.730000
25%	-71.093225	42.180775	17.025000	0.082045	0.000000	5.190000	0.000000	0.449000	5.885500	45.025000	2.100175	4.000000	279.000000	17.400000	375.377500	6.950000
50%	-71.052900	42.218100	21.200000	0.256510	0.000000	9.690000	0.000000	0.538000	6.208500	77.500000	3.207450	5.000000	330.000000	19.050000	391.440000	11.360000
75%	-71.019625	42.252250	25.000000	3.677083	12.500000	18.100000	0.000000	0.624000	6.623500	94.075000	5.188425	24.000000	666.000000	20.200000	396.225000	16.955000
max	-70.810000	42.381000	50.000000	88.976200	100.000000	27.740000	1.000000	0.871000	8.780000	100.000000	12.126500	24.000000	711.000000	22.000000	396.900000	37.970000

범주형 변수(문자형 변수이면서 범주를 의미하는 변수)를 살펴봅니다.

TOWN은 object 타입으로 문자열 변수 타입입니다. 도시 이름(타운)을 나타냅니다.

우선 메사추세츠 주의 도시의 수를 살펴봅니다. 이때 우리는 중복을 제거해야 합니다. 예제로 이해해 보겠습니다. 두 개의 집이 있습니다. 이 두 집은 모두 캠브리지 도시에 있습니다. 캠브리지 도시는 한 개인데 집들이 두 개이기에 한 개의 도시가 두 개로 인식될 수 있습니다. 이런 오류를 없애기 위해서 unique 함수를 사용해서 중복을 제거한 후, 다시 도시의 개수를 세어 봅니다.

num_town 변수에 unique 함수를 통해 중복을 제거한 도시의 개수를 넣습니다. len(num_town)은 len(length를 의미) 함수를 호출하여 데이터의 개수를 세어 줍니다. print 명령어를 사용해서 도시의 개수를 화면에 출력합니다. num_town 또는 print(num_town) 명령어를 이용해서 도시 이름들을 확인합니다.

```
### 범주형 변수(Categorical Variables), 문자열 변수를 살펴봅니다.
### 타운의 수, 소속도시의 수를 구합니다.
### .unique()는 중복을 제거 하는 것입니다.

num_town=df['TOWN'].unique()
print(len(num_town))
num_town
```

```
92

array(['Nahant', 'Swampscott', 'Marblehead', 'Salem', 'Lynn', 'Sargus',
       'Lynnfield', 'Peabody', 'Danvers', 'Middleton', 'Topsfield',
       'Hamilton', 'Wenham', 'Beverly', 'Manchester', 'North Reading',
       'Wilmington', 'Burlington', 'Woburn', 'Reading', 'Wakefield',
       'Melrose', 'Stoneham', 'Winchester', 'Medford', 'Malden',
       'Everett', 'Somerville', 'Cambridge', 'Arlington', 'Belmont',
       'Lexington', 'Bedford', 'Lincoln', 'Concord', 'Sudbury', 'Wayland',
       'Weston', 'Waltham', 'Watertown', 'Newton', 'Natick', 'Framingham',
       'Ashland', 'Sherborn', 'Brookline', 'Dedham', 'Needham',
       'Wellesley', 'Dover', 'Medfield', 'Millis', 'Norfolk', 'Walpole',
       'Westwood', 'Norwood', 'Sharon', 'Canton', 'Milton', 'Quincy',
       'Braintree', 'Randolph', 'Holbrook', 'Weymouth', 'Cohasset',
       'Hull', 'Hingham', 'Rockland', 'Hanover', 'Norwell', 'Scituate',
       'Marshfield', 'Duxbury', 'Pembroke', 'Boston Allston-Brighton',
       'Boston Back Bay', 'Boston Beacon Hill', 'Boston North End',
       'Boston Charlestown', 'Boston East Boston', 'Boston South Boston',
       'Boston Downtown', 'Boston Roxbury', 'Boston Savin Hill',
       'Boston Dorchester', 'Boston Mattapan', 'Boston Forest Hills',
       'Boston West Roxbury', 'Boston Hyde Park', 'Chelsea', 'Revere',
       'Winthrop'], dtype=object)
```

```
print(num_town)
```

```
['Nahant' 'Swampscott' 'Marblehead' 'Salem' 'Lynn' 'Sargus' 'Lynnfield'
 'Peabody' 'Danvers' 'Middleton' 'Topsfield' 'Hamilton' 'Wenham' 'Beverly'
 'Manchester' 'North Reading' 'Wilmington' 'Burlington' 'Woburn' 'Reading'
 'Wakefield' 'Melrose' 'Stoneham' 'Winchester' 'Medford' 'Malden'
 'Everett' 'Somerville' 'Cambridge' 'Arlington' 'Belmont' 'Lexington'
 'Bedford' 'Lincoln' 'Concord' 'Sudbury' 'Wayland' 'Weston' 'Waltham'
 'Watertown' 'Newton' 'Natick' 'Framingham' 'Ashland' 'Sherborn'
 'Brookline' 'Dedham' 'Needham' 'Wellesley' 'Dover' 'Medfield' 'Millis'
 'Norfolk' 'Walpole' 'Westwood' 'Norwood' 'Sharon' 'Canton' 'Milton'
 'Quincy' 'Braintree' 'Randolph' 'Holbrook' 'Weymouth' 'Cohasset' 'Hull'
 'Hingham' 'Rockland' 'Hanover' 'Norwell' 'Scituate' 'Marshfield'
 'Duxbury' 'Pembroke' 'Boston Allston-Brighton' 'Boston Back Bay'
 'Boston Beacon Hill' 'Boston North End' 'Boston Charlestown'
 'Boston East Boston' 'Boston South Boston' 'Boston Downtown'
 'Boston Roxbury' 'Boston Savin Hill' 'Boston Dorchester'
 'Boston Mattapan' 'Boston Forest Hills' 'Boston West Roxbury'
 'Boston Hyde Park' 'Chelsea' 'Revere' 'Winthrop']
```

4.2 종속변수(목표변수)탐색

종속변수를 설정하고 탐색합니다. 종속변수는 목표변수이자 수식에서는 y로 표현하며, 이는 우리가 예측할 값을 의미합니다. CMEDV(Corrected MEDdian Values of housing in USD 1,000: 해당 지역의 집들의 가격의 중앙값)를 종속변수로 설정합니다.

종속변수의 기초 통계량을 살펴봅니다.

df.describe() 함수를 사용해서 기초 통계량을 살펴봅니다.

```
### [기초 통계량]: 종속변수의 기초 통계량을 살펴봅니다.
df['CMEDV'].describe()
```

```
count    506.000000
mean      22.528854
std        9.182176
min        5.000000
25%       17.025000
50%       21.200000
75%       25.000000
max       50.000000
Name: CMEDV, dtype: float64
```

종속변수를 히스토그램(histogram)을 사용해서 시각화합니다.

데이터의 분포를 파악하기 위해 사용하는 대표적인 그래프가 히스토그램입니다. 종속변수의 분포를 시각화합니다. hist()는 히스토그램 그래프를 그려주는 함수입니다.

bins=50은 x축에 해당하는 집의 가격(CMEDV)를 50개의 구간으로 나눕니다. 예를 들면, 집의 가격이 10만불에서 100만불까지 있다면, 10만과 100만 사이의 구간을 50개로 나눕니다. 히스토그램에서 y축은 빈도수(frequency)를 의미합니다.

df['CMEDV'].hist(bins=50)는 df(data frame; 데이터프레임)에서 CMEDV 열의 값들을 50개의 구간으로 나누어서 각 구간에 속하는 집들의 개수를 세어서 히스토그램으로 시각화합니다.

```
### [시각화]를 해서 살펴봅니다. 데이터의 분포를 파악할때, 시각화를 추천합니다.

### .hist(): 히스토그램을 의미합니다.
### bins=50:주머니가 50개임을 의미합니다.
### x가 50개의 그룹으로 나누어 진다라고 이해하셔도 좋습니다.
### x축은 실제 집 값을 의미합니다.
### y축은 빈도수(frequency)입니다.

df['CMEDV'].hist(bins=50)
```

```
<Axes: >
```

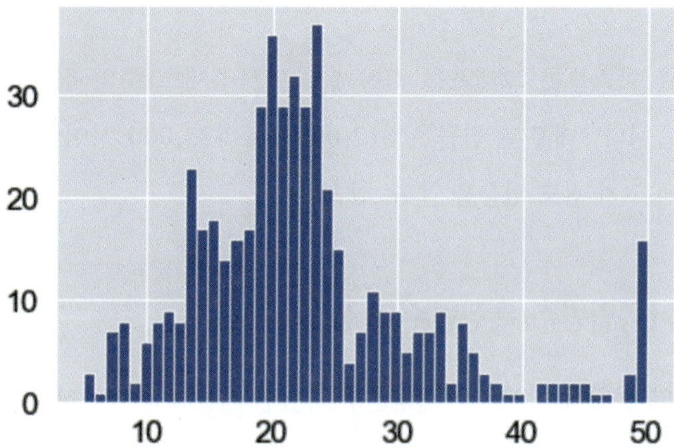

종속변수를 박스플롯(boxplot)를 사용해서 시각화합니다.

박스플롯은 데이터의 분포를 눈으로 확인하기 어려울 때, 그래프를 이용해서 데이터의 범위와 중앙값을 확인할 때 사용됩니다. 통계적으로는 이상치를 확인할 수 있는 장점이 있습니다.

```
### 박스플롯(boxplot) 입니다.
### 중간값을 확인하고 아웃라이어를 확인할 수 있습니다.

plt.boxplot(df['CMEDV'])
plt.show()
```

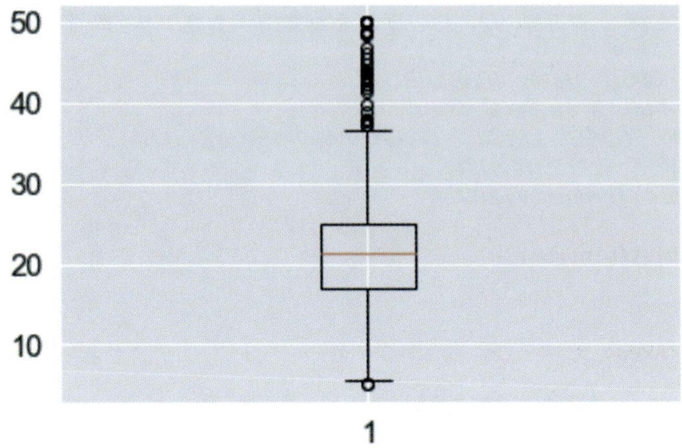

히스토그램과 박스플롯 그래프를 사용해서 메사추세츠 주의 집들의 가격 분포를 파악할 수 있습니다. 대부분 집들은 $17,000에서 $25,000 사이에 분포되어 있고, $40,000 이상의 고가 집도 있음을 알 수 있습니다.

4.3 설명변수(독립변수/특징변수/속성)탐색

종속변수(y)의 설정에 이어, 각 설명변수(독립변수)들을 살펴봅니다. 독립변수들 중 숫자형 변수들의 분포를 히스토그램 그래프를 통해 살펴봅니다.

- numerical_columns라는 변수를 만들어서 숫자형 변수들을 리스트 형태(열거형 변수 집합)로 넣습니다.
- figsize() 함수를 사용해서 그림의 크기(figure size)를 지정합니다. plt는 'matplot.pyplot as plt'에 의해서 matplot.pylot 함수를 호출하는 축약어 입니다. figsize=(16,20)은 가로 길이 16 inch, 세로 길이 20 inch를 의미합니다. gca() 함수는 x축을 확인하는 데 사용됩니다. x축이 여러 개의 숫자형 변수들이기에 각 그래프의 x축이 어떤 변수를 기준으로 그릴 것인지를 설정합니다.
- df[numerical_columns].hist(ax=ax)를 활용해서 히스토그램을 만듭니다.
- plt.show() 함수를 사용하여 화면에 그래프를 보여줍니다.

```
### numerical features (except "LON" & "LAT")
### LON, LAT: 해당 지역의 경도(Longitudes) 위도(Latitudes) 정보로
### 숫자형 변수에서 제외합니다.
numerical_columns=['CRIM', 'ZN', 'INDUS', 'CHAS', 'NOX',
                   'RM', 'AGE', 'DIS', 'RAD', 'TAX',
                   'PTRATIO', 'B', 'LSTAT']

### figsize()는 plot(플롯, 그림)의 기본 크기를 지정합니다.
fig = plt.figure(figsize = (16, 20))
ax = fig.gca()

df[numerical_columns].hist(ax=ax)
plt.show()
```

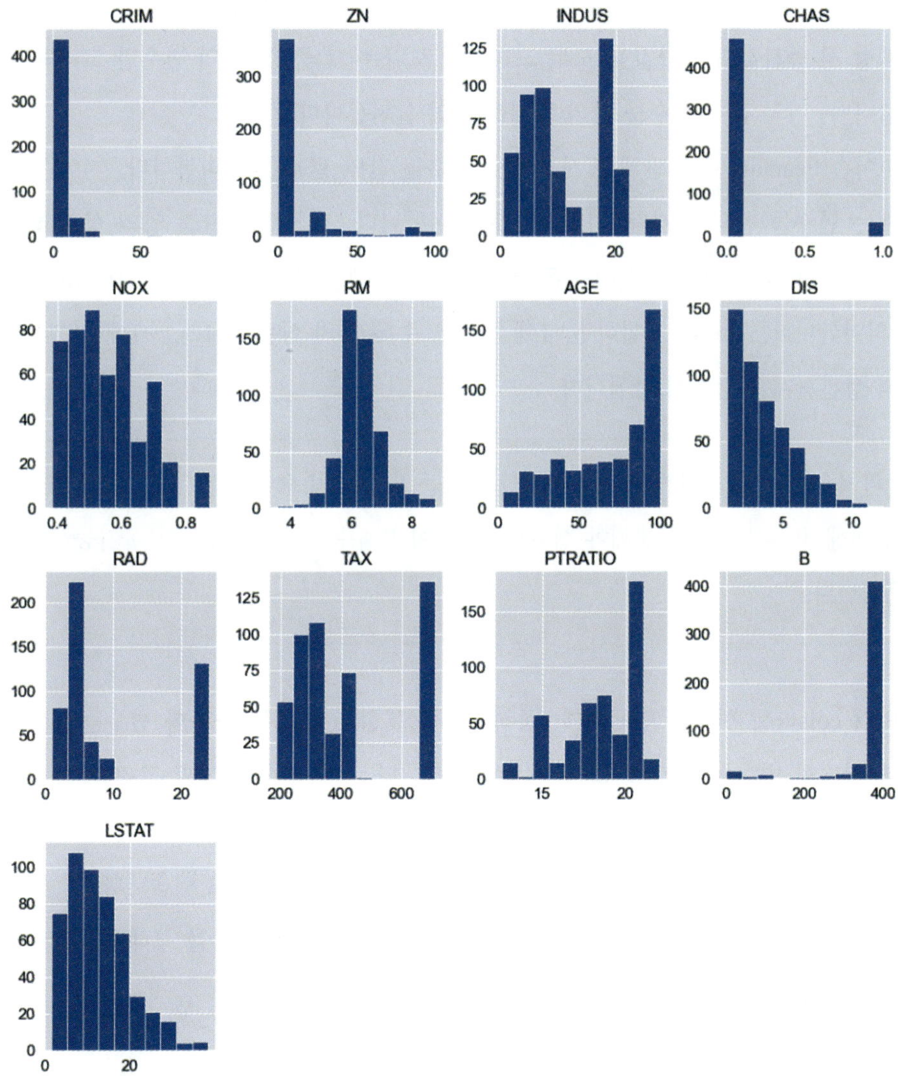

4.4 변수들 간의 관계 탐색

변수들 간의 관계를 살펴봅니다.

모델링 시 편향이 없어야 합니다. 구체적으로 설명하면, 각 변수들이 독립적이면서 모델을 만들 때 공정하게 반영되어야 합니다. 이를 위해서는 각 변수들 간의 상관관계를 살펴보고, 너무 밀접한 관계를 가지는 경우는 한 개의 변수만 대표변수로 사용하는 방법을 고려해야 합니다.

예를 들어 보겠습니다. 변수들 중에 평균값을 의미하는 변수와 중간값을 나타내는 변수가 있습니다. 이 두 개의 변수들은 비슷한 정보를 가지고 있다고 생각할 수 있습니다. 모델링 시 중간값과 평균값을 모두 고려하기 보다는 그 중 한 개의 변수만 고려해도 충분합니다. 이와 같이 변수들 간의 관계를 미리 살펴봅니다.

피어슨(Pearson) 상관관계를 사용해서 변수들 간의 관계를 살펴봅니다. 피어슨 상관관계는 변수들 간의 관계를 −1에서 1로 표현합니다. 1일 때는 완전 양의 상관(perfect positive correlation), −1일 때는 완전 음의 상관관계(perfect negative correlation)관계를 의미합니다. 다르게 표현하면, 1에 가까울 수록 양의 상관관계를, −1에 가까울수록 음의 상관관계를 강하게 가집니다.

> 피어슨(Pearson) 상관계수를 계산할 시에는 범주형 변수를 제외한 후, 숫자형 변수에 대해서만 계산을 진행해야 합니다. 범주형 변수는 수학적 계산이 불가능하기 때문입니다.

먼저 cols라는 변수를 만듭니다. 종속변수를 포함해서 모든 숫자형 변수들을 리스트 형태(열거형 변수들 집합)로 cols 변수에 넣습니다. 종속변수도 함께 고려함으로써, 모델을 만들기 전에 종속변수와 다른 변수(설명변수)들 간의 연관성도 미리 살펴봅니다. 종속변수와 밀접한 연관성이 있는 설명변수들을 미리 살펴볼 수도 있습니다.

corr 함수는 correlation(상관관계)를 나타내는 coefficient(계수)를 구해주는 함수입니다. corr 함수를 사용해서 피어슨 상관관계를 구합니다.

```
### 피어슨(Pearson) 상관계수 : 상관관계 분석시 대표적으로 사용하는 지표입니다.
### 데이터간의 상관관계를 -1 에서 1 사이의 값으로 나타냅니다.
### 1일 때는 완전 양의 상관(perfect positive correlation),
### -1일 때는 완전 음의 상관관계(perfect negative correlation)관계를 보입니다.

cols = ['CMEDV', 'CRIM', 'ZN', 'INDUS', 'CHAS', 'NOX', 'RM', 'AGE',
        'DIS', 'RAD', 'TAX', 'PTRATIO', 'B', 'LSTAT']

corr = df[cols].corr(method = 'pearson')
corr
```

	CMEDV	CRIM	ZN	INDUS	CHAS	NOX	RM	AGE	DIS	RAD	TAX	PTRATIO	B	LSTAT
CMEDV	1.000000	-0.389582	0.360386	-0.484754	0.175663	-0.429300	0.696304	-0.377999	0.249315	-0.384766	-0.471979	-0.505655	0.334861	-0.740836
CRIM	-0.389582	1.000000	-0.200469	0.406583	-0.055892	0.420972	-0.219247	0.352734	-0.379670	0.625505	0.582764	0.289946	-0.385064	0.455621
ZN	0.360386	-0.200469	1.000000	-0.533828	-0.042697	-0.516604	0.311991	-0.569537	0.664408	-0.311948	-0.314563	-0.391679	0.175520	-0.412995
INDUS	-0.484754	0.406583	-0.533828	1.000000	0.062938	0.763651	-0.391676	0.644779	-0.708027	0.595129	0.720760	0.383248	-0.356977	0.603800
CHAS	0.175663	-0.055892	-0.042697	0.062938	1.000000	0.091203	0.091251	0.086518	-0.099176	-0.007368	-0.035587	-0.121515	0.048788	-0.053929
NOX	-0.429300	0.420972	-0.516604	0.763651	0.091203	1.000000	-0.302188	0.731470	-0.769230	0.611441	0.668023	0.188933	-0.380051	0.590879
RM	0.696304	-0.219247	0.311991	-0.391676	0.091251	-0.302188	1.000000	-0.240265	0.205246	-0.209847	-0.292048	-0.355501	0.128069	-0.613808
AGE	-0.377999	0.352734	-0.569537	0.644779	0.086518	0.731470	-0.240265	1.000000	-0.747881	0.456022	0.506456	0.261515	-0.273534	0.602339
DIS	0.249315	-0.379670	0.664408	-0.708027	-0.099176	-0.769230	0.205246	-0.747881	1.000000	-0.494588	-0.534432	-0.232471	0.291512	-0.496996
RAD	-0.384766	0.625505	-0.311948	0.595129	-0.007368	0.611441	-0.209847	0.456022	-0.494588	1.000000	0.910228	0.464741	-0.444413	0.488676
TAX	-0.471979	0.582764	-0.314563	0.720760	-0.035587	0.668023	-0.292048	0.506456	-0.534432	0.910228	1.000000	0.460853	-0.441808	0.543993
PTRATIO	-0.505655	0.289946	-0.391679	0.383248	-0.121515	0.188933	-0.355501	0.261515	-0.232471	0.464741	0.460853	1.000000	-0.177383	0.374044
B	0.334861	-0.385064	0.175520	-0.356977	0.048788	-0.380051	0.128069	-0.273534	0.291512	-0.444413	-0.441808	-0.177383	1.000000	-0.366087
LSTAT	-0.740836	0.455621	-0.412995	0.603800	-0.053929	0.590879	-0.613808	0.602339	-0.496996	0.488676	0.543993	0.374044	-0.366087	1.000000

상관관계를 히트맵(HeatMap)으로 시각화합니다. 히트맵은 열을 뜻하는 히트(heat)와 지도를 뜻하는 맵(map)을 결합시킨 단어로, 다양한 정보를 일정한 이미지 위에 열 분포 형태의 색상 그래픽을 출력하는 그래프입니다. 히트맵으로 상관계수를 보다 쉽게 파악할 수 있습니다. 가로 세로 모두 열로 표현하여 열과 열 사이의 관계, 즉 변수와 변수와의 관계를 색깔로 표현해 줍니다. 값이 클수록 두 변수의 상관계수가 크다는 것이고, 이는 더 밀접한 연관성이 있음을 나타내 줍니다.

- fig = plt.figure(figsize = (16, 12)) 와 ax = fig.gca() 의 코드는 그래프의 사이즈와 축을 생성합니다.
- seaborn(sns) 시각화 라이브러리를 사용하여 히트맵 그래프를 그려줍니다. seaborn 함수의 변수들을 살펴보겠습니다.
  - sns.set(font_scale = 1.5)는 히트맵 안에 표현되는 폰트 사이즈를 설정해 줍니다. 여기서는 1.5로 설정하였습니다.

- corr() 함수는 데이터프레임의 상관 행렬을 반환하는 데 사용됩니다. 각 값에 대한 색상 음영을 확인합니다.
- annot 변수는 제곱에 대한 상관값을 표시합니다. annot를 이용하여 각 셀의 값을 표기할 수 있습니다.
- annot_kws = {'size':15}는 폰트 사이즈를 키-값 쌍으로 지정할 수 있습니다.
- fmt는 각 셀 값의 데이터 유형을 지정해 줍니다. fmt="d"는 정수형(int), fmt="2f"는 실수형(float), 소수점 2번째 자리 까지를 의미합니다.
- cmap은 히트맵의 색상을 표시합니다. 여기서는 "RdYlBu"의 색상표를 선택했습니다. 다양한 색상을 표현할 수 있습니다.
- yticklabels과 xticklabels은 각 축의 라벨(이름)을 설정합니다.

• plt.tight_layout()은 여백을 조정합니다.

```
fig = plt.figure(figsize = (16, 12))
ax = fig.gca()

sns.set(font_scale = 1.5)  # heatmap 안의 font-size 설정
heatmap = sns.heatmap(corr.values, annot = True, fmt='.2f',
                      annot_kws={'size':15},
                      yticklabels = cols, xticklabels = cols,
                      ax=ax, cmap = "RdYlBu")
plt.tight_layout() ## 여백을 조정합니다.

plt.show() ## 출력합니다.
```

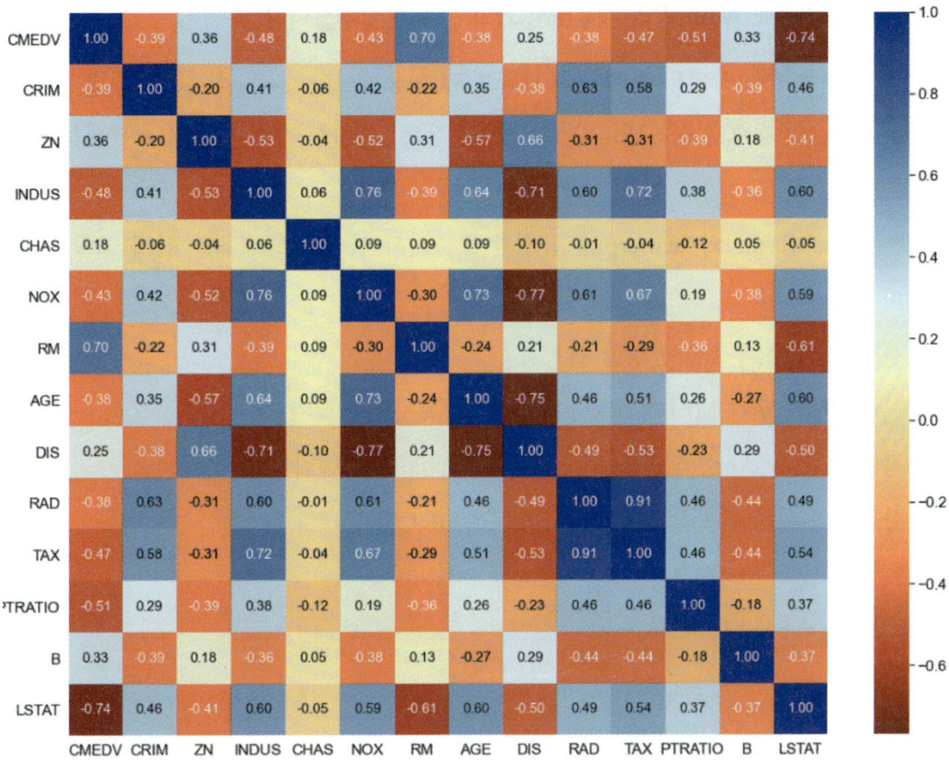

해석 우리의 관심사인 "CMEDV(주택 가격)"과 다른 변수 간의 상관관계를 살펴봅니다. RM(주택당 평균 방의 개수)가 0.7로 강한 양의 상관관계를 보이고, LSTAT(빈곤층의 비율)이 −0.74로 가장 강한 음의 상관관계를 보이고 있습니다.

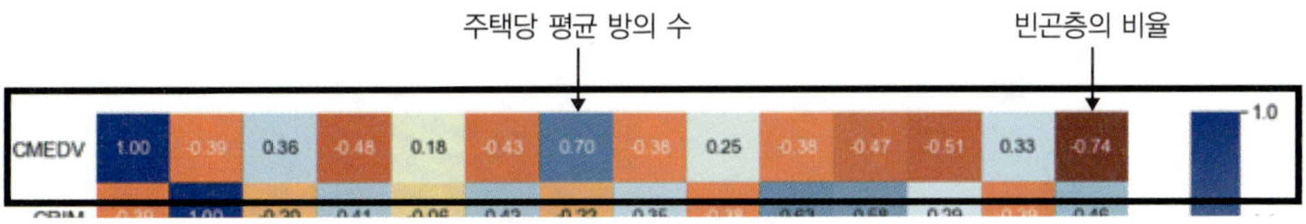

상관관계와 회귀분석

상관관계는 모든 변수들 간의 관계를 나타냅니다.

회귀분석은 종속변수와 독립변수(설명변수)들 간의 인과 관계를 설명하고 예측하는 모델입니다. 강한 상관관계를 가진다고 무조건 회귀 분석의 결과(인과 관계)가 높다고 생각할 수 없습니다.

4.4.1 집 가격(CMEDV)과 방의 개수(RM)와의 관계를 살펴봅니다.

산점도는 두 변수 사이의 관계를 표시하는 데 사용됩니다. 각 측정 값을 두 변수를 의미하는 (x, y)의 점으로 나타냅니다. 산점도를 통해 두 변수 간의 패턴이나 관계를 파악할 수 있습니다.

씨본(seaborn; sns)의 scatterplot 함수를 호출해서 산점도 그래프를 쉽게 그릴 수 있습니다.

- 산점도의 x축, y축을 설정합니다.
  - x= 'RM', y='CMEDV' : x축은 방의 개수, y축은 집의 가격
- 점의 모양(marker), 색상(color), 투명도(alpha)를 설정합니다.
- 산점도의 제목을 설정합니다: plt.title('Scatter Plot')

```
sns.scatterplot(data=df,
                x='RM', y='CMEDV',
                markers='o',
                color='blue',
                alpha=0.6)
plt.title('Scatter Plot')
plt.show()
```

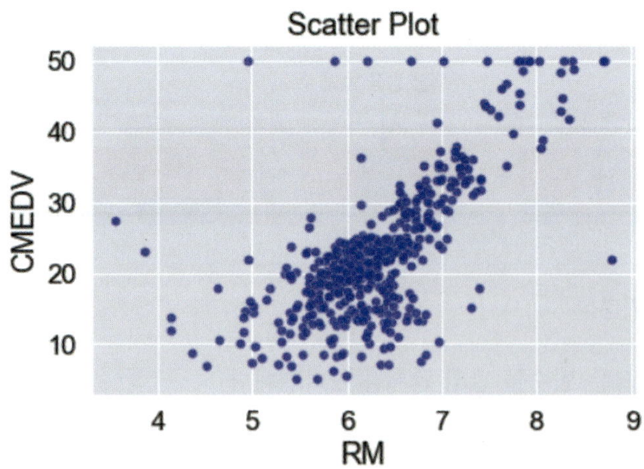

해석 집 가격(CMEDV)와 방의 개수(RM)는 강한 양의 상관관계를 보입니다. 즉, 방의 개수가 많을수록 집 가격이 상대적으로 높습니다.

4.4.2 집 가격(CMEDV)과 빈곤층의 비율(LSTAT)과의 관계를 살펴봅니다.

```
sns.scatterplot(data=df,
                x='LSTAT', y='CMEDV',
                markers='o',
                color='blue',
                alpha=0.6)
plt.title('Scatter Plot')
plt.show()
```

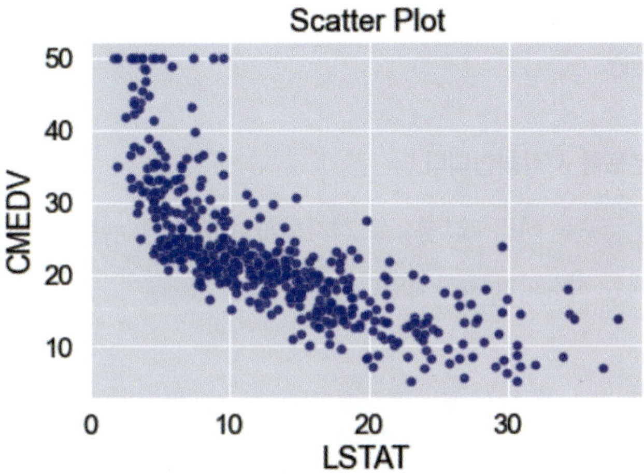

해석 집 가격(CMEDV)와 빈곤층의 비율(LSTAT)은 강한 음의 상관관계를 갖고 있습니다. 즉 빈곤층의 비율이 높은 지역의 집 가격이 상대적으로 낮은 경향을 보입니다.

4.4.3 각 도시(TOWN) 별 집 가격(CMEDV)를 살펴봅니다.

먼저 BostonHousing.csv 파일 안의 데이터들은 여러 도시에 속해 있습니다. 각 데이터들이 어느 도시에 속해 있는지, 또 어떤 도시들의 데이터가 많은 지 살펴봅니다. value_counut() 함수를 사용하여 도시(TOWN) 별 데이터 개수를 살펴봅니다.

```
### 각 도시에 따른 데이터 갯수 살펴보기
df['TOWN'].value_counts()
```

```
Cambridge              30
```

```
Boston Savin Hill     23
Lynn                  22
Boston Roxbury        19
Newton                18
                      ..
Medfield               1
Dover                  1
Lincoln                1
Sherborn               1
Nahant                 1
Name: TOWN, Length: 92, dtype: int64
```

해석 데이터는 92개의 도시에 속해 있는 데이터입니다. 특히, 캠브리지(Cambridge)시의 집들이 30개로 가장 많습니다.

도시별 데이터 분포를 시각화합니다.

도시별 데이터 분포를 히스토그램으로 시각화하여 한 번 더 살펴봅니다. 데이터의 분포를 파악하는 데는 시각화가 효과적입니다.

```
### 도시별 데이터 갯수를 히스토그램으로 시각화합니다.
df['TOWN'].value_counts().hist(bins=30)
```

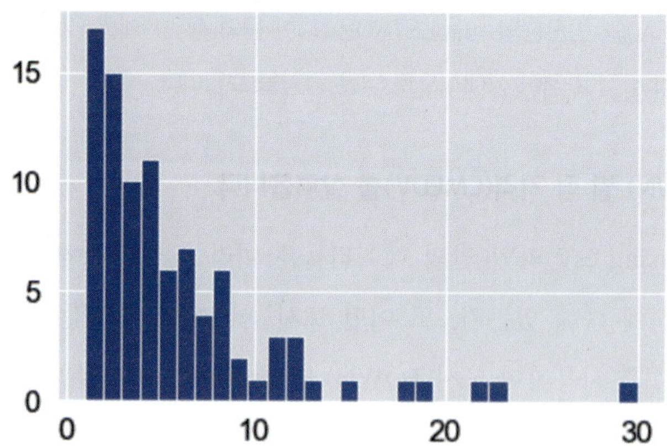

해석 x축은 도시에 속해 있는 데이터 개수를 의미하고, y는 해당 도시의 개수를 의미합니다. 조금 헷갈릴 수 있을 것 같습니다. x축을 도시이름 대신, 도시에 속해 있는 데이터 개수로 구분하였습니다. 예를 들면, 데이터 개수가 30개인 도시는 Cambridge 1개입니다. 데이터 개수가 1개인 도시는 Medfield, Dover등 15개 이상입니다.

각 도시(TOWN)별 집 가격의 분포를 박스플롯(box plot)으로 시각화합니다.

```
### 도시별 주택 가격 특징 (boxplot 이용)
fig = plt.figure(figsize = (12, 20))
sns.boxplot(x='CMEDV', y='TOWN', data=df)
```

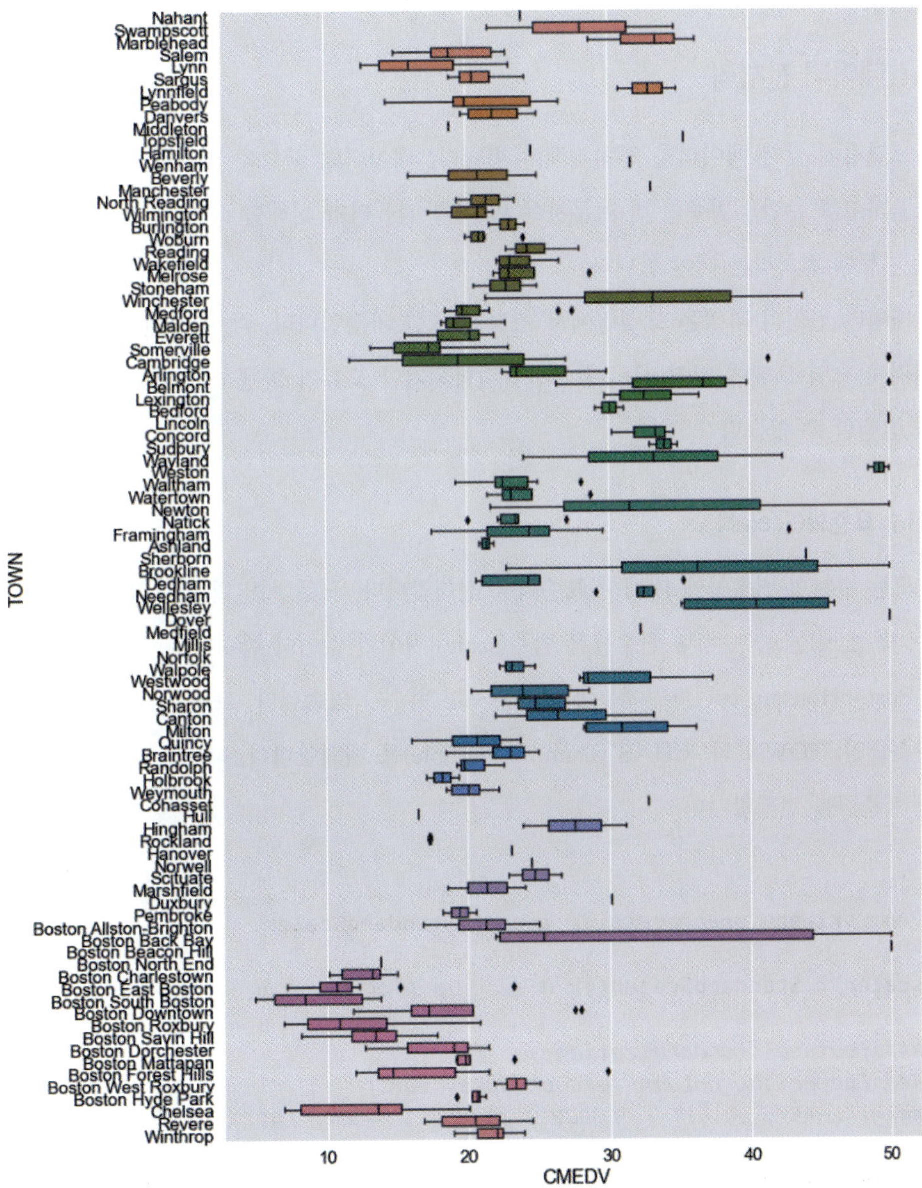

해석 그래프를 보면, 보스턴(Boston) 지역(Boston으로 시작하는 도시들)의 집 가격들이 다른 지역에 위치한 주택들의 가격보다 전반적으로 낮은 것을 알 수 있습니다.

5 모델링하기

데이터를 이해하고 탐색하는 과정을 마쳤습니다. 이제 본격적으로 메사추세츠 주의 집 가격을 예측하는 회귀모델을 만들어 봅시다.

5.1 데이터 전처리

모델링에 앞서 데이터를 전처리해야 합니다. 데이터의 균형을 맞추고, 범주(scale)을 조율하고(표준화), 범주형 변수(문자형 변수)를 컴퓨터가 이해할 수 있는 숫자로 바꾸어 주는 등의 전처리를 해야 합니다.

데이터 전처리 과정은 모델링에서 가장 중요한 과정입니다. 데이터 전처리가 제대로 되지 않으면 모델에 입력되는 데이터가 편향되거나 오류가 발생하여 제대로 된 모델링을 진행할 수 없습니다.

5.1.1 표준화(Scaler)

모든 수치형 변수들에 대해서 표준화를 진행합니다. 모든 설명변수(독립변수, 특징변수, 속성, x)들 중 수치형 변수들은 범주(scale) 차이가 없어야 합니다.

BostonHousing.csv 파일에는 2개의 문자형 변수가 있습니다. 표준화 진행 시 문자형 변수들인 "TOWN"와 "CHAS"(Dummy variable)를 제외합니다. 나머지 변수들에 대해서 표준화를 진행합니다.

```
from sklearn.preprocessing import StandardScaler

scaler = StandardScaler()  # 평균 0, 분산 1

### feature standardization
### (numerical_columns except dummy var.
### -"CHAS", 종속변수 "CMEDV", 위도 경도("LON, LAT"))

scale_columns = ['CRIM', 'ZN', 'INDUS', 'NOX', 'RM', 'AGE',
                 'DIS', 'RAD', 'TAX', 'PTRATIO', 'B', 'LSTAT']

df[scale_columns] = scaler.fit_transform(df[scale_columns])
```

파이썬에서 제공하는 머신러닝을 위한 라이브러리인 사이킷런(sickit-learn; sklearn)을 사용해서 데이터 전처리를 진행합니다. 사이킷런은 머신러닝을 위한 다양한 알고리즘, 프레임워크, API(Application Programming Interface) 등을 제공합니다.

StandardScaler() 함수를 사용하여 모든 수치형 변수의 범주를 −1에서 1 사이로 조정합니다. 평균=0, 분산=1로 조정합니다.

scale_columns들의 값이 scaler.fit_transform 함수를 통해 −1과 1 사이로 변환되어 저장됩니다.

데이터의 표준화 전후를 비교해 봅니다. 표준화 후의 수치형 데이터 범주는 모두 −1과 1 사이로 조정된 것을 볼 수 있습니다.

```
df.head() # Original Table
```

	TOWN	LON	LAT	CMEDV	CRIM	ZN	INDUS	CHAS	NOX	RM	AGE	DIS	RAD	TAX	PTRATIO	B	LSTAT
0	Nahant	-70.955	42.2550	24.0	-0.419782	0.284830	-1.287909	0	-0.144217	0.413672	-0.120013	0.140214	-0.982843	-0.666608	-1.459000	0.441052	-1.075562
1	Swampscott	-70.950	42.2875	21.6	-0.417339	-0.487722	-0.593381	0	-0.740262	0.194274	0.367166	0.557160	-0.867883	-0.987329	-0.303094	0.441052	-0.492439
2	Swampscott	-70.936	42.2830	34.7	-0.417342	-0.487722	-0.593381	0	-0.740262	1.282714	-0.265812	0.557160	-0.867883	-0.987329	-0.303094	0.396427	-1.208727
3	Marblehead	-70.928	42.2930	33.4	-0.416750	-0.487722	-1.306878	0	-0.835284	1.016303	-0.809889	1.077737	-0.752922	-1.106115	0.113032	0.416163	-1.361517
4	Marblehead	-70.922	42.2980	36.2	-0.412482	-0.487722	-1.306878	0	-0.835284	1.228577	-0.511180	1.077737	-0.752922	-1.106115	0.113032	0.441052	-1.026501

```
df[scale_columns].head() # Scaler 적용 후, Table
```

	CRIM	ZN	INDUS	NOX	RM	AGE	DIS	RAD	TAX	PTRATIO	B	LSTAT
0	-0.419782	0.284830	-1.287909	-0.144217	0.413672	-0.120013	0.140214	-0.982843	-0.666608	-1.459000	0.441052	-1.075562
1	-0.417339	-0.487722	-0.593381	-0.740262	0.194274	0.367166	0.557160	-0.867883	-0.987329	-0.303094	0.441052	-0.492439
2	-0.417342	-0.487722	-0.593381	-0.740262	1.282714	-0.265812	0.557160	-0.867883	-0.987329	-0.303094	0.396427	-1.208727
3	-0.416750	-0.487722	-1.306878	-0.835284	1.016303	-0.809889	1.077737	-0.752922	-1.106115	0.113032	0.416163	-1.361517
4	-0.412482	-0.487722	-1.306878	-0.835284	1.228577	-0.511180	1.077737	-0.752922	-1.106115	0.113032	0.441052	-1.026501

5.1.2 범주형(문자형) 변수 처리

선형회귀모델을 만들기 위해서는 범주형 변수(문자형 변수)를 0과 1인 숫자로 변환하여 표준화(scaler)를 진행합니다. CHAS 변수의 값을 0과 1로 치환합니다.

CHAS	해당 지역이 Charles 강과 접하고 있는지 여부 (더미변수(dummy variable)로 활용될 예정)

```
df[numerical_columns].head()
```

	CRIM	ZN	INDUS	CHAS	NOX	RM	AGE	DIS	RAD	TAX	PTRATIO	B	LSTAT
0	-0.419782	0.284830	-1.287909	0	-0.144217	0.413672	-0.120013	0.140214	-0.982843	-0.666608	-1.459000	0.441052	-1.075562
1	-0.417339	-0.487722	-0.593381	0	-0.740262	0.194274	0.367166	0.557160	-0.867883	-0.987329	-0.303094	0.441052	-0.492439
2	-0.417342	-0.487722	-0.593381	0	-0.740262	1.282714	-0.265812	0.557160	-0.867883	-0.987329	-0.303094	0.396427	-1.208727
3	-0.416750	-0.487722	-1.306878	0	-0.835284	1.016303	-0.809889	1.077737	-0.752922	-1.106115	0.113032	0.416163	-1.361517
4	-0.412482	-0.487722	-1.306878	0	-0.835284	1.228577	-0.511180	1.077737	-0.752922	-1.106115	0.113032	0.441052	-1.026501

테이블에 네 번째 변수(컬럼/열)인 CHAS 값이 0과 1로 변환되어 입력되었습니다.

5.1.3 데이터 나누기

전체 데이터를 학습 셋(Train set)과 테스트 셋(Test set)으로 데이터를 나누어 줍니다. 학습 데이터로 모델을 학습시키고, 테스트 데이터로 성능을 평가합니다. 보통 학습 셋과 테스트 셋의 비율을 8:2 또는 7:3으로 합니다. 5:5까지도 괜찮습니다. 그러나 학습 셋이 테스트 셋보다 작으면 학습시킬 수 있는 데이터가 너무 작아져서 모델의 성능이 좋지 않을 확률이 높습니다.

```
from sklearn.model_selection import train_test_split

X = df[numerical_columns]
y = df['CMEDV']
X_train, X_test, y_train, y_test = train_test_split(X, y, test_size=0.2)
```

파이썬에서 제공하는 머신러닝을 위한 라이브러리인 사이킷런의 model_selection API 안의 train_test_split 라이브러리를 불러와서 데이터를 나눕니다.

X_train, X_test, y_train, y_test = train_test_split(X, y, test_size=0.2, random_state=1)은 학습 셋과 테스트 셋의 비율을 8:2로 나누어 지정하라는 의미입니다.

두 개의 데이터 셋(학습 셋과 테스트 셋)의 데이터 개수를 통해 확인합니다.

shape 함수는 테이블의 구조를 알려주는 함수입니다. (행, 열)로 출력됩니다. 데이터가 학습 데이터 404개, 테스트 데이터 102개로 8:2로 잘 배분되었습니다.

```
X_train.shape, y_train.shape
```

```
((404, 13), (404,))
```

```
X_test.shape, y_test.shape
```

```
((102, 13), (102,))
```

실제 할당된 값들을 화면에 출력해서 확인합니다. 가장 먼저 학습 데이터의 종속변수(y_train)인 CMEDV(집 가격)을 확인합니다.

```
y_train
### CMEDV 값을 의미합니다.
```

```
478    14.6
125    21.4
106    19.5
84     23.9
333    22.2
       ...
483    21.8
48     14.4
57     31.6
58     23.3
159    23.3
Name: CMEDV, Length: 404, dtype: float64
```

학습 데이터의 설명변수(독립변수, 특징변수, 속성, x_train)들도 확인합니다.

```
X_train
```

	CRIM	ZN	INDUS	CHAS	NOX	RM	AGE	DIS	RAD	TAX	PTRATIO	B	LSTAT
478	0.770330	-0.487722	1.015999	0	0.512296	-0.141945	1.000145	-0.772257	1.661245	1.530926	0.806576	0.252465	0.753706
125	-0.400848	-0.487722	2.117615	0	0.227231	-0.425452	0.704992	-0.856683	-0.867883	-1.308051	0.297977	0.310795	0.302346
106	-0.400594	-0.487722	-0.375976	0	-0.299707	-0.639151	0.829454	-0.753005	-0.523001	-0.143951	1.130230	0.427566	0.842015
84	-0.414630	-0.487722	-0.969827	0	-0.913029	0.148685	-0.731655	0.467933	-0.752922	-0.957633	0.020560	0.441052	-0.425156
333	-0.414602	-0.487722	-0.867691	0	-0.342899	0.044685	-1.083705	1.266078	-0.523001	-1.094237	0.806576	0.362218	-0.977441
...	...	...	...	...	...	...	...	...	...	...	...	...	...
483	-0.092533	-0.487722	1.015999	0	-0.196047	-0.744576	-1.005472	0.144159	1.661245	1.530926	0.806576	0.397414	-0.313017
48	-0.390974	-0.487722	-0.616727	0	-0.921667	-1.261727	0.950360	0.986371	-0.752922	-1.040783	-0.256858	0.441052	2.545127
57	-0.418851	3.804234	-1.432360	0	-1.241285	0.757015	-0.998360	2.153307	-0.523001	-0.904180	-1.551473	0.397194	-1.219941
58	-0.402544	0.585267	-0.876445	0	-0.878475	-0.198931	-1.400194	1.910869	-0.178120	-0.737880	0.575395	0.372854	-0.812036
159	-0.254683	-0.487722	1.231945	0	2.732346	0.321069	1.117494	-0.964592	-0.523001	-0.031105	-1.736418	0.083723	-0.737743

404 rows × 13 columns

데이터 셋에 대해 이해하기

시험을 봐야 하는 사람의 공부와 모의고사 그리고 시험을 머신러닝으로 빗대어 설명해 보겠습니다.

- 학습 셋으로 모델링하고, 학습 셋으로 테스트하는 행위
  → 학생이 기출 문제로 공부한 후, 다시 똑같은 기출 문제로 시험을 보는 행위
- 학습 셋으로 모델링하고, 테스트 셋으로 테스트하는 행위
  → 학생이 교과서를 공부하고, 새로운 문제를 받아서 시험을 보는 행위
- 학습 셋으로 모델링하고, 검증 셋으로 튜닝하고, 테스트 셋으로 테스트하는 행위
  → 교과서(학습 셋)로 공부하고, 기출 문제(모의 고사: 검증 셋)로 점검하고 새로운 문제(수능: 테스트 셋)로 시험을 보는 행위

5.1.4 다중 공선성

회귀모델링 시 특정한 하나의 독립변수가 다른 독립변수에 영향을 많이 줄 수 있습니다. 이와 같이 두 변수 간의 상관관계가 높으면(다중 공선성이 존재하면), 회귀모델링 시 결과에 부정적인 영향을 미칠 수 있습니다.

회귀모델링의 정확성을 높이기 위해 모델링을 진행하기 앞서 다중 공선성의 존재여부를 확인해야 합니다.

보통 다중 공선성을 판단할 때 VIF(Variance Inflation Factor) 값을 통해 확인합니다. 일반적으로 VIF〉10인 독립변수들은 다른 변수와의 상관관계가 높음을 의미합니다. 다중 공선성이 존재함을 의미합니다. 해당 변수는 모델링 시 고려하지 않는 것을 추천 드립니다.

```
from statsmodels.stats.outliers_influence import variance_inflation_factor

vif = pd.DataFrame()
vif['features'] = X_train.columns
vif["VIF Factor"] = [variance_inflation_factor(X_train.values, i)
                     for i in range(X_train.shape[1])]
vif.round(1)
```

- statemodels(통계 라이브러리)에서 variance_inflation_factor 라이브러리를 가져옵니다.
- 판다스(pd)의 데이터프레임(DataFrame) 형식을 불러와서 vif 변수에 넣습니다.
- vif 변수에서 'features'라는 이름의 칼럼(열)을 만들고, 학습 데이터의 독립변수들(열들)을 넣습니다.
- 'VIF Factor' 열에는 variance_inflation_factor 함수를 이용하여 다중 공선성으로 구한 값(X_train.values)들을 넣어줍니다.
- round 함수를 이용해서 소수점 아래 자리 수를 정합니다. round(1)은 소수점 첫째 자리까지 표시합니다.

	features	VIF Factor
0	CRIM	1.7
1	ZN	2.3
2	INDUS	4.1
3	CHAS	1.1
4	NOX	4.5
5	RM	1.8
6	AGE	3.3
7	DIS	4.2
8	RAD	7.6
9	TAX	9.2
10	PTRATIO	1.8
11	B	1.3
12	LSTAT	2.9

해석 모든 변수의 VIF(다중 공선성)가 10이하입니다. 모두 변수 사이에 다중 공선성이 존재하지 않으므로 모든 변수들을 모델링 시 고려합니다.

사이킷런의 주요 모듈

분류	모듈명	설명
예제 데이터셋	sklearn.datasets	사이킷런에 내장된 데이터 셋
전처리	sklearn.preprocessing	데이터 전처리에 필요한 다양한 기능 제공
	sklearn.feature_selection	모델(알고리즘)을 만들 때 필요한 특징변수들을 선택할 수 있는 다양한 기능을 제공
	sklearn. feature_extraction	텍스트 데이터나 이미지 데이터의 벡터화 기능을 제공
검증	sklearn.model_selection	데이터 분리 및 검증을 통해 최적의 파라미터 추출 기능 제공
평가	sklearn.metrics	머신러닝 모델의 다양한 성능 측정 방법기능 (Accuracy, Preicsion, ROC-AUC, RMSE 등)
머신러닝 모델 (알고리즘)	sklearn.ensemble	앙상블 알고리즘을 제공 (랜덤 포레스트(Random Forest), 부스팅 알고리즘(AdaBoost, XGBoost, Gradient Boost 등))
	sklearn.linear_model	선형회귀 모델 알고리즘 제공
	sklearn.naive_bayes	나이브 베이즈 알고리즘 제공 (가우시안, 다항분포 등)
	sklearn.neighbors	클러스터링(비지도 학습) 알고리즘 중 최근접 이웃 알고리즘 제공
	sklearn.svm	분류 알고리즘 중 서포트벡터머신 (SVM; Support Vector Machine) 알고리즘 제공
	sklearn.tree	트리 알고리즘 제공
	sklearn.cluster	비지도 학습 알고리즘 제공

5.2 회귀모델링

학습 셋으로 선형회귀 모델을 학습합니다. 도출된 모델에 테스트 셋을 적용하여 집 가격(CMEDV)를 예측합니다. 실제 집 가격과 예측된 값을 비교하여 모델의 성능을 평가합니다.

```
from sklearn import linear_model

# fit regression model in training set
lr = linear_model.LinearRegression()
model = lr.fit(X_train, y_train)

# predict in test set
pred_test = lr.predict(X_test)
```

- sklearn(싸이킷런 라이브러리)에서 linear_model(선형모델) 라이브러리를 불러옵니다.
- lr변수에 linear_model 라이브러리의 LinearRegression(선형회귀) 함수를 호출해서 저장합니다.
- model 변수에 lr(linear_model.LiearnRegression) 함수를 사용해서 학습데이터(X_train, y_train)을 학습한(fit) 모델을 넣습니다.
- pred_test변수에 lr(linear_model.LiearnRegression) 함수의 예측 모듈(predict)을 사용하여 테스트 데이터(X_test)를 테스트 합니다.

5.3 모델 해석

5.3.1 회귀 변수로 주요 변수 확인하기

각 설명변수(특징변수, 속성, 독립변수, x, 열)에 대한 회귀계수를 lr.coef_ 함수를 사용해서 확인할 수 있습니다.

각 변수에 대한 회귀계수를 확인합니다.

회귀계수는 각 독립변수의 계수이자 모델에서는 가중치를 의미합니다. 가중치가 크다는 것은 그 만큼 해당 변수가 종속변수의 변화에 큰 영향력을 미친다는 의미를 가집니다.

```
### print coef
### 회귀계수를 출력합니다.
print(lr.coef_)
```

```
[-1.07438415  0.8497054  -0.08125971  2.08836978 -1.60289737  2.66481731
 -0.16494358 -3.16468106  2.40010886 -1.7969765  -1.84134533  1.05256137
 -4.07393778]
```

각 독립변수에 대한 회귀계수를 테이블 형태로 출력합니다. zip은 특징변수(columns)와 회귀계수(lr.coef)를 하나로 묶어서 출력합니다. columns=['features', 'coefficients']는 각 열의 이름을 지정해 줍니다.

```
### zip 2개의 데이터(리스트)를 하나로 묶습니다.
coefs = pd.DataFrame(zip(df[numerical_columns].columns, lr.coef_),
                     columns = ['feature', 'coefficients'])
coefs
```

	feature	coefficients
0	CRIM	-0.633455
1	ZN	1.104435
2	INDUS	0.143618
3	CHAS	1.630762
4	NOX	-1.977090
5	RM	2.853642
6	AGE	-0.108334
7	DIS	-3.366406
8	RAD	2.545315
9	TAX	-2.019934
10	PTRATIO	-2.071075
11	B	1.006525
12	LSTAT	-3.790795

회귀계수를 내림차순으로 정렬합니다.

sort_values() 함수를 사용하여 내림차순(ascending=False)으로 정렬합니다. 종속변수에 영향을 가장 많이 미치는 변수가 가장 먼저 출력됩니다. 오름차순으로 열거할 경우는 ascending을 True로 설정합니다.

절댓값(abs())을 기준으로 출력합니다. 종속변수의 변화에 가장 큰 영향을 미치는 변수를 찾기 위해서 양의 관계, 음의 관계를 구분하지 않고, 절댓값이 가장 큰 순서로 열거합니다.

양의 방향으로 큰 값은 해당 변수가 종속변수의 변화에 긍정적인 영향을 많이 미치는 변수를 의미하고, 음의 방향으로 큰 값을 갖는 변수는 종속변수의 변화에 부정적인 영향을 많이 미치는 변수를 의미합니다.

```
### 크기 순서대로 나열합니다.
### 크기 순서로 나열 : 내림차순으로 합니다.
### 양(+), 음(-)을 가리지 않습니다.
### 절대값 기준 함수: coefficients.abs().sort_values

coefs_new = coefs.reindex(coefs.coefficients.abs().
                         sort_values(ascending=False).index)
coefs_new
```

	feature	coefficients
12	LSTAT	-4.073938
7	DIS	-3.164681
5	RM	2.664817
8	RAD	2.400109
3	CHAS	2.088370
10	PTRATIO	-1.841345
9	TAX	-1.796977
4	NOX	-1.602897
0	CRIM	-1.074384
11	B	1.052561
1	ZN	0.849705
6	AGE	-0.164944
2	INDUS	-0.081260

시각화를 통해 변수의 중요도를 살펴봅니다.

종속변수의 변화를 증가시키는(집 가격을 올리는) 양의 회귀계수와 집 가격을 올리는 것에 역효과를 미치는 음의 회귀계수를 확인합니다.

시각화는 변수에 대한 해석을 도와줍니다. 변수에 대한 회귀계수를 막대그래프(bar graph)로 보여줌으로써 종속변수에 대한 독립변수의 해석을 도와줍니다.

```
### 회귀 계수 (regression coefficients) 를 bar grah(barh):
### 막대그래프로 시각화 합니다.

### 그림 사이즈를 설정합니다.
plt.figure(figsize = (8, 8))

### matplotlib.pyplot 모듈의 barh() 함수를 사용해서
### 수평 막대 그래프를 그립니다.
plt.barh(coefs_new['feature'], coefs_new['coefficients'])
plt.title('"feature - coefficient" Graph') ### 그래프 제목
plt.xlabel('coefficients') ### x축 이름
plt.ylabel('features') ### y 축 이름
plt.show() ### 그래프를 출력합니다.
```

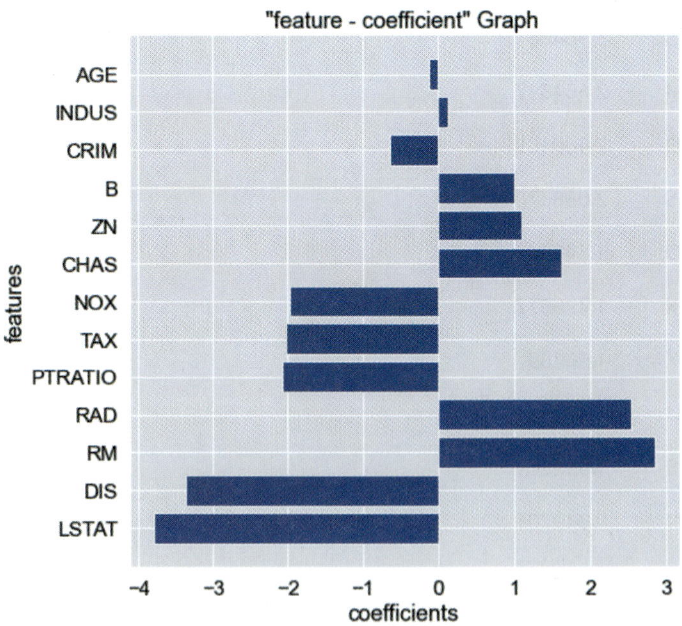

5.3.2 유의성 검정하기

변수들의 유의성을 검증하고 모델을 해석합니다.

```
import statsmodels.api as sm

### 회귀분석모형 수식을 간단하게 만들기 독립변수 데이터 상수항을 추가 합니다.
X_train2 = sm.add_constant(X_train)

### OLS는 ordinary least square 의 약자로,
### 선형회귀 함수와 실제 값의 거리의 최소값을 기준으로 구하는 함수입니다.
model2 = sm.OLS(y_train, X_train2).fit()
model2.summary()
```

OLS Regression Results

Dep. Variable:	CMEDV	**R-squared:**	0.757
Model:	OLS	**Adj. R-squared:**	0.749
Method:	Least Squares	**F-statistic:**	93.39
Date:	Tue, 08 Oct 2024	**Prob (F-statistic):**	5.65e-111
Time:	15:26:09	**Log-Likelihood:**	-1180.1
No. Observations:	404	**AIC:**	2388.
Df Residuals:	390	**BIC:**	2444.
Df Model:	13		
Covariance Type:	nonrobust		

위와 아래의 결과 표에서 주요 값들을 살펴보겠습니다.

- R–squared는 설명력을 의미합니다. 설명력이 1에 가까울수록 해당 모델이 실제로 집 가격을 잘 설명할 수 있다는 뜻입니다. 즉, 독립변수가 종속변수를 잘 설명하고 있다는 것을 의미합니다. R–squared가 0.757로 매우 높게 나왔습니다. 해당 모델로 집 가격을 충분히 예측할 수 있다고 해석할 수 있습니다.
- P>|t|는 p–value를 의미합니다. 0.05보다 작으면 통계적으로 유의합니다. 아래

의 표를 보면, INDUS(각 도시에 상업적 비즈니스에 활용되지 않는 농지 면적)와 AGE(1940년 이전에 건설된 주택의 비율)는 각각 0.861과 0.694로 0.05보다 크기에 통계적으로 유의하지 않습니다. 추후 모델링 시 해당 변수들은 고려하지 않는 것을 추천 드립니다.

- coef는 앞서 진행했던 회귀계수(coefficient)를 의미합니다. 회귀계수를 통해 집 가격 변동에 영향을 주는 변수들을 알 수 있습니다. 절댓값이 클수록 집 가격 변동에 큰 영향력을 미치는 변수입니다.

	coef	std err	t	P>|t|	[0.025	0.975]
const	22.2281	0.237	93.718	0.000	21.762	22.694
CRIM	-1.0744	0.294	-3.659	0.000	-1.652	-0.497
ZN	0.8497	0.355	2.396	0.017	0.152	1.547
INDUS	-0.0813	0.464	-0.175	0.861	-0.994	0.832
CHAS	2.0884	0.922	2.266	0.024	0.276	3.901
NOX	-1.6029	0.477	-3.357	0.001	-2.542	-0.664
RM	2.6648	0.306	8.723	0.000	2.064	3.265
AGE	-0.1649	0.419	-0.393	0.694	-0.990	0.660
DIS	-3.1647	0.474	-6.675	0.000	-4.097	-2.233
RAD	2.4001	0.618	3.883	0.000	1.185	3.615
TAX	-1.7970	0.689	-2.607	0.009	-3.152	-0.442
PTRATIO	-1.8413	0.307	-6.004	0.000	-2.444	-1.238
B	1.0526	0.265	3.967	0.000	0.531	1.574
LSTAT	-4.0739	0.394	-10.327	0.000	-4.850	-3.298

5.3.3 모델에 적용하기

해당 모델의 R-squared는 0.757로 집 가격을 약 76% 설명할 수 있습니다. 5개의 변수가 집 가격에 긍정적인 영향을 미치고, 6개의 변수가 부정적인 영향을 미칩니다. 해당 변수는 다음과 같습니다.

- 양의 변수: 집 가격에 긍정적인 영향을 미칩니다. 즉, 다른 변수들의 값을 고정했을 때, 해당 변수의 값이 클수록 집의 가격이 높을 것입니다.
  - "ZN"(25,000 제곱 피트(sq.ft) 이상의 주택지 비율),
  - "CHAS"(Charles 강과 접하고 있는지 여부),
  - "RM"(자택당 평균 방 수),
  - "RAD"(소속 도시가 Radial 고속도로와의 접근성 지수),
  - "B"(흑인 지수)
- 음의 변수: 집 가격에 부정적인 영향을 미칩니다. 즉, 다른 변수의 값을 고정했을 때 해당 변수의 값이 작을수록 집의 가격이 높을 것입니다.
  - "CRIM"(지역 범죄율),
  - "NOX"(산화질소 농도),
  - "DIS"(보스턴 고용 센터와의 거리),
  - "TAX"(재산세),
  - "PTRATIO"(학생-교사 비율),
  - "LSTAT"(빈곤층 비율)

5.4 모델 예측 결과 및 성능 평가

5.4.1 예측 결과의 시각화

예측 결과를 시각화합니다. 학습한 모델을 테스트 셋에 적용하여 테스트 셋의 집 가격(CMEDV)을 예측하고 시각화합니다.

```
df = pd.DataFrame({'actual': y_test, 'prediction': pred_test})
df = df.sort_values(by='actual').reset_index(drop=True)
df.head()
```

DataFrame 함수를 사용하여 표로 나타냅니다.

actual은 y_test(테스트 셋의 실제 집 가격)을 의미하며, prediction은 pred_test(모델에 의해서 예측된 집 값)을 의미합니다.

sort_value() 함수를 적용하여 실제 집 가격을 내림차순으로 보여주고, head() 함수를 사용하여 5개의 데이터만 화면에 보여줍니다.

	actual	prediction
0	5.0	10.603017
1	5.6	12.855801
2	7.2	8.577729
3	7.5	13.419503
4	8.2	8.823418

산점도 그래프로 실제값과 예측값을 나타냅니다.

회색점은 실제값이고, 붉은 x는 예측값을 의미합니다. 실제값과 예측값의 차이(거리)가 크지 않음을 눈으로 확인해 볼 수 있습니다. 소스코드에 설명은 앞의 데이터 탐색 부분을 참고하시기 바랍니다.

```
plt.figure(figsize=(12, 9))
plt.scatter(df.index, df['prediction'], marker='x', color='r')
plt.scatter(df.index, df['actual'], alpha=0.3,
            marker='o', color='black')
plt.title("Prediction Result in Test Set", fontsize=20)
plt.legend(['prediction', 'actual'], fontsize=12)
plt.show()
```

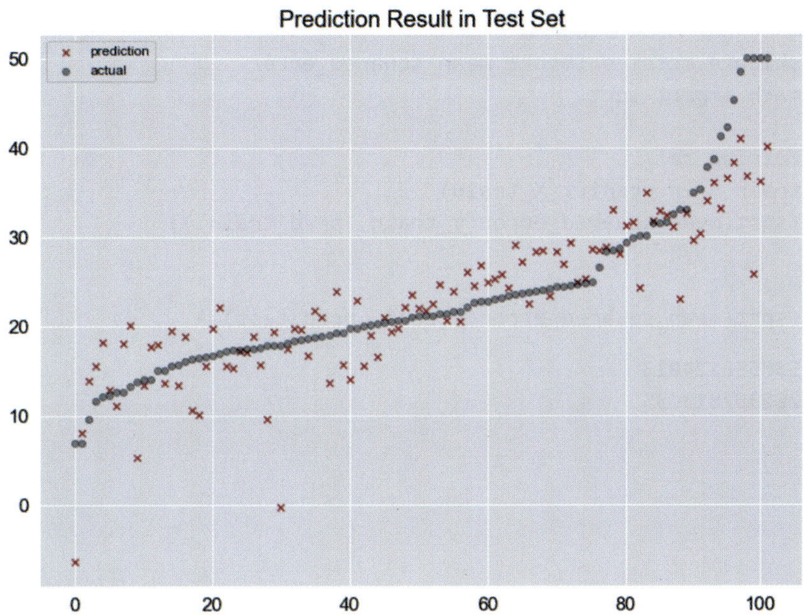

5.4.2 모델의 성능 평가

모델의 성능을 평가해봅시다. 모델의 성능은 R-squared와 RMSE(Root Mean Square Error)로 평가할 수 있습니다. R-squared는 모델의 설명력을 의미합니다. 1에 가까울수록 설명력이 좋다고 해석할 수 있습니다. RMSE는 평균제곱근오차입니다. 예측 모델에서 예측값과 실제값 사이의 차이의 평균값으로 작을수록 좋습니다.

테스트 셋에서 모델의 설명력을 의미하는 R-squared가 0.68이고, RMSE가 5.30입니다.

```
### R squared
print(model.score(X_train, y_train))  # training set
print(model.score(X_test, y_test))  # test set
```

```
0.7568707076447672
0.6800998189777205
```

```
### RMSE(Root Mean Squared Eror)
from sklearn.metrics import mean_squared_error
from math import sqrt

### training set
pred_train = lr.predict(X_train)
print(sqrt(mean_squared_error(y_train, pred_train)))

### test set
print(sqrt(mean_squared_error(y_test, pred_test)))
```

```
4.491538556224913
5.304202382813635
```

CHAPTER 05

지도학습과 분류

분류기로 배우는 지도학습
선형분류기
결정경계
모델 평가하기
분류모델 프로세스 이해하기

1 분류기로 배우는 지도학습

1.1 레스토랑 리뷰 분류기(Classifier with Restaurant Reviews)

레스토랑을 검색하고자 합니다. 레스토랑의 리뷰를 살펴봅니다. 작성된 레스토랑에 대한 리뷰가 긍정적인 평가인지, 부정적인 평가인지 알아보고자 합니다. 리뷰에 대한 분류기를 만듭니다. 해당 리뷰가 긍정적인지 부정적인지 분류합니다.

분류 모델은 머신러닝 중 지도학습에 해당합니다. 지도학습은 정답지를 이미 알고 있고, 명확한 분류 기준을 가지고 학습하는 알고리즘입니다. 대표적인 예가 메일이 스팸 메일인지 정상 메일인지 분류하는 알고리즘입니다. 데이터에 각 메일이 스팸인지, 정상인지를 분류할 수 있는 명확한 기준, 즉 정답지가 있습니다. 이러한 데이터를 학습해서 분류하는 알고리즘을 지도학습이라고 합니다.

지도학습은 다양한 영역에서 사용될 수 있습니다. 의료 분야에서 의사들의 정확한 진단을 도울 수 있습니다. CT, MRI 등의 이미지를 분류할 수 있습니다. 제조 공정 과정에서 불량품을 거르는 작업에도 사용될 수 있습니다.

이번 장에서는 이전에 방문했던 고객들이 작성한 레스토랑에 대한 리뷰들을 사용해서 분류 알고리즘을 만들어 보겠습니다.

오늘은 중요한 날(졸업식, 입학식 등)이어서 일식집을 예약하려고 합니다. 분위기가 좋고 초밥이 맛있는 집을 예약하고 싶습니다. 그런데 일식집이 상당히 많아서 적절한 곳을 찾기가 쉽지 않습니다. 우선 리뷰들을 살펴보고 별 점을 살펴보았습니다. 별 점 4점 이상이 상당히 많았습니다. 따라서 일식집을 찾는 기준을 좀 더 명확히 할 필요가 있었습니다.

- 저는 초밥을 좋아하기 때문에 초밥의 맛이 가장 중요합니다.
- 중요한 날이기에 분위기가 중요합니다.

이 두 가지 기준으로 분류해 보겠습니다. 샘플 리뷰들을 살펴보겠습니다.

- [👍] 주방장이 빚어내는 놀라운 예술 작품을 바라보는 것은 아주 특별한 경험이었다.
  → 분위기에 대한 긍정적인 평가입니다.

- [👎]아내가 라멘을 먹었는데 특별한 맛은 아니었다. → 라멘의 맛이 그렇게 좋지 않았다는 평가입니다. 라멘은 관심사가 아니므로 중요한 사항이 아닙니다.
- [👍]초밥이 아주 맛있었다. 먹어봤던 초밥 중 최고였다. → 초밥 맛에 대한 긍정적인 평가입니다.

위의 예제에서 일식집을 찾을 때 필요한 리뷰는 어떤 것일까요? 첫 번째와 세 번째 리뷰일 것입니다. 우선 레스토랑 리뷰를 볼 때 평점을 활용해서 레스토랑의 긍정적, 부정적인 측면을 이해해야 합니다. 다음으로는 나의 관심사에 부합하는 리뷰들을 찾아야 합니다. 해당 리뷰들을 학습데이터로 사용해서 모델링해야 합니다.

지도학습을 사용해서 레스토랑 추천 시스템을 만들어 봅시다. 우선 모든 리뷰들을 문장 단위로 자릅니다. 각 리뷰는 다수의 문장으로 되어 있을 수 있습니다. 각 문장을 관점에 따라 나눕니다. 우리는 초밥과 분위기만 중요합니다. 초밥과 분위기에 해당하는 문장만을 선택하여 학습을 합니다. 반복학습을 통해 분류기를 만듭니다. 만들어진 분류기를 활용해서 레스토랑을 추천합니다.

1. 우선 일식 레스토랑에 대한 모든 리뷰들을 수집합니다.
2. 리뷰들을 문장 단위로 자릅니다.
3. 관점에 따라 분류합니다. 각 문장은 다양한 관점을 가지고 있습니다.
   ① 나에게는 (분위기, 초밥)만 중요합니다.
   ② 분위기와 초밥의 관점을 가지는 문장만 추려냅니다.
4. 추출된 문장에 대한 평점을 확인합니다.

이를 도식화하면 다음과 같습니다.

그림 5.1 레스토랑 분류 프로세스(분류기 = 분류 모델 = 지도학습)

분류기(모델)는 입력(x)으로 리뷰 문장들을 받습니다. 모델(분류기: Classifier)에 리뷰 문장(x)을 넣어 출력(y)할 수 있는 분류 모델을 만듭니다. 여기서 y는 우리가 예측하고자 하는 값이자 클래스가 됩니다. 긍정적이면 추천, 부정적이면 비추천이 됩니다.

이 외에도 지도학습(분류 모델)을 활용해서 기사를 다양한 카테고리로 분류할 수 있고, 이미지들도 분류할 수 있습니다. 이렇듯 분류기는 여러 영역에서 사용될 수 있습니다.

1.2 예제로 배우는 분류 모델

스팸 메일 필터에 쓰일 수 있습니다. 대부분의 메일 시스템은 스팸 메일 필터링 기능이 있습니다. 머신러닝으로 스팸 필터링을 만들어 봅시다. 입력(x)으로 이메일들을 분류기에 넣으면 분류기는 스팸인지 정상메일인지 분류해 줍니다. 이메일의 텍스트뿐만 아니라 여러 특성들을 함께 고려합니다. 예를 들어, 가까운 친구가 이메일을 보냈다면 스팸이 아닐 확률이 높을 것이고, 평소에 메일을 자주 주고받는 IP 주소로부터 이메일이 왔다면 스팸이 아닐 확률이 높을 것입니다.

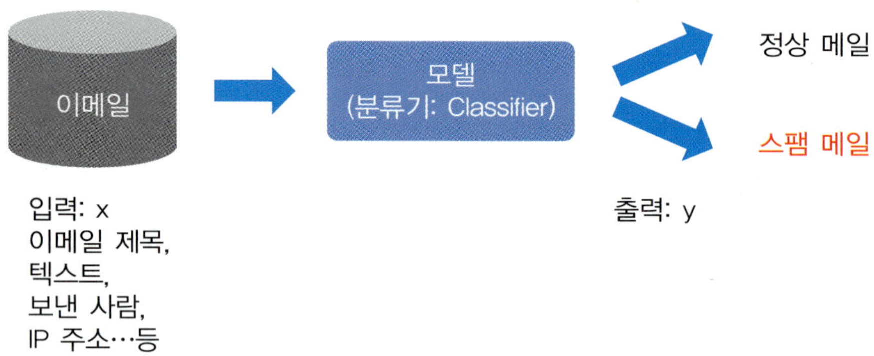

그림 5.2 스팸 메일 필터

이미지 분류에도 쓰일 수 있습니다. 개 사진이 있다고 가정해 봅시다. 어떤 종류의 개인지의 값(정답)이 함께 입력으로 들어오고, 이미지의 픽셀 정보를 활용하여 학습을 합니다. 이후 분류 모델을 만들고 새로운 개의 이미지가 분류 모델의 입력으로 들어오면, 분류기를 통해 해당 개가 래브라도 리트리버인지, 골든 리트리버인지, 아니면 그 외의 다른 종인지 분류합니다.

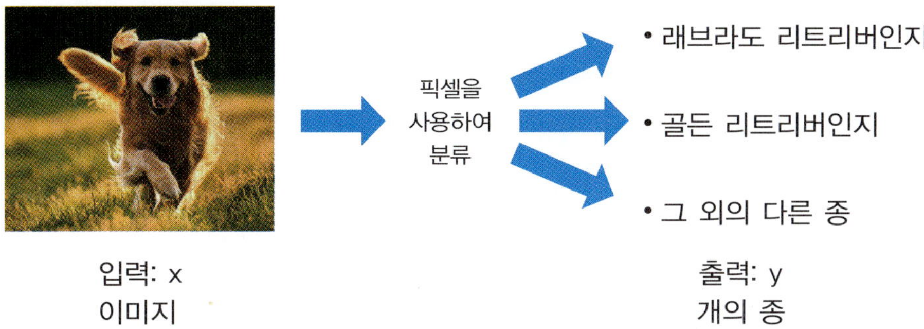

그림 5.3 이미지 분류기: 개의 종 분류

의료 진단에도 활용될 수 있습니다. 우리는 주기적으로 건강검진을 합니다. 체온, x-ray, 임상검사 등을 통해 병을 진단합니다. 건강할 수도 있지만, 감기, 독감, 만성질환에 걸릴 수도 있습니다. 입력(x)으로 검진 후의 다양한 증상 및 검사지표들을 받고, 출력(y)는 병의 여부를 출력합니다. 학습 데이터로는 이전에 건강검진을 받은 후 질병을 진단받았던 사람들과 질병을 진단받지 않은 건강한 사람들의 데이터가 함께 사용됩니다.

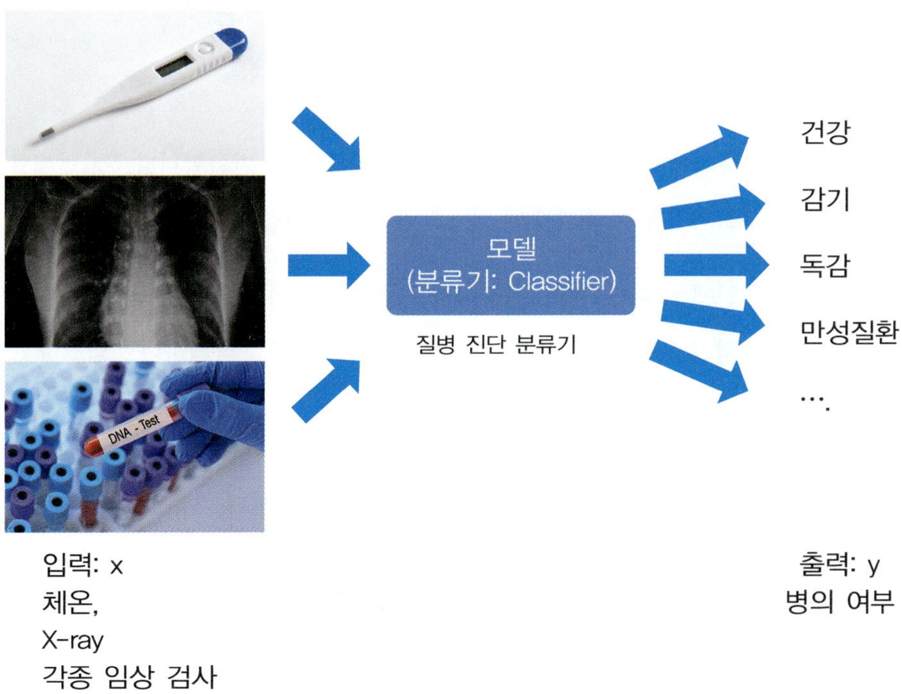

그림 5.4 질병 진단 분류기

최근 들어 의료계에서는 인공지능 기술의 발달로 맞춤형 진단 및 치료법에 대한 연구와 이에 대한 적용이 많이 진행되고 있습니다. 각 개인의 특성에 고려한 치료를 돕는 방안으로 인공지능 기술이 폭넓게 사용되고 있습니다. 빠르게 발전되고 있습니다.

유전체 분석에서도 사용될 수 있습니다. DNA(Genome) 염기서열이나 생활습관 등의 건강 데이터를 기반으로 한 맞춤 건강 관리에도 사용 될 수 있습니다.

2 선형분류기(Linear Classifier)

분류 모델 중에서 가장 흔하게 사용되는 모델이 선형분류기입니다. 선형분류기의 작동 방식을 그림으로 표현해 보겠습니다.

그림 5.5 분류기의 작동 방식: 리뷰 문장들을 활용

리뷰 문장을 분류기에 넣어주면 긍정인지 부정인지 예측을 반환합니다. 첫 번째로 긍정적인 단어와 부정적인 단어의 개수에 기반한 분류기를 만듭니다.

- 리뷰 문장들 안에는 '대단하다', '굉장하다', '좋다', '놀랍다' 등의 긍정적인 단어들이 있습니다. 부정적인 단어도 있을 수 있습니다. '별로이다', '끔찍하다', '역겹다' 등의 단어들이 존재할 수 있습니다.
- 리뷰 문장들 안에 긍정적인 단어들과 부정적인 단어들이 몇 개씩 있는지 세어 봅니다. 긍정적인 단어가 부정적인 단어보다 많으면 긍정적인 문장이고 부정적인 단어가 많으면 부정적인 문장입니다.
- 입력 문장이 '초밥이 훌륭했고 음식은 굉장했으나, 서비스는 끔찍했다'이면, 긍정적인 단어가 2개(훌륭했다, 굉장했다), 부정적인 단어가 1개(끔찍했다)입니다. 따라서 합이 (+2)+(−1)=1이므로 긍정으로 예측됩니다.

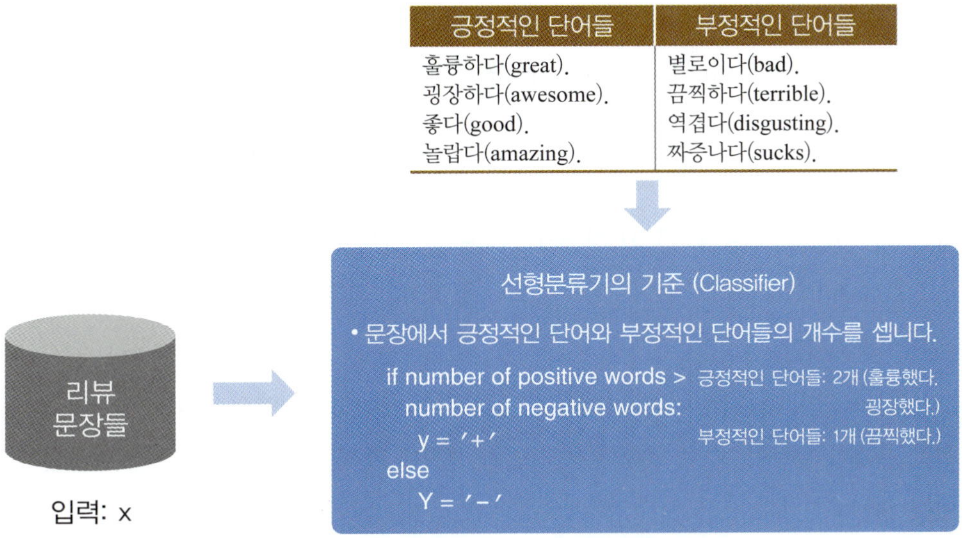

그림 5.6 긍정적인 문장과 부정적인 문장 분류기

두 번째는 긍정과 부정의 강도를 고려하는 방법입니다. 긍정적인 단어와 부정적인 단어의 개수를 세는 방법에는 한계가 있습니다. 단어의 긍정과 부정에는 강도가 있습니다. '훌륭하다'는 '좋다' 보다 더 긍정적입니다. '훌륭하다,' '굉장하다,' '좋다' 사이에서 '굉장하다'가 '훌륭하다' 보다 더 긍정일 것입니다. 강도에 따른 가중치를 반영할 필요가 있습니다.

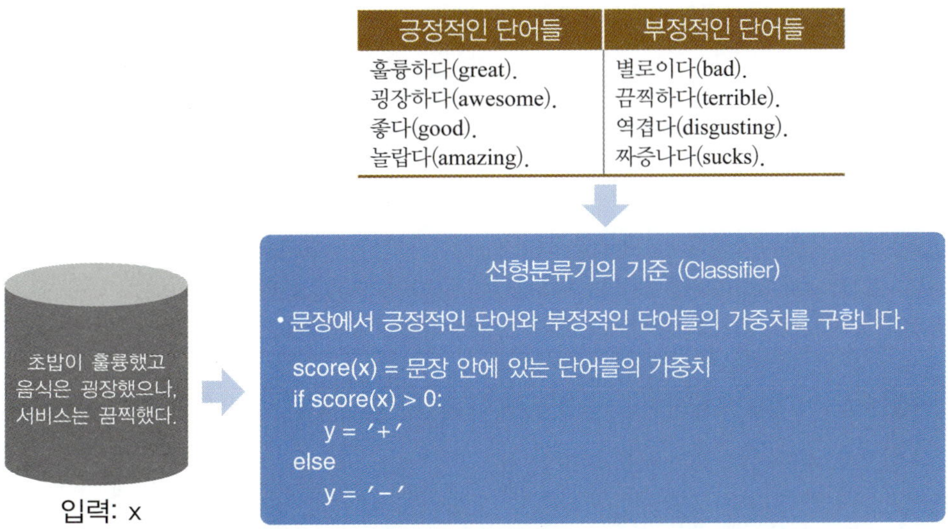

그림 5.7 긍정적인 문장과 부정적인 문장 분류기의 예: 레스토랑 리뷰

여기서 '좋다'는 가중치 +1, '훌륭하다'는 +1.2, '굉장하다'는 +2.7이라고 가정합시다. 그리고 '나쁘다/별로이다'는 가중치 −1, '끔찍하다'는 −3.3, '짜증나다'는 −2.1이라고 설정해 봅시다.

[그림 5.7]의 입력을 분류해 보겠습니다. '초밥이 **훌륭**(+1.2)했고 음식은 **굉장**(+2.7)했으나, 서비스는 **끔찍**(−3.3)했다'에 가중치를 반영합니다. 즉, (+1.2)+(+2.7)+(−3.3)=0.6이므로 해당 리뷰는 0.6 정도의 긍정적인 리뷰입니다. 아주 조금 긍정적인 리뷰인 것입니다.

선형분류기의 결과물이 입력 가중치의 합이 됩니다. 이 과정에서 중요한 포인트는 적절한 가중치 설정이 될 수 있습니다. 가중치 설정에 따라 분류기의 정확도가 달라질 수 있습니다.

단어(Word)	가중치(Weight)
좋다(Good)	1.0
훌륭하다(Great)	1.2
굉장하다(Awesome)	2.7
나쁘다/별로이다(Bad)	−1.0
짜증나다(Sucks)	−2.1
끔찍하다(Terrible)	−3.3

선형함수

우리는 선형회귀모델, 선형분류기(지도학습)라는 용어를 많이 사용하고 있습니다. 여기서 선형의 의미가 무엇일까요? 선을 의미하는 것일까요? 아닙니다.

선형은 계수들과 변수들의 곱셈과 그들의 덧셈과 뺄셈으로만 결합되어 있는 것을 말합니다. 다르게 표현하면 가중치와 변수(특징, 독립변수, 속성 등의 입력값)의 곱의 합으로 결합되어 있는 것을 의미합니다.

$Y=w_0+w_1x_1$, w_n: 가중치, $x_1 \cdots x_n$은 변수(입력값), Y는 출력값

지금까지 간단한 선형분류기를 알아봤습니다. 요약하면 다음과 같습니다.

- 리뷰들을 문장 단위로 자릅니다.
- 문장에서 단어들에 대한 가중치가 살펴봅니다.
- 단어들의 가중치의 합의 점수를 계산합니다. 점수가 0보다 크면 y(출력값)는 긍정적입니다. 점수가 0보다 작으면 y는 부정적이라고 예측합니다.

단어들을 묶어서 보는 법

지금까지 단어를 기반으로 긍정과 부정을 분류하는 모델을 만들어 보았습니다. 그러나 한 개의 단어만으로는 제대로 된 분류기를 만들 수 없을지도 모릅니다.

'음식이 좋았다'는 긍정입니다. 그러나 '음식이 나쁘지 않았다'는 긍정일까요? 부정일까요? 만약에 한 개의 단어만 고려한다면 '나쁘지 않다'에 '나쁘다'라는 단어가 들어가 있어서 부정으로 계산될 수 있습니다.

문장을 분석할 때 이런 이슈들을 고려해야 합니다. 가중치를 정하는 법과 단어를 묶어서 보는 법을 함께 고려하는 방법을 추천 드립니다.

3 결정경계(Decision Boundaries)

분류기 중에서도 선형분류기를 이해하기 위해서는 결정경계를 이해해야 합니다. 2개의 단어를 가지고 결정경계를 설명해 보겠습니다. 그래프로 표현해 보면 더 쉽게 이해가 될 것입니다.

그래프는 '좋다'와 '짜증나다'의 두 개의 축으로 이루어져 있습니다. 예를 들어 '초밥은 **좋았고**, 음식도 **좋았다**. 그러나 서비스는 **짜증났다**'라는 리뷰가 있다고 가정해 봅시다. '좋다' 2개와 '짜증나다' 1개이기 때문에 그래프의 좌표 (2,1)에 점을 찍습니다. 비슷한 방법으로 다른 문장에 대한 리뷰에서 **'좋다'** 3개가 존재하고 **'짜증나다'**는 존재하지 않았기 때문에 그래프의 좌표 (3,0)에 점을 찍습니다.

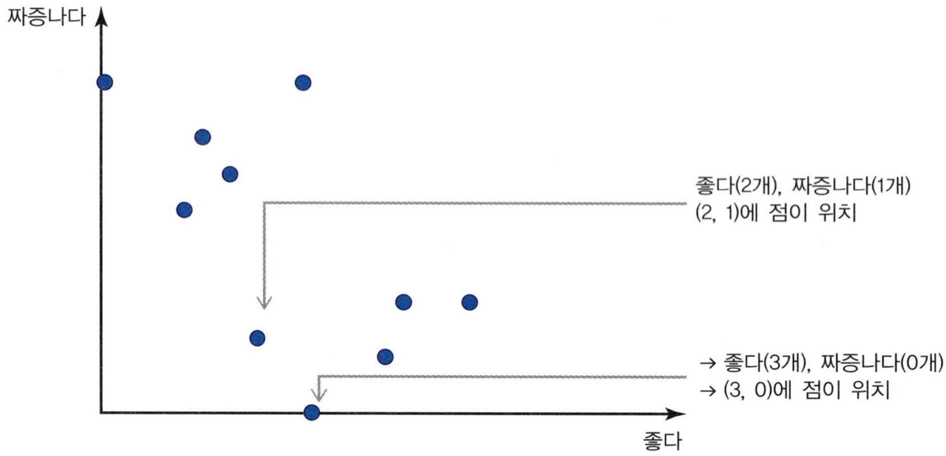

그림 5.8 2개의 단어로 이해하는 결정경계

2개의 단어(좋다, 짜증나다)가 각각 가중치를 가지고 있다고 가정해 봅시다. '좋다'는 양의 가중치(+1)를 가지고 있고, '짜증나다'는 음의 가중치(−2.1)를 가지고 있습니다. '좋다'의 등장 횟수에 1을 곱하고, '짜증나다'의 등장 횟수에 −2.1을 곱한 후에 더한 값이 해당 문장의 분류를 위한 점수가 될 것입니다.

단어(Word)	가중치(Weight)
좋다(Good)	1.0
짜증나다(Sucks)	−2.1

점수 = 1.0*#좋다 − 2.1*#짜증나다
(#: number of)

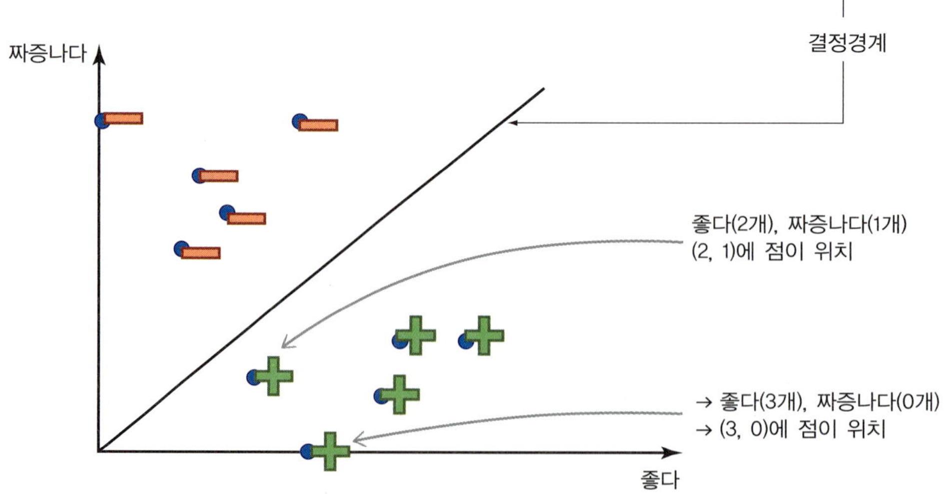

그림 5.9 2개의 단어들과 그들의 가중치로 만드는 결정경계

[그림 5.9]의 그림에서 보면, 결정경계 함수 '**점수 = (1.0 * #좋다)(-2.1 * #짜증나다)**'를 기준으로 왼쪽 위에 있는 모든 점은 0보다 낮은 점수를 가집니다. 예를 들어, 짜증나다 3개와 좋다 1개를 가진 리뷰는 왼쪽 위에 위치합니다. 부정적인 리뷰로 분류됩니다. 긍정과 부정으로 나누는 선은 각 단어에 가중치를 붙여 만든 선의 함수인 **점수 = (1.0 * #좋다)(-2.1*#짜증나다)**입니다. 이런 선을 추후 예측의 기준이 되는 선, 결정경계로 사용합니다. 특징 수가 늘어나고, 입력값이 늘어나면 2차원에서 3차원, 그리고 그 이상의 차원으로 결정경계가 만들어질 수도 있습니다.

이를 실제 리뷰에 적용하기 위해서는 3개의 단어들이 아니라 수천 수만개의 단어들을 고려해야 되는 경우가 많고, 다양한 가중치를 활용해야 됩니다. 이런 경우 사용되는 분리기는 고차원 분리기입니다. 초평면을 분류기로 사용합니다. 초평면을 분류기로 사용하는 모델 중 대표적인 모델이 서포트 벡터 머신(Support Vector Machine)입니다. 이 책에서는 다루지 않지만, 이 책을 기본서로 공부한 후에 다양한 분류 방법론을 더 깊게 공부하는 것을 추천 드립니다.

요약하면, 분류기에는 선형분류기만 있는 것이 아니고, 더 복잡한 분류기도 있습니다. 직선, 곡선, 초평면보다 더 복잡한 모양과 구불구불한 선도 가질 수 있습니다. 더 나아가 딥러닝 기반의 비선형 함수를 분류기로 사용할 수 있습니다.

4 모델 평가하기(Evaluating Classification Models)

4.1 분류의 평가 기준

회귀모델에서는 주택 가격을 예측하고 예측값과 실제값의 차이의 제곱합으로 오차를 구하고 평가했습니다. 분류모델에서 오차를 구하는 방법은 회귀모델에서 오차를 구하는 방법과 다릅니다. 분류모델은 정답지를 가지고 있는 데이터를 사용하기 때문에 출력에 대한 '맞는지, 틀린지'를 확인할 수 있습니다.

학습 데이터와 테스트 데이터로 나누어서 학습 데이터를 이용해서 모델을 만들고 테스트 데이터를 사용하여 모델을 테스트합니다. 학습 데이터와 테스트 데이터 모두 정답지를 가지고 있는 데이터입니다. 예를 들면, 레스토랑 리뷰의 문장에는 긍정인지, 부정인지 정답지가 포함되어 있습니다. 별점 데이터를 예로 들어보겠습니다.

"초밥은 훌륭했다"를 만들어진 분류기 모델에 넣습니다. 학습된 분류기는 해당 문장이 긍정인지 부정인지 예측을 합니다. 평가를 위해서 실제 정답지와 비교합니다. '훌륭했다'는 긍정으로 잘 분류되었습니다. 정답을 맞추었습니다. 올바른 예측으로 '맞음'의 개수가 +1이 됩니다([그림 5.10] 참고).

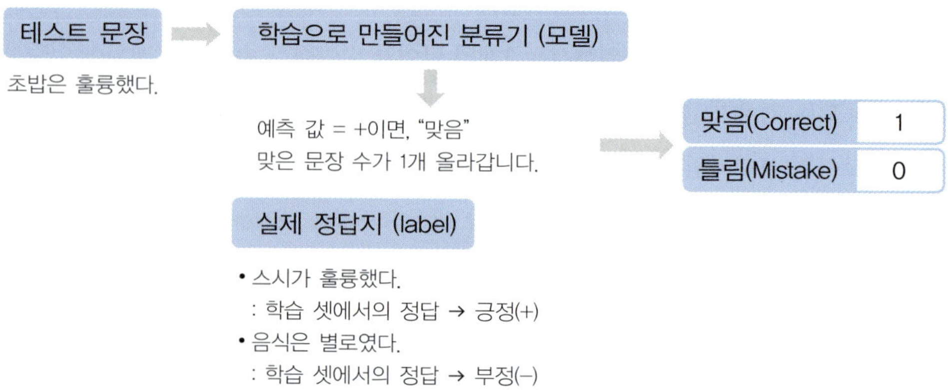

그림 5.10 분류기의 정확도와 오차(에러): 올바로 분류된 예

이번에는 다소 애매모호한 문장인 "음식은 별로였다"라는 문장을 입력으로 넣어보겠습니다. 분류기를 만들 때 쓰였던 학습 셋에서는 "별로였다"를 부정으로 분류하였습니다. 즉, 정답지는 부정입니다. 분류기가 어떻게 예측하나 보겠습니다.

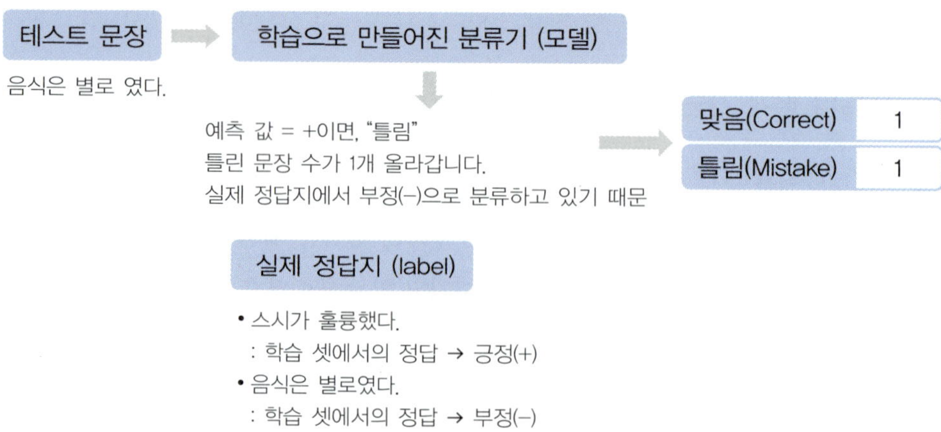

그림 5.11 분류기의 정확도와 오차(에러): 실수로 잘못 예측된 예

분류기가 긍정으로 분류합니다. 틀린 예측으로 '틀림'의 개수가 +1이 됩니다([그림 5.11] 참고). 한번의 틀림을 더하게 되는데, 결과는 올바른 분류(Correct) 1개와 틀림(Mistake) 1개입니다. 모든 리뷰의 문장들에 대해 같은 방식으로 테스트합니다.

분류의 평가 기준은 두 가지가 있습니다. 첫 번째는 틀림(Mistake)을 기준으로 삼는 것입니다. 오류(Error)라고 표현하기도 하는데, 테스트에서 예측이 틀린 것(실수)의 비율입니다. 분류된 모든 문장 100개에서 잘못 예측된 문장(실수)이 10개라면 오류(Error)는 0.1, 10 %이고, 가장 낮은 오류는 0입니다. 잘못 예측된 문장(실수)이 없는 상태입니다.

오류(Error)로 보는 분류의 품질

오류 = 틀림(잘못 예측된 문장)의 수 / 전체 리뷰의 문장들

가장 낮은 오류 = 0 = 가장 높은 품질

또 다른 평가의 기준은 정확도입니다. 정확도는 오류의 반대입니다. 정확도에서는 틀림(Mistake)의 수를 세는 대신 올바르게 분류(Correct)된 리뷰 문장의 개수를 세는 것입니다. 올바르게 분류된 리뷰 문장들의 수를 전체 리뷰 문장들의 수로 나눈 것입니다. 따라서 오류와 달리 가장 좋은 값은 0이 아니라 모든 문장이 올바르게 분류된 1입니다. 1은 모든 리뷰 문장들이 정확하게 긍정과 부정으로 분류된 것을 의미하며, 100%의 정확도를 나타냅니다.

정확도(Accuracy)로 보는 분류의 품질

정확도 = 올바르게 분류(Correct)된 문장의 수 / 전체 리뷰의 문장들

가장 높은 정확도 = 1 = 가장 높은 품질

오류와 정확도 사이의 관계는 서로 반대입니다. **'오류 = 1 – 정확도'**, **'정확도 = 1 – 오류'**를 의미합니다.

4.2 좋은 품질

지금까지 '오류'와 '정확도'를 사용해서 분류기를 평가하는 방법을 배웠습니다. 정확도와 오류에 대한 이해가 중요합니다. 어느 정도의 오류와 정확도가 좋은 품질인지 끈임없이 고민해야 하며, 문제에 따라 다른 품질 기준이 적용될 수도 있습니다.

분류기를 처음 만들 때 첫 기준점은 아마도 무작위 추출일 것입니다. 분류의 결과가 무작위 추출보다는 나아야 될 것입니다. 예를 들어, 레스토랑 리뷰에서 긍정적인 리뷰와 부정적인 리뷰로 분류하는 이진 분류(Binary Classification)의 경우는 무작위 추출로는 정확도가 50%일 것입니다. 즉, 우리가 만드는 분류기의 품질 정확도는 적어도 50%는 넘어야 됩니다.

또 다른 예로, 3개의 클래스로 분류하는 문제가 있다고 가정해 봅시다. 무작위 추출의 정확도는 33%입니다. 분류기를 만들 경우, 정확도는 적어도 33%를 넘어야 합니다.

클래스가 4개일 경우에는 25% 이상, 클래스가 5개일 경우는 20% 이상은 되어야 합니다. 즉, 클래스가 k라고 가정한다면, 정확도는 최소 100/k% 보다는 넘어야 됩니다.

분류를 잘 한다는 기준은 무엇일까요? 스팸을 필터링 해주는 분류기가 있다고 가정해 봅시다. 이 스팸 분류기의 정확도가 90%라고 합니다. 이 분류기는 좋은 스팸 분류기일까요?

자주 사용하지 않는 이메일 박스에는 보통 90%가 스팸일 것입니다. 즉, 전체 이메일의 90%가 스팸입니다. 이때 모든 이메일을 스팸이라고 분류하면 어떻게 될까요? 정확도가 90%입니다. 정확도가 상당히 높습니다. 그러나 이것은 좋은 스팸 필터기가 아닙니다.

이것을 **다중클래스 예측의 문제**([그림 5.12] 참고)라고 하는데, 클래스의 불균형이 있을 때 발생하는 문제입니다. 한 클래스(스팸 메일)의 데이터 수가 다른 클래스(정상 메일) 데이터 수보다 월등히 많을 때 나타날 수 있는 현상입니다. 자주 사용하지 않는 메일은 스팸 메일이 일반 메일보다 훨씬 많이 옵니다. 모든 메일을 스팸으로 분류할 경우에 정확도는 90%이지만, 우리의 목적인 스팸을 거르는 역할은 제대로 하지 못합니다. 클래스가 불균형일 경우에는 분류의 목적을 살펴봐야 합니다.

다중 클래스(클래스 분균형) 예측의 문제

- 메일 중, 90%의 메일이 스팸이다.

↓

- 모든 메일을 스팸으로 인식 → 90% 이상의 정확도

↓

- 대다수의 것으로 인식한 것

↓

- 그러나 일반 메일을 스팸으로 인식 → 심각한 문제

↓

- 데이터가 비대칭적일 때
  - 한 클래스가 많을 때 많은 클래스 안에서 한 개를 랜덤으로 선택하는 것이 유리 (정확도 측면에서 유리하지만, 그 모델을 좋은 모델이라고 판단할 수 있는가? → 클래스 불균형으로 발생하는 대표적인 문제)

그림 5.12 다중 클래스 예측의 문제: 스팸 필터링

4.3 혼동 행렬(Confusion Matrix)

지금까지 분류모델의 평가 기준인 '**정확도**'와 '**오류**'에 대해 살펴보았습니다. 정확도와 오류에는 여러가지 유형이 있습니다. **"혼동 행렬(Confusion Matrix)"**을 사용하여 정확도와 오류에 대해 자세히 이해해 보겠습니다.

혼동 행렬은 실제값과 예측값의 관계를 행렬로 표현하는 방법입니다.

- True/False를 번역하면 '참'과 '거짓'을 의미입니다. 다르게 해석하면 참은 '예측값이 실제값과 일치하다.'라는 의미입니다. 이는 '예측값이 올바르다는 의미이고, 거짓은 예측값과 실제값에 차이가 있다. 올바르게 예측하지 못했다.'를 의미합니다.
- Positive/Negative를 번역하면 '긍정'과 '부정'입니다. 예측값(y)을 표현합니다. 분류기의 예측값이 긍정(+)일 경우를 Positive로 표현하고, 예측값(y)이 부정(−)일 경우를 Negative(−)로 표현합니다.

		예측값	
		+	−
실제값	+	True Positive(TP)	False Negative(FN)
	−	False Positive(FP)	True Negative(TN)

그림 5.13 혼동 행렬(Confusion Matrix)

[그림 5.13]은 혼동 행렬을 의미합니다. 각각의 값에 대해 자세히 설명해 보겠습니다. 먼저, 분류기가 정확히 예측한 경우입니다.

- True Positive(TP)는 실제값이 긍정(+)일 때, 예측값 역시 긍정(+)으로 예측된 경우입니다. 실제값과 예측값이 일치하므로 예측이 참(True)입니다. 예측값이 긍정(+)이므로 Positive입니다. 따라서 TP는 정확히 예측된 경우입니다.
- True Negative(TN)는 실제값이 부정(−)일 때, 예측값도 부정(−)으로 예측된 경우입니다. 실제값과 예측값이 일치하므로 예측이 참(True)입니다. 예측값이 부정(−)이므로 Negative입니다. 따라서 TN 역시 정확히 예측된 경우입니다.

다음은 분류기가 잘못 예측한 경우입니다. 오류를 의미합니다.

- False Positive(FP)는 실제값이 부정(−)일 때, 예측값이 긍정(+)으로 예측된 경우입니다. 실제값과 예측값이 일치하지 않으므로, 예측값이 올바르지 않습니다. 거짓(False)입니다. 예측값이 긍정(+)이므로 Positive입니다. 따라서 FP는 오류에 해당합니다.
- False Negative(FN)는 실제값이 긍정(+)일 때, 예측값이 부정(−)으로 예측한 경우입니다. 실제값과 예측값이 일치하지 않으므로, 예측값이 올바르지 않습니다. 거짓(False)입니다. 예측값이 부정(−)이므로 Negative입니다. 따라서 FN 역시 오류에 해당합니다.

예제를 통해서 두가지 오류의 의미에 대해 다시 한번 자세히 배워 보겠습니다. 스팸 필터기와 질병 진단의 예제를 다루어 보겠습니다. 여기서 기억해야 되는 중요한 포인트는 '**문제마다 조금 더 중요하게 고려해야 하는 오류가 있다.**'라는 것입니다. 특히, 질병의 경우는 생사가 걸린 문제입니다. 모든 오류의 경우의 수를 자세히 살펴보아야 합니다.

스팸 필터기의 경우

먼저 False Negative의 경우입니다. 해당 매일이 '스팸 메일인데 스팸이 아니다.'라고 분류한 경우입니다. 이 경우는 메일 박스에 스팸이 많이 와서 조금 짜증이 날 뿐 큰 문제가 발생하지는 않습니다.

그러나 False Positive의 경우는 어떨까요? 해당 메일이 스팸 메일이 아닌데 스팸 메일 폴더로 메일이 필터링 되는 경우입니다. 꼭 봐야 되는 중요한 메일인데 못 보게 될 수 있습니다. 큰 손실이 발생할 수 있습니다.

스팸 메일 필터를 위한 분류기를 만들 경우, 우리는 다른 값보다도 False Positive의 값에 초점을 맞추어야 합니다. False Positive의 값이 작게 도출될 수 있도록 만들어야 합니다.

질병 진단의 경우

False Positive는 검진자가 '질병이 걸리지 않았는데 질병에 걸렸다.'라고 진단하는 경우입니다. 암진단으로 바꾸어 설명해 보겠습니다. 암환자가 아닌데 항암제를 투여하는 경우입니다. 항암제의 부작용이 생기고, 큰 비용이 발생할 수 있습니다.

False Negative의 경우는 검진자가 '질병이 걸렸는데 질병에 걸리지 않았다.'라고 진단하는 경우입니다. 암에 걸렸는데 치료를 받지 못하는 경우입니다. 치료의 시기를 놓칠 수 있어 큰 문제가 발생할 수 있습니다.

질병의 경우는 두 가지 오류(False Positive, False Negative) 모두 중요하게 고려해야 합니다.

[그림 5.14]는 두 가지 오류를 표로 잘 정리하였습니다.

예측값

실제값		스팸 필터	질병 진단
	False Negative	일반 메일함에 스팸 메일이 있다. → 짜증 발생	질병을 치료하지 못해 치료 시기를 놓친다. → 위험 발생
	False Positive	중요한 메일이 스팸 메일함으로 분류되었다. → 손실 발생	질병에 걸리지 않았는데, 오진으로 치료를 받았다. → 위험 발생

그림 5.14 문제에 따른 오류의 중요도의 예

실제 숫자를 넣어서 정확도와 오류를 구해 봅시다.

- 실제값이 긍정(+)인 경우는 60입니다. 여기서 예측도가 긍정(+)으로 예측된 경우는 50, 부정(−)으로 예측된 경우는 10입니다.
- 실제값이 부정(−)이면서 예측값이 긍정(+)인 경우는 5이고, 실제값과 예측값 모두 부정(−)인 경우는 35입니다.

예측값

실제값		+	−
	+	True Positive(TP) 50	False Negative(FN) 10
	−	False Positive(FP) 5	True Negative(TN) 35

그림 5.15 정확도(Accuracy) 구하기

그렇다면 전체 정확도는 얼마일까요? 0.85인 85%입니다. 모든 값이 분모가 되고, 올바르게 분류된 True Positive와 True Negative의 합이 분자가 됩니다. 식으로 표현하면 다음과 같습니다.

$$\frac{(50+35)}{(50+10+5+35)} = \frac{85}{100} = 0.85$$

지금까지 혼동 행렬을 사용해서 분류기의 평가 지표로 사용되는 오류에 대해 살펴보고 그 의미를 배웠습니다. 분류를 잘하는 모델을 만드는 것도 중요하지만, 그것에 대한 평가와 해석이 더 중요합니다. 혼동 행렬은 분류에서 아주 중요한 개념이므로 꼭 기억하고 이해하기 바랍니다.

학습 곡선(Learning Curves)

이전 장에서 살펴본 **회귀모델에서는 모델의 복잡도에 따른 오류(오차)**를 살펴보았습니다. **분류모델에서는 필요한 데이터 양을 기준으로 오류(오차)**를 살펴봅시다. 어느 정도의 데이터를 학습해야 하는지 살펴보겠습니다.

물론 머신러닝은 데이터의 품질만 좋다면 데이터가 많을수록 좋습니다. 그러나 데이터의 품질이 좋지 않다면 데이터가 아무리 많아도 좋은 결과를 도출할 수 없습니다. 차라리 질이 좋고 적은 양의 품질 좋은 데이터로 학습한 모델이 더 좋은 결과를 도출할 수 있습니다. 최근에는 다양한 방법(생성과 증강 등)으로 데이터의 부족 이슈를 해결하고 있습니다.

데이터와 모델 품질(정확도)의 연관성을 표현하는 방법 중 하나가 학습 곡선(Learning Curves)입니다. 학습 곡선은 훈련 데이터(학습 데이터)의 양과 오차의 연관성을 나타냅니다. 훈련 데이터(학습 데이터)의 양이 아주 적다면 테스트 오차는 클 것입니다. 훈련 데이터가 많다면 테스트 오차는 작을 것입니다. 데이터가 증가할수록 테스트 오차(에러)가 줄어드는, 즉 모델의 품질(정확도)이 좋아지는 곡선이 만들어 집니다.

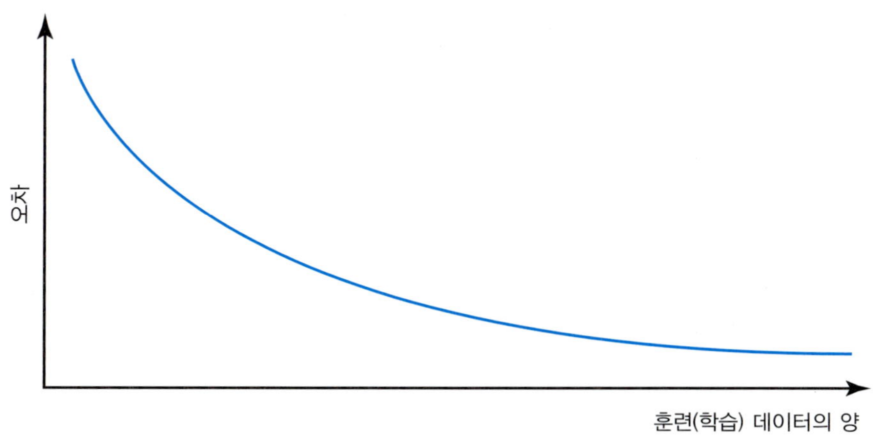

그림 5.16 학습 곡선(Learning Curve)

데이터가 계속 추가되면 품질(정확도)이 무한하게 좋아질까요? 데이터의 수가 증가할수록 오차는 분명히 줄어들 것입니다. 그러나 오차가 0이 될 수는 없을 것입니다. 이렇게 이해하시면 좋습니다. 예측의 정확도가 100%가 될 수 있을까요? 우리가 미래를 정확히 100%로 예측할 수 있을까요? 아마도 쉽지 않을 것입니다. 아니 불가능할 것입니다. 그래서 에러가 0이 될 수 없는 것입니다.

5 분류모델 프로세스 이해하기

분류의 과정을 도식화하면 [그림 5.17]과 같습니다. 레스토랑 리뷰들을 긍정과 부정으로 분류하는 분류기로 만들어봅니다. 훈련(학습) 데이터로 레스토랑 리뷰 데이터들이 입력으로 들어오면, 전처리를 통해 문장 분류, 단어 분류들로 정제한 후(특징 추출 전처리), 분류 모델(알고리즘)에 적용하여 긍정적인 리뷰들과 부정적인 리뷰들을 도출하고, 이를 실제값과 비교하여 정확도와 오차를 구합니다. 이 과정은 혼동 행렬을 사용하여 평가하게 됩니다.

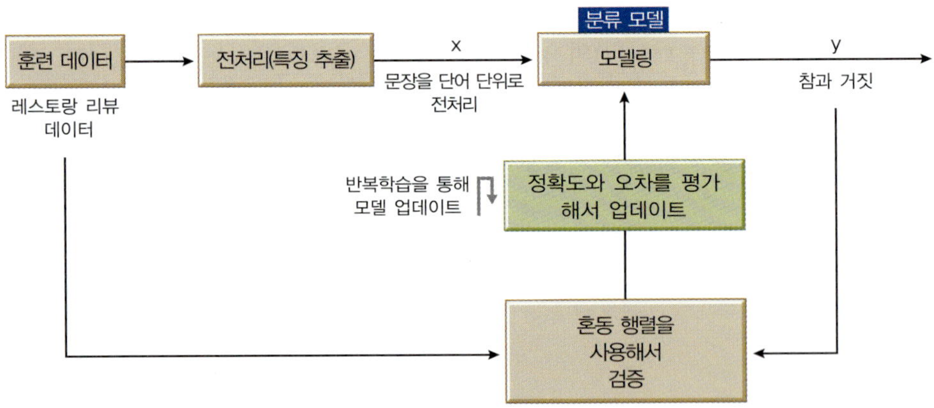

그림 5.17 분류 모델 프로세스: 레스토랑 리뷰

다음 장에서는 python을 사용해서 레스토랑 리뷰들에 대한 분류기를 직접 만들어 보겠습니다.

CHAPTER 06

지도학습/분류 실습 : 레스토랑 리뷰 분류하기

- 문제 정의하기
- 라이브러리 불러오기
- 데이터 수집하기
- 데이터 탐색하기
- 전처리하기
- 모델링하기
- 성능 평가하기

캐글(www.kaggle.com)에서 수집한 레스토랑 리뷰 데이터를 긍정적인 리뷰와 부정적인 리뷰로 분류하는 모델을 만들어 보겠습니다. Jupyter Lab/Notebook 기반으로 소스코드를 만들어 보겠습니다. google colab을 사용해도 좋습니다. 직접 새로운 .ipynb 파일을 만들어서 한 줄 한 줄 따라가는 것을 권장합니다(Book_Chapter6_Restaurant_Review_Classification. ipynb파일 참조). 머신러닝 기반의 프로젝트를 수행할 시 아래의 순서대로 진행하면 대부분의 문제들이 쉽게 풀릴 수 있습니다.

1) 문제 정의하기(Problem Define)
2) 라이브러리 불러오기(Libraries Setting)
3) 데이터 수집하기(Data Collection)
4) 데이터 탐색하기(Data Exploration)
5) 전처리하기(Preprocessing)
    5.1. 자연어 처리 라이브러리(nltk)
    5.2. 어간 추출(Stemmer)
    5.3. 정규화(Regular Expression)
    5.4. 전처리 후 데이터 확인
    5.5. 단어 벡터 만들기(Training vs. Test)
6) 모델링하기(Modeling)
7) 성능 평가하기(Evaluating)

1 문제 정의하기

먼저 풀고자 하는 문제를 정의합니다. 머신러닝으로 문제를 푼다는 의미는 y=f(x)에서 함수인 f(function)를 만드는 것입니다. 머신러닝에서는 함수(f)를 모델(model)이라고 부릅니다.

x, y, f를 한 줄로 명확하게 정의하는 연습을 하는 것이 매우 중요합니다. 문제를 간결하게 정의할수록 모델의 정확도가 높아질 수 있습니다.

레스토랑 리뷰들을 분류하는 문제에서 y=f(x)를 정의해 봅시다. y는 긍정 또는 부정 여부, x는 레스토랑 리뷰 문장들입니다.

2 라이브러리 불러오기

머신러닝 모델링을 위한 환경을 세팅합니다. 분류 모델링을 위한 라이브러리들을 불러옵니다. 라이브러리는 패키지라고도 합니다. 모델링에 필요한 함수들을 모아 놓은 주머니라고 생각하시면 됩니다.

데이터의 크기가 커지고 정보량이 많아지면서 데이터를 불러오고 내용을 파악하는데 효과적인 방법이 필요합니다. 파이썬에서 미리 만들어서 제공하는 라이브러리를 가져와서 데이터를 다루는 것을 추천합니다.

```
import pandas as pd
import numpy as np
import matplotlib.pyplot as plt
import seaborn as sns
%matplotlib inline
```

먼저 판다스(pandas), 넘파이(numpy), 맷플롯립(matplotlib) 라이브러리를 불러옵니다.

간결하게 표현하기 위해서 as를 사용합니다. as plt로 선언하며 소스코드에서 matplotlib.pyplot은 plt라는 축약어로 부를 수 있습니다.

%matplotlib inline은 새로운 창을 열지 않고 쥬피터 노트북(jupyter notebook) 안(inline)에서 소스코드와 함께 그래프를 시각화할 수 있게 해줍니다.

시각화를 위해 시본(seaborn) 라이브러리를 불러옵니다.

3 데이터 수집하기

이제 레스토랑 리뷰 데이터를 읽어오겠습니다. 캐글(Kaggle)에서 데이터의 값들이 tab으로 분류된 1,000개의 레스토랑 리뷰 데이터(Restaurant_Reviews.tsv)를 가져옵니다.

pd는 판다스 라이브러리를 의미하는 축약어입니다. pd.read_csv함수를 이용해서 tsv 포맷 파일을 읽어옵니다. tsv 파일은 데이터를 탭(tab, '/')으로 구분한 텍스트 데이터 파일을 의미합니다. 이 장에서 사용하고 있는 예제 파일(Restaurant_Reviews.tsv)을 메모장에서 열어보면, 각 데이터는 탭(/)로 구분되어 있습니다. 아래의 그림을 참고합니다.

```
Review→Liked
Wow... Loved this place.→1
Crust is not good.→0
Not tasty and the texture was just nasty.→0
Stopped by during the late May bank holiday off Rick Steve recommendation
and loved it.→1
The selection on the menu was great and so were the prices.→1
Now I am getting angry and I want my damn pho.→0
Honeslty it didn't taste THAT fresh.)→0
The potatoes were like rubber and you could tell they had been made up
ahead of time being kept under a warmer.→0
```

Delimiter: tab

	Review	Liked
1	Wow... Loved this place.	1
2	Crust is not good.	0
3	Not tasty and the text...	0
4	Stopped by during th...	1
5	The selection on the ...	1
6	Now I am getting an...	0
7	Honeslty it didn't tast...	0
8	The potatoes were lik...	0
9	The fries were great t...	1

pd.read_csv 함수를 이용해서 Restaurant_Reviews.tsv 안의 데이터를 파이썬으로 불러옵니다. 테이블 형태로 dataset 변수에 저장됩니다. ./는 현재 디렉토리를 의미합니다. ./data/Restaurant_Reviews.tsv는 현재의 디렉토리(./)에 data라는 하위 디렉토리 안에 Restaurant_Reviews.tsv 파일이 있음을 의미합니다.

```
dataset=pd.read_csv("./data/Restaurant_Reviews.tsv", delimiter='\t')
```

수집한 데이터가 잘 저장되었는지 dataset.head(3)을 통해 확인합니다. head는 데이터의 제일 윗부분부터 확인한다는 의미입니다. 괄호 안에 숫자를 입력하면 입력한 숫자만큼의 데이터(행 전체)를 보여줍니다. 이때 숫자를 입력하지 않으면 5개의 행을 디폴트 값으로 보여줍니다.

```
#데이터셋을 불러와서 첫 세 줄을 출력하여 데이터의 구성을 한 번 살펴봅니다.
dataset.head(3)
```

	Review	Liked
0	Wow... Loved this place.	1
1	Crust is not good.	0
2	Not tasty and the texture was just nasty.	0

변수란?

변수는 저장소를 의미합니다. 쉽게 말해 가방입니다. 우리가 외출을 하거나 학교에 갈 때 가방을 들고 나갑니다. 그 가방에는 여러 가지 물건을 넣을 수 있습니다. 다양한 물건들을 넣고 다닐 수 있습니다. 외출하는 목적에 따라 다른 물건들을 넣어 소지할 수 있습니다.

변수는 데이터를 저장하는 저장소(저장 공간)라고 생각하면 됩니다. 프로그램을 실행할 때마다(≒ 외출할 때마다) 데이터(≒ 물건)를 넣고, 실행(≒ 소지)하고, 프로그램을 종료하면(≒ 집에 돌아오면) 사라지는(≒ 물건을 꺼내는) 임시 저장소입니다.

4 데이터 탐색하기

데이터에 대한 이해도가 높을수록 분석의 정확도를 높일 수 있고, 분석의 정확도 향상은 곧 모델링의 성능 향상을 가져옵니다. 데이터에 대한 정확한 이해를 위해 다양한 방법으로 데이터를 탐색합니다.

4.1 데이터의 각 변수들의 기본 정보를 파악합니다.

우선 데이터 셋의 구조를 파악합니다. shape 함수를 사용해서 살펴볼 수 있습니다. (행, 열)을 출력해 주기 때문에 데이터의 개수와 변수의 개수를 알 수 있습니다. 행은 데이터의 개수를 의미하며, 열은 변수의 개수를 의미합니다.

```
#데이터 셋 구조보기
dataset.shape
```

```
(1000, 2)
```

해석 레스토랑 리뷰의 개수가 1000개이고 각 레스토랑 리뷰는 리뷰 문장들과 긍정/부정인지를 나타내는 2개의 열로 이루어져 있습니다.

데이터의 결측치를 살펴봅니다.

결측치는 데이터에 값이 존재하지 않는 것을 의미합니다. 숫자 0의 의미가 아닙니다. 값(데이터)이 존재하지 않는 것을 의미합니다. 다행히도 Restaurant_Reviews.tsv 데이터 안에는 결측치가 존재하지 않습니다. 바로 모델링을 진행해도 괜찮습니다.

만약, 결측치가 있다면 결측치를 전처리한 후 모델링을 진행하는 것이 좋습니다. 결측치를 포함하는 변수를 모델링에 그대로 포함시킬 경우, 해당 변수로 인해서 모델링 결과에 편향이 발생할 수 있습니다. 결측치 처리 방법에는 여러 가지가 있습니다. 저자는 데이터 양이 많이 부족하지 않다면, 결측치를 제외하는 것을 추천 드립니다.

먼저 isnull 함수를 사용해서 결측치의 유무를 확인합니다. '결측치(null)가 있는지(is)'를 살펴보는 함수입니다. sum 함수를 사용하여 결측치의 개수를 세어 봅니다.

```
### [결측치] : 비어있는 데이터를 찾습니다.
### 여기서는 어떤 컬럼(변수, 특성, x)에 결측치가 있는지 확인합니다.
dataset.isnull().sum()
```

```
Review    0
Liked     0
dtype: int64
```

각 변수(데이터)의 타입을 확인합니다.

dataset.info 함수를 통해 확인할 수 있습니다. int64는 소수점이 없는 정수형이고, object는 문자형, 즉 텍스트를 의미합니다.

```
### [data (변수) 타입]을 확인합니다.
dataset.info()
```

```
<class 'pandas.core.frame.DataFrame'>
RangeIndex: 1000 entries, 0 to 999
Data columns (total 2 columns):
 #   Column   Non-Null Count  Dtype
---  ------   --------------  -----
 0   Review   1000 non-null   object
 1   Liked    1000 non-null   int64
dtypes: int64(1), object(1)
```

해석 리뷰 데이터(Restaurant_Reviews.tsv)는 두 가지 변수 타입이 있습니다. 리뷰 문장들은 object 형으로 문자형 변수(범주형 변수)이고, 긍정인지 부정인지를 표현하는 칼럼은 숫자형(int64(정수형))입니다.

기본 통계를 구합니다.

dataset.describe() 함수는 데이터에 대한 각종 통계량을 요약해서 출력해 줍니다. 숫자형 변수에 대해서만 통계를 구할 수 있습니다.

```
### [통계]을 확인합니다.숫자형 변수에 대해서만 통계를 구할 수 있습니다.
### .describe() 함수는 데이터의 컬럼별 요약 통계량을 나타냅니다.
### mean(), max(), median()등 개별 함수를 사용하여
### 통계량을 계산할 수도 있습니다
dataset.describe()
```

	Liked
count	1000.00000
mean	0.50000
std	0.50025
min	0.00000
25%	0.00000
50%	0.50000

75%	1.00000
max	1.00000

데이터의 분포를 시각화해서 살펴봅니다.

Countplot 함수를 사용해서, 긍정적인 리뷰와 부정적인 리뷰의 분포도를 확인합니다. 긍정리뷰의 개수와 부정리뷰의 개수가 각각 500개씩 고르게 분포되어 있습니다.

```
sns.countplot(x = dataset['Liked'], data = dataset)
```

```
<Axes: xlabel='Liked', ylabel='count'>
```

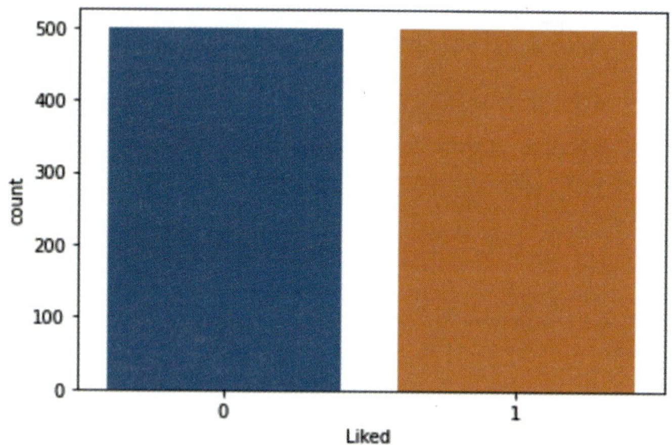


```
dataset[dataset['Liked'] == 1]["Liked"].count()
```

```
500
```

```
dataset[dataset['Liked'] == 0]["Liked"].count()
```

```
500
```

데이터의 분포와 알고리즘 성능

데이터의 분포가 고르면, 머신러닝 모델에 적용시 유리합니다. 인공지능 기술의 발달로 많은 머신러닝, 딥러닝 모델(알고리즘)들이 개발되었습니다. 대부분의 모델(알고리즘)은 데이터가 고르게 분포되어 있다는 가정하에 만들어 졌습니다. 따라서 보다 좋은 성능을 도출하려면 데이터 분포를 고르게 만드는 것이 좋습니다.

5 전처리하기

전처리 과정은 모델링에서 가장 중요한 부분입니다. 전처리가 제대로 되지 않으면 모델에 입력되는 데이터에 오류가 발생하여 제대로 된 예측 모델링을 진행할 수 없기 때문입니다.

모델링에 앞서 데이터 전처리 과정을 거쳐야 합니다. 특히, 자연어를 다룰 경우 자연어를 전처리하여 모델링할 수 있도록 가공해야 합니다. 가공된 데이터의 균형을 맞추고, 범주(scale)을 조율하고(표준화), 범주형 변수(문자 형 변수)를 컴퓨터가 이해할 수 있는 숫자로 바꾸어 주는 등의 과정이 필요합니다.

5.1 자연어 처리 라이브러리(nltk)

자연어 처리를 위한 라이브러리를 가져옵니다.

```
from nltk.corpus import stopwords
from nltk.stem.snowball import SnowballStemmer
import re # 정규화
```

nltk(natural language toolkit)은 자연어처리를 위한 패키지(라이브러리)입니다.

- from nltk.corpus import stopwords는 nltk 안에 100여 개 이상의 영어 단어 불용어를 미리 정의해 둔 stopwords 패키지(라이브러리)를 불러옵니다.
  - 자연어를 처리할 때, 특정 단어들이 너무 빈번하게 나오는 경우가 있습니다. 특히 한국어의 조사처럼 실제로는 아무 의미 없다고 판단되는 단어들이 있습니다. 이런 단어들을 "stopword"라고 부릅니다.
  - 예를 들어, 영어에서 'a', 'the'와 같은 단어들은 모든 구문(phrase)들에 매우 많이 등장합니다. 그러나 특별한 의미를 가지지 못합니다. 자연어 처리를 하다 보면 "아 이 단어는 제외해야겠구나"라는 생각이 드는 경우가 있습니다.
  - nltk.corpus.stopwords.words('english')를 사용해서 보편적으로 사용되는 stopwords를 가져올 수 있습니다.
- from nltk.stem.snowball import SnowballStemmer는 언어에서 가장 작은 말의 단

위인 형태소를 추출하는 라이브러리입니다. 특히, 어간(Stemming)을 추출하는 라이브러리입니다.

- 어간(Stemming)은 단어에서 접사(affix)를 제거하는 것을 말합니다. 어간추출 알고리즘(Stemming Algorithm)에는 여러가지가 있는데 이번 실습에서는 13개 국가의 언어를 지원하는 snowball 안에 SnowbllStemmer 패키지(라이브러리)를 불러옵니다.

• import re는 정규화를 위한 라이브러리입니다. 정규표현 패턴을 이용하여 문자열의 추출이나 치환, 분할이 가능합니다.

Stopwords(불용어)

자연어 처리 시 너무 빈번하게 출현하는데, 실제로는 특별한 의미가 없는 단어들이 있습니다. 예를 들면, 'a', 'the', 'is' 등 모든 구문들에 매우 많이 등장하지만, 특별한 의미를 가지지 않습니다. 이런 단어들을 stopwords(불용어)라고 합니다.

Stemming(어간)

Stemming(어간)은 단어에서 접사(affix)를 제거하는 것을 말합니다. Stemming(어간)은 검색엔진에서 색인할 때 가장 많이 씁니다. 모든 형태의 단어를 저장하는 것 보다 Stemming(어간 추출)한 단어를 저장하는 것이 색인 크기를 줄일 뿐만 아니라 검색의 정확성을 높일 수 있습니다. 어간을 추출하는 알고리즘을 stemmer/stemming algorithm이라고 합니다. 다양한 stemming algorithm이 있습니다. 알고리즘들을 살펴보고, 필요에 맞게 사용하면 됩니다.

5.2 어간 추출(Stemmer)

어간 추출 알고리즘으로 13개 국가의 언어를 지원하는 SnowballStemmer를 사용합니다. Restaurant_Reviews.tsv는 영어로 작성된 레스토랑 리뷰 데이터입니다. 따라서 Stemmer의 언어를 영어로 지정합니다(stemmer = SnowballStemmer ('english')). 어간이 잘 추출되었는지 확인합니다.

```
stemmer = SnowballStemmer('english')
```

```
stemmer
```

```
<nltk.stem.snowball.SnowballStemmer at 0x2d2d928a520>
```

5.3 정규화(Regular Expression)

정규화 과정을 번호로 표시하였습니다. 천천히 따라가 보겠습니다.

- 자연어 처리를 위해 nltk(natural language toolkit) 라이브러리를 불러옵니다(①).
- 불용어(stopwords) 패키지를 다운로드 받습니다(②).
- 단어에서 특수 문자를 제거하고 대소문자들만 필터링합니다(③). 특수 문자는 빈 칸(' ')으로 대체됩니다.
- lower 함수를 사용해서 모든 문자를 소문자로 통일합니다(④). 대소문자의 구별이 의미가 없습니다.
- 문장을 단어 단위로 구분합니다. 빈 칸(' ')을 기준으로 나눕니다. split 함수는 문장열을 빈 칸(' ') 기준으로 나누어 줍니다(⑤).

```
import nltk ①
nltk.download('stopwords')②

corpus = []
for i in range(0,1000):
    review = re.sub('[^a-zA-Z]',' ',dataset['Review'][i])③
    ## 문자열이 대소문자의 영문자로 이루어집니다.
    ## 영어 문장에 각주 등과 특수 문자가 포함될 수 있습니다.
    ## 자연어 처리를 위해 특수 문자들을 제거합니다.
    ## 알파벳 외의 문자는 공백으로 처리합니다.

    review = review.lower() ## 대문자를 소문자로 바꾸어 줍니다.④
    review = review.split() ## 문장을 단어 단위로 구분합니다.⑤
    review = [stemmer.stem(word) for word in review⑥
              if word not in set(stopwords.words('english'))]

    review = ' '.join(review) ## review 변수에 어간들을 차곡차곡 쌓습니다.⑦
    corpus.append(review) ## append를 사용해서 계속 붙여 나갑니다.⑧
```

- 어간을 추출합니다(⑥). review 변수에 stem(어간)에 해당하는 단어만 넣는 과정입니다. 코드를 직역하겠습니다.
  - for word in review: 리뷰 문장들 안에 있는 모든 단어들에 대해
  - stem(word): 어간만 추출합니다.
  - 그런데 조건이 있습니다.
    - ☑ if word not in set(stopwords.words('english'))]: 만약 단어들이 영어의 불용어 집합((stopwords.words('english'))에 해당하지 않는다면,
    - ☑ 불용어에 해당하지 않는 단어들 중에서 어간만 추출합니다.
- 추출한 어간들을 review 변수에 차곡차곡 넣습니다(⑦).
- corpus 변수에 append 함수를 사용해서 잘 정제된 review 변수 안의 단어들을 차곡차곡 넣습니다(⑧).

Regular Expression(표준화)

간단한 예제를 통해 살펴보겠습니다. split 함수를 사용해 보겠습니다. split 함수는 입력된 문자열을 단어 단위로 분리하여 리스트로 만들어 주는 함수입니다.

```
import re
    text = "사과 딸기 수박 메론 바나나"
    re.split(" ",text)
```

출력결과

['사과', '딸기', '수박', '메론', '바나나']

split 함수를 사용하면, 위와 같이 단어 단위로 구분하여 리스트를 만들어 준 출력 결과를 확인할 수 있습니다.

5.4 전처리 후 데이터 확인

지금까지 불용어 처리, 어간 추출, 정규화 등의 과정을 수행하였습니다. head() 함수를 사용해서 원본 데이터 셋 (dataset)과 전처리 후 저장된 데이터 셋(corpus)를 확인합

니다.

원본 데이터 셋입니다.

```
dataset.head()
### dataset=pd.read_csv("./data/Restaurant_Reviews.tsv", delimiter='\t')
```

	Review	Liked
0	Wow... Loved this place.	1
1	Crust is not good.	0
2	Not tasty and the texture was just nasty.	0
3	Stopped by during the late May bank holiday of...	1
4	The selection on the menu was great and so wer...	1

원본 데이터에서 'Wow… Loved this place.'를 전처리하면 다음과 같이 저장됩니다.

```
corpus[0]
### corpus는 전처리 후의 데이터 셋
```

```
'wow love place'
```

불용어 및 특수 문자가 제거되고, 빈칸을 기준으로 나누어서 저장됨을 알 수 있습니다. 모든 리뷰 데이터들이 전처리가 잘 되어 있는지 corpus에 저장된 문자열의 수를 확인합니다. 1,000개의 문자열이 모두 잘 전처리됨을 알 수 있습니다.

```
len(corpus)
```

```
1000
```

```
len(dataset) ## 기존 데이터셋과 같음을 확인하기 위해 점검
```

```
1000
```

전처리가 잘 되어 있는지 다시 확인해 봅시다. 가장 처음 데이터와 가장 마지막 데이터를 확인해 봅니다.

```
dataset["Review"][0] ## 원본 데이터
```

```
'Wow... Loved this place.'
```

```
corpus[0] ## 전처리 후 데이터
```

```
'wow love place'
```

```
dataset["Review"][999] ### 원본 데이터
```

```
"Then, as if I hadn't wasted enough of my life there, they poured salt in t
he wound by drawing out the time it took to bring the check."
```

```
corpus[999] ### 데이터 전처리 후 데이터
```

```
'wast enough life pour salt wound draw time took bring check'
```

5.5 단어 벡터 만들기(Bag of Words)

단어의 벡터화

실습에 들어가기 전에 '각 리뷰 데이터 안의 단어들을 벡터화한다'는 의미를 먼저 이해해 보겠습니다. 단어 벡터화의 의미는 리뷰들에 출현하는 모든 단어들을 행렬(테이블)로 만드는 과정입니다. 각각의 단어들이 열이 되고, 각 리뷰 문장들은 행이 됩니다. 각 리뷰 문장에서 출현하는 단어들의 수가 행렬의 값이 됩니다.

	단어 1	단어 2	단어 3	…
리뷰문장 1	2	0	1	
리뷰문장 2	0	4	0	2
…				

단어 벡터

해석하면, 단어 1은 리뷰문장 1에서 2번 출현하고, 단어 2는 리뷰문장 1에서 발견되지 않습니다. 리뷰문장 2에는 단어 2가 4번 출현합니다.

특성 행렬

단어 행렬(테이블)을 특성 행렬(Feature Matrix)이라고도 부릅니다. 각 단어가 하나의 열로 표현되고, 각 열은 '특성,' '속성,' '독립 변수' 등을 의미하므로 단어 행렬은 곧 특성 행렬입니다.

이 개념을 이용해서 레스토랑 리뷰의 분류(긍정적인 리뷰인지 부정적인 리뷰인지)를 진행해 보겠습니다.

단어의 빈도수를 살펴봅니다.

머신러닝의 대표적인 라이브러리인 sklearn(싸이킷런) 안의 feature_extraction(특성 추출) 라이브러리 안의 text 패키지 안의 CountVectorizer 라이브러리를 사용합니다.

```
from sklearn.feature_extraction.text import CountVectorizer
### sklearn>>feature_extraction>>text>>CountVectorizer
```

단어 행렬(특성 행렬)을 만듭니다.

리뷰 문장에서 출현하는 단어들 중 빈도수가 높은 1,500개의 단어들만 뽑아서 단어 행렬(특성 행렬)을 만듭니다.

```
### 리뷰 문장들에서 빈도수가 높은 단어 1500개를 추출해서 단어행렬를 만듭니다.
cv = CountVectorizer(max_features=1500)
```

fit() 함수를 사용해서 전처리된 리뷰 문장들을 단어 행렬로 만들어 줍니다.

```
cv.fit(corpus)
### fit 함수를 통해서 각 리뷰들을 대입합니다.
### (단어 그대로 사용해서) 벡터로 만들어 줍니다.
```

```
CountVectorizer(max_features=1500)
```

이를 표로 표현하면 다음과 같습니다.

1,500개의 단어들로 표현되는 리뷰 문장들

	단어 1	단어 2	…	단어 1,500
리뷰문장 1	2	0	1	
리뷰문장 2	0	4	0	2
…				

cv 변수 안의 단어들을 살펴봅니다.

'단어: index' 구조로 표현됩니다. Index는 빈도수가 높은 1,500개 단어를 알파벳 순으로 정렬한 것입니다. 예를 들어, 'wow': 1482는 'wow'라는 단어는 리뷰 문장들에 많이 나오는 1,500개의 단어들에 포함되며, 1,500개 단어를 알파벳 순으로 정렬했을 때, 1,482번째 단어입니다.

```
print('Vocabulary: ')
print(cv.vocabulary_)
### 가장 많이 나오는 1500개의 단어(cv에 있는 단어)들을
### 알파벳 순으로 INDEX 화 해줍니다.
```

```
Vocabulary:
{'wow': 1482, 'love': 762, 'place': 972, 'crust': 312, 'good': 581, 'tast
i': 1299, 'textur': 1311, 'nasti': 845, 'stop': 1248, 'late': 740, 'may': 7
89, 'bank': 91, 'holiday': 652, 'rick': 1088, 'steve': 1241, 'recommend': 1
055, 'select': 1143, 'menu': 798, 'great': 595, 'price': 1005, 'get': 565,
'angri': 33, 'want': 1433, 'damn': 321, 'pho': 960, 'honeslti': 655, 'tas
t': 1297, 'fresh': 540, 'potato': 997, 'like': 750, 'rubber': 1102, 'coul
d': 285, 'tell': 1304, 'made': 771, 'ahead': 15, 'time': 1332, 'kept': 729,
'warmer': 1435, 'fri': 541, 'touch': 1350, 'servic': 1152, 'prompt': 1016,
```

transform 함수를 적용합니다.

적용하기 전에 예제를 보면서 살펴보겠습니다.

두 개의 문장이 있습니다.

'A whole new text zoo'

'Something very new new new phrase'

CountVectorizer 적용 후 transform을 적용하면, 다음과 같이 출력됩니다.

(0, 14844) 1
(0, 8975) 1
(0, 12030) 1
(0, 15164) 1
(1, 11000) 1
(1, 13000) 1
(1, 8975) 3
(1, 10000) 1

입력 문장들은 튜플(i, j) k로 표현됩니다. i 번째 문서에 j 번째 단어의 빈도수가 k라는 의미입니다. k는 정수(integer)입니다.

whole은 (0, 14844) 1로 표현됩니다.

- 1번째 문장입니다. 컴퓨터가 0부터 시작하므로, 0으로 표현됩니다.
- whole은 단어 중에 14844번째 단어입니다.
- 첫번째 문장에서 whole은 1번 나옵니다.

new는 (1,8975) 3으로 표현됩니다.

- 2번째 문장에서 8975번째 인덱스를 갖는 단어이고, 세 번 출현합니다.

단어 행렬을 transform합니다.

transform 함수를 적용한 후, toarray 함수를 적용해서 array로 표현해 줍니다.

먼저 간단한 예제로 이해를 해보겠습니다. transform 함수를 적용한 후, toarray()를 적용해서 배열로 치환할 수 있습니다. 단어들을 정수로 표현합니다.

```
print('wow vector: ')
print(cv.transform(['wow']).toarray())
### max_features=1500 개 이므로,
### 그 중 wow가 해당하는 곳에 1로 변형될 것입니다.
```

```
wow vector:
[[0 0 0 ... 0 0 0]]
```

fit과 transform 함수를 한 번에 적용할 수 있습니다.

전처리된 단어들로 구성된 문장열을 corpus 변수에 저장합니다. fit_transform을 통해

fit와 transform 함수를 한 번에 적용할 수 있습니다. 단어를 기반으로 행렬을 만들고 바로 벡터(숫자 형식)로 바꾸어 줍니다.

```
x_1 =cv.fit_transform(corpus)
```

그 결과를 출력(print(x_1.toarray())해 보면, 리뷰 문장들이 문장의 개수만큼의 행과 1,500개의 단어들로 구성된 열로 된 벡터들이 만들어 집니다.

```
print('Full vector: ')
print(x_1.toarray())

### 각 행은 한개의 리뷰 문장입니다
### 각 열(featrues, column)은 한 개의 단어를 의미합니다.
### 열에 표현되는 단어는 리뷰에서 빈도수가 높은 1500개의 단어를
### 알파벳 순으로 표현한 것입니다.
### 1500 개의 단어를 알파벳 순서로 인덱스 합니다.
```

```
Full vector:
[[0 0 0 ... 0 0 0]
 [0 0 0 ... 0 0 0]
 [0 0 0 ... 0 0 0]
 ...
 [0 0 0 ... 0 0 0]
 [0 0 0 ... 0 0 0]
 [0 0 0 ... 0 0 0]]
```

행렬이 잘 만들어 졌는지 확인합니다.

```
x_1.shape
### 1000 개의 reviews를 1500개의 단어로 표현합니다.
```

```
(1000, 1500)
```

마지막으로 y (종속변수)에 대해 확인합니다.

종속변수의 내용을 확인합니다. 1은 긍정 리뷰, 0은 부정 리뷰를 의미합니다.

```
y = dataset['Liked'].values
### 종속변수를 확인합니다.
```

```
print(y)
### 1000개의 값(value)가 저장되어 있습니다.
```

```
[1 0 0 1 1 0 0 0 1 1 1 0 0 1 0 0 1 0 0 0 0 1 1 1 1 1 0 1 0 0 1 0 1 0 1 1 1
 0 1 0 1 0 0 1 0 1 0 1 1 1 1 1 1 0 1 1 0 0 1 0 0 1 1 1 1 1 1 1 0 1 1 1 0 0
 0 0 0 1 1 0 0 0 0 1 0 1 0 1 1 1 0 1 0 1 0 0 1 1 0 1 1 1 1 1 1 1 1 1 1 1 0
 0 1 1 1 1 0 0 0 0 0 0 1 1 1 0 0 1 0 1 0 1 1 0 1 1 1 1 0 1 0 0 0 0 1 1 0 0
 0 0 1 1 0 0 1 1 1 1 1 0 0 1 1 0 1 1 1 0 0 1 0 1 1 1 1 0 0 1 1 0 0 0 0 0 1
```

```
y.shape
```

```
(1000,)
```

해석 1,000개의 데이터가 모두 있는지 shape 함수를 통해 확인합니다.

max_features

max_features(특성들)의 크기를 지정합니다. 즉, 리뷰 문장에서 고려할 단어들의 개수를 지정해 주는 것입니다. 리뷰 문장들에는 무수히 많은 단어가 있습니다. 모든 단어들을 다 고려한다면, 열의 개수가 너무 많이 생길 것입니다. 너무 많은 변수를 고려하는 것과 같습니다. 너무 많은 변수를 고려하는 것은 모델의 정확도를 떨어뜨릴 수 있기 때문에 빈도수를 고려하여 적절한 수의 단어를 선택해야 합니다. 적절한 단어 수를 지정하는 파라미터가 max_features입니다.

CountVectorizer

CountVectorizer는 출현 빈도가 높은 단어들을 사용해서 문서를 벡터화합니다. 단어의 개수만을 고려하기 때문에 대소문자를 구별하지 않습니다. 문서 단어 행렬(Document- Term Matrix)을 만들어 줍니다. 리뷰 문장의 긍정/부정 분류의 예는 (리뷰 문장-단어) 행렬을 의미합니다.

5.6 데이터 나누기

학습 데이터(Training data)를 사용하여 모델을 학습시키고, 시험 데이터(Test data)로 예측 성능을 평가합니다. 이를 위해 전체 데이터를 학습 데이터 셋(Train data set)과 테스트 데이터 셋(Test data set)으로 나누어 줍니다. 보통 학습 데이터 셋과 테스트 데이터 셋의 비율을 8:2 또는 7:3을 추천합니다. 5:5까지도 괜찮습니다. 그러나 학습 데이터 셋이 테스트 데이터 셋보다 작으면 학습시킬 수 있는 데이터가 너무 작아져서 모델의 성능이 좋지 않을 수 있습니다.

실습에서는 학습 데이터 셋과 테스트 데이터 셋의 비율을 8:2로 나눕니다. 싸이킷런(sklearn)라이브러리 안에 내장되어 있는 model_selection 패키지(라이브러리) 안의 train_test_split 라이브러리를 사용해서 데이터를 나눕니다.

```
from sklearn.model_selection import train_test_split
```

random_state는 데이터를 추출할 때 사용되는 컴퓨터에 내장되어 있는 랜덤 테이블입니다. 이 값에 따라 데이터가 랜덤하게 추출됩니다. 여기서는 17번째 테이블에 저장되어 있는 index를 활용하여 데이터를 추출합니다.

```
x_train,x_test,y_train,y_test =
        train_test_split(x,y,test_size = 0.2,random_state = 17)
```

쉬어 가는 이야기

라이브러리

'라이브러리'라고 하면, 보통 우리는 '도서관'을 떠올립니다. 우리는 책장이 잔뜩 들어서 있고, 책장에는 책이 가득한 곳을 도서관이라고 부릅니다.

영어로 library라고 하면 보통 도서관 건물을 뜻하긴 합니다만, 뉘앙스상 초점은 외형적인 건물이 아니라 안에 채워진 책들에 더 맞춰집니다. 라틴어 libre에서 파생된 library는 책들의 집합에 가까운 뜻을 지녔습니다. 그러니까 건물이 아니더라도 서적들이 모여 있으면 라이브러리에 해당하는 셈입니다.

프로그래밍에서 말하는 라이브러리(library)에 대한 감을 제대로 잡으려면 라이브러리를 **도서관이 아닌 '책들의 집합'**이라고 이해하는 편이 좋습니다.

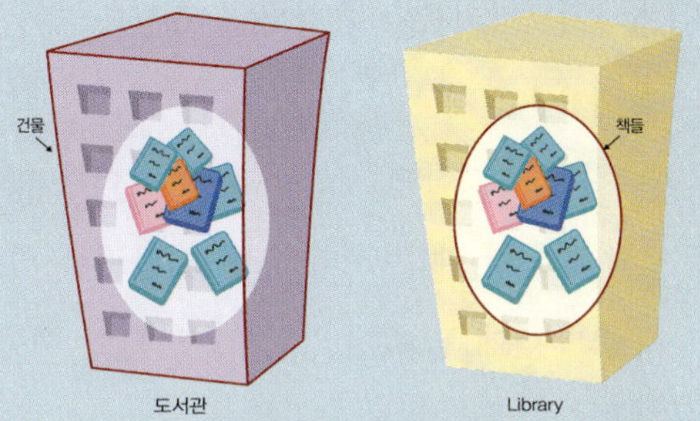

library에 대한 기원

그렇다면, 프로그래밍에서 라이브러리는 무슨 뜻일까요?

프로그래밍에서 말하는 라이브러리는 분야가 더 구체적입니다. 특정한 주제에 대한 라이브러리는 그 주제를 더 구체적으로 다루는 책들로 구성됩니다. 즉, 라이브러리 안에 여러 개의 라이브러리가 속해 있을 수 있습니다.

python으로 예를 들어봅시다. 머신러닝의 대표적인 싸이킷런(sklean) 라이브러리 안에는 pandas, numpy, seabon, matplot 라이브러리들이 포함되어 있습니다. 이 외에도 엄청나게 많은 라이브러리들이 포함되어 있습니다. 각 라이브러리들은 특정 기능(특정 주제)을 하는 함수들이 모여 있습니다.

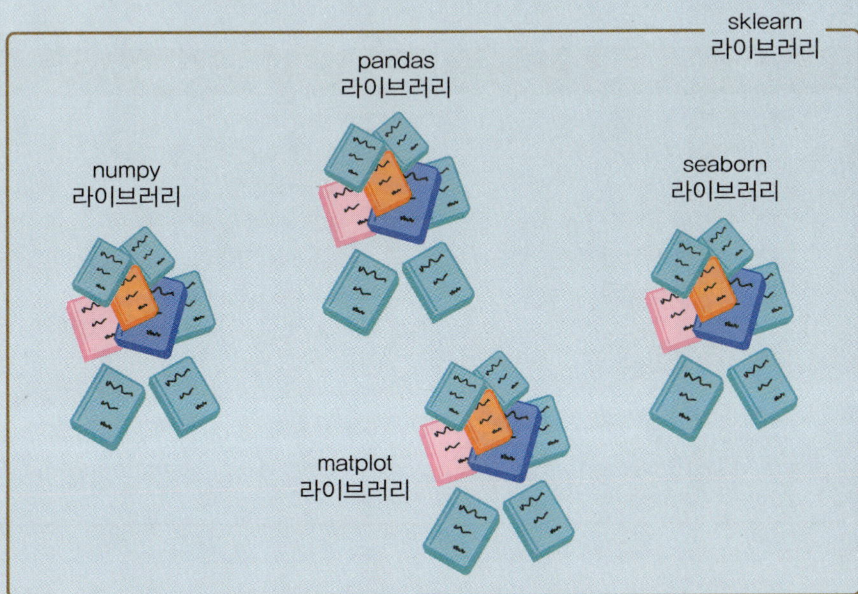

python 에서의 라이브러리들

코딩을 할 때, 우리는 라이브러리를 사용한다는 표현을 자주 씁니다. 라이브러리를 사용하면 무엇이 좋을까요? 크게 두 가지가 있습니다. 우리는 모든 기능을 직접 코딩할 수 없습니다. 하나하나 코딩하면 시간과 노력이 너무 많이 필요합니다. 자주 쓰는 기능들을 모아두어서 필요할 때 가져다 쓰면 시간과 노력이 절약됩니다. 다행히 python에서는 머신러닝 구현에 필요한 라이브러리들이 제공되고 있어서 편리하게 사용할 수 있습니다.

예를 들어 봅시다. 우리가 다양한 도형을 그리는 작업을 한다고 가정해 봅시다. 삼각형 10개, 사각형 10개, 원 10개를 그려야 합니다. 이 도형들은 모두 크기가 달라야 합니다. 이때 선택지는 크게 두 가지입니다.

① 총 30개의 도형을 하나하나 코딩하여 그리기

② 삼각형의 경우 세 변의 길이, 사각형의 경우 네 변의 길이, 원의 경우 지름의 길이를 입력하면 각 도형을 그려주는 라이브러리 활용하기

이 두 방식을 작업 순서 중심으로 비교해 봅시다. 두 번째 방법인 라이브러리를 사용하는 방법이 시간과 노력의 비용이 적게 들 것입니다. 효율면에서 효과적입니다.

하나하나 코딩하기	라이브러리 사용하기
1. 삼각형 1 코딩 2. 삼각형 2 코딩 ⋮ 10. 삼각형 10 코딩 11. 사각형 1 코딩 12. 사각형 2 코딩 ⋮ 20. 사각형 10 코딩 21. 원 1 코딩 22. 원 2 코딩 ⋮ 30. 원 10 코딩	1. 라이브러리 작성 라이브러리 명: 도형 그리기 책1 – 삼각형 만들기 책2 – 사각형 만들기 책3 – 원 만들기 2. 라이브러리 불러오기 3. 라이브러리 사용하여 도형 그리기

6 모델링하기

실습에서는 지도학습(Supervised Learning)인 분류모델 중 랜덤 포레스트(Random Forest) 모델을 사용합니다.

sklearn(싸이킷런) 라이브러리에서 앙상블(ensemble) 라이브러리 중 랜덤 포레스트 분류기(RandomForestClassifier) 라이브러리를 사용합니다.

```
from sklearn.ensemble import RandomForestClassifier
```

800개의 나무(그룹)들을 만들어서 숲을 만듭니다.

```
rf = RandomForestClassifier(n_estimators=800)

### 나무 800개로 구성된 랜덤 포레스트를 만듭니다.
### 즉, n_estimators은 숲을 만들 때의 나무의 개수를 의미합니다.
### 다르게 표현하면, 해당 random forest 모델은
### Supervised Learning(Classificaiton) 분류 모델(알고리즘) 중
### decision tree들이 800개 모여서 생성합니다.
```

학습(훈련) 데이터로 학습합니다.

```
rf.fit(x_train,y_train)
```

```
RandomForestClassifier(n_estimators=800)
```

모델의 성능을 살펴봅니다.

predict() 함수를 사용합니다. 학습 데이터 셋(x_train)와 테스트 데이터 셋(x_test) 모두에 대해 예측값을 살펴봅니다.

```
y_train_pred = rf.predict(x_train)
```

```
y_pred = rf.predict(x_test)
```

랜덤 포레스트(Random Forest) 모델(알고리즘)

이 책은 머신러닝을 처음 접하는 분들을 위한 책이기에 앙상블 모델인 랜덤 포레스트 모델을 따로 자세히 다루지는 않을 것입니다. 이 책을 공부하시고, 다음 단계의 책을 통해 더 자세히 접해 보시는 것을 추천 드립니다.

여기서는 랜덤 포레스트의 개념에 대해서만 간단하게 이해해 봅시다.

랜덤 포레스트는 '무작위 숲'이라는 이름처럼 훈련(학습) 데이터 셋을 랜덤하게 샘플링해서 작은 나무들로 나눈 후, 이것을 취합해서 결과(숲)을 만드는 것입니다.

- 각 나무는 일부 데이터를 샘플링해서 구성되기 때문에 분류 기준을 각 나무마다 다르게 설정할 수 있습니다. 다양한 분류기준을 고려할 수 있습니다.
- 다양한 나무들을 만들 수 있습니다. 경우에 따라서는 다소 큰 나무가 만들어질 수도 있습니다.
- 그러나 숲을 만들어서 평가하기 때문에 각 나무들의 편향 문제는 줄어들게 됩니다. 일종의 다수결의 원칙이라고 이해하셔도 좋습니다.

Yes: 6 No: 5

Final Prediction: Yes

7 성능 평가하기

정답지가 있는 지도학습/분류 모델(Supervised/Classification)의 대표적인 평가방법은 혼동 행렬(confusion matrix)을 이용하는 것입니다. 자세한 내용은 5장을 참고하시기 바랍니다.

sklearn(싸이킷런) 라이브러리의 matrix(행렬) 라이브러리의 classification_report, confusion_matrix, accuracy_score 라이브러리들을 사용해서 성능을 평가합니다.

```
from sklearn.metrics
import classification_report,confusion_matrix,accuracy_score
```

200개의 테스트 데이터(1,000 개의 데이터를 8:2의 비율로 나누어 주었습니다. 학습 데이터 셋이 800개, 테스트 데이터 셋이 200개입니다.)는 True Positive는 73개, False Negative는 22개, False Positive는 36개, True Negative는 69개로 분류됩니다.

```
confusion_matrix(y_test,y_pred)
```

```
array([[73, 22],
       [36, 69]], dtype=int64)
```

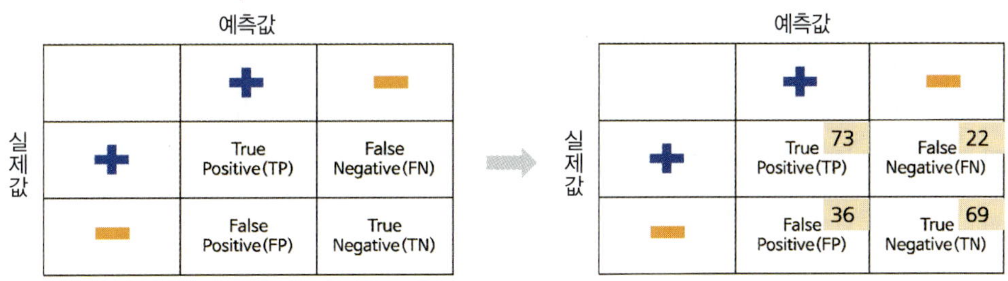

Classification_report를 사용해서 다양한 통계 값을 구할 수 있습니다.

precision, recall, f1-score를 구할 수 있습니다. 0은 부정 리뷰문장에 대한 통계값이며, 1은 긍정적인 리뷰문장에 대한 통계값입니다. 9장(추천 시스템)에서 더 자세히 다루겠습니다.

```
print(classification_report(y_test,y_pred))
```

```
              precision    recall  f1-score   support

           0       0.67      0.77      0.72        95
           1       0.76      0.66      0.70       105

    accuracy                           0.71       200
   macro avg       0.71      0.71      0.71       200
weighted avg       0.72      0.71      0.71       200
```

accuracy_score() 함수를 사용해서 정확도를 구합니다.

```
print('Traning Accuracy --->',accuracy_score(y_train,y_train_pred))
print('Testing Accuracy --->',accuracy_score(y_test,y_pred))
```

```
Traning Accuracy ---> 0.99875
Testing Accuracy ---> 0.71
```

랜덤 포레스트 모델로 만든 훈련(학습)데이터 셋의 정확도는 약 99.9%이고, 테스트 데이터 셋의 정확도는 71%입니다. 훈련 데이터 셋에서는 매우 좋은 성능을 보이나 테스트 데이터 셋에서는 다소 부족한 성능을 보입니다. 훈련 데이터 셋에 오버피팅(overfitting)이 되었음을 알 수 있습니다. 오버피팅(overfitting)이란 '훈련 데이터에 너무 의존적이다(oriented)'라는 뜻입니다. 좋은 모델은 추후 새로운 데이터에 대해서도 좋은 결과를 도출하는 모델입니다. 좋은 모델을 만들기 위해서는 훈련 데이터 셋의 정확도를 조금 손해보더라도 테스트 데이터 셋에서의 정확도를 높이는 것을 추천 드립니다. 혹시 오버피팅이 발생하면 다른 모델(알고리즘)을 적용해 보거나 파라미터 튜닝을 하는 것을 추천 드립니다.

이 책에서는 다른 모델은 다루고 있지 않지만, 다른 모델에 적용해 보는 일은 여러분들께서 직접 도전해 보시면 어떨까요? 의사 결정나무(Decision Tree), SVM(Support Vector Machine), XGBoost(Extreme Gradient Boosting) 등을 시도해 보는 것을 추천 드립니다.

쉬어 가는 이야기

랜덤 포레스트 알고리즘의 대표적인 파리미터

다음의 표는 랜덤 포레스트 알고리즘의 대표적인 파리미터입니다. 더 많은 파라미터들은 싸이킷런 홈페이지(https://scikit-learn.org)에서 확인할 수 있습니다.

파라미터	설명
n_estimators	랜덤 포레스트 안의 트리(나무) 개수 A. n_estimators는 클수록 좋습니다. B. 트리(나무)가 많을수록 더 정확한 분류기준이 나올 수 있습니다. C. 단점은 트리가 많을수록 메모리와 훈련 시간이 증가합니다. D. 디폴트 값은 10입니다.
max_features	트리(나무) 안에 랜덤으로 할당되는 데이터의 최대 개수 A. max_features=30이면 30개의 feature들을 선택해 트리(나무)를 만듭니다. B. bootstrap=True이면 데이터를 복원 추출합니다. bootstrap=True가 디폴트 값입니다. C. max_features 값이 크다면 랜덤 포레스트의 트리(나무)들이 비슷해집니다. 그러나 오버피팅이 생길 수 있습니다. D. max_features 값이 작다면 랜덤 포레스트의 트리(나무)들이 서로 다른 그룹이 됩니다. 따라서 오버피팅이 줄어들 것입니다.
max_depth	트리(나무) 깊이를 의미합니다.
n_samples	데이터를 n_samples 횟수만큼 반복 추출합니다. (샘플이 여러 번 중복 추출될 수 있습니다).

쉬어 가는 야이기

사이킷런의 주요 모듈

분류	모듈명	설명
예제 데이터셋	sklearn.datasets	사이킷런에 내장된 데이터셋
전처리	sklearn.preprocessing	데이터 전처리에 필요한 다양한 기능 제공
	sklearn.feature_selection	모델(알고리즘)을 만들 때 필요한 특징변수들을 선택할 수 있는 다양한 기능을 제공
	sklearn. feature_extraction	텍스트 데이터나 이미지 데이터의 벡터화 기능을 제공
검증	sklearn.model_selection	데이터 분리 및 검증을 통해 최적의 파라미터 추출 기능 제공
평가	sklearn.metrics	머신러닝 모델의 다양한 성능 측정 방법 기능(예: Accuracy, Preicsion, ROC-AUC, RMSE 등)
머신러닝 모델 (알고리즘)	sklearn.ensemble	앙상블 알고리즘을 제공 (랜덤 포레스트(Random Forest), 부스팅 알고리즘(AdaBoost, XGBoost, Gradient Boost 등))
	sklearn.linear_model	선형회귀모델 알고리즘 제공
	sklearn.naive_bayes	나이브 베이즈 알고리즘 제공(가우시안, 다항분포 등)
	sklearn.neighbors	클러스터링(비지도 학습) 알고리즘 중 최근접 이웃 알고리즘 제공
	sklearn.svm	분류 알고리즘 중 서포트 벡터 머신(SVM; Support Vector Machine) 알고리즘 제공
	sklearn.tree	트리 알고리즘 제공
	sklearn.cluster	비지도 학습 알고리즘 제공

CHAPTER 07

비지도학습/ 클러스터링

- 문서 검색
- 문서 유사도 검색을 위한 방법
- 유사한 문서 검색
- 클러스터링 모델
- 클러스터링 프로세스 이해하기

1 문서 검색(Retrieving Document)

이 장에서는 비지도학습인 클러스터링에 대해서 배웁니다. 클러스터링 모델은 유사도를 기준으로 만들어집니다.

인터넷상에는 수많은 기사들이 있습니다. 이때 축구 기사를 골라서 읽고자 하는데 어떻게 찾을까요? 관심이 있는 기사들을 찾기 위해 기사 하나하나 직접 읽어가며 관심이 있는지 없는지 일일이 찾기에는 문서의 양이 너무 많아서 시간과 비용이 너무 많이 필요합니다. 문서를 자동으로 검색해 주는 시스템이 필요합니다. 문서의 유사도를 구해서 자동으로 검색할 수 있는 방법이 필요합니다.

지금 내가 읽고 있는 기사와 비슷한 종류의 기사들을 어떻게 찾을 수 있을까요? 문서 유사도를 구해서 클러스터링(그룹핑)을 해서 찾을 수 있습니다.

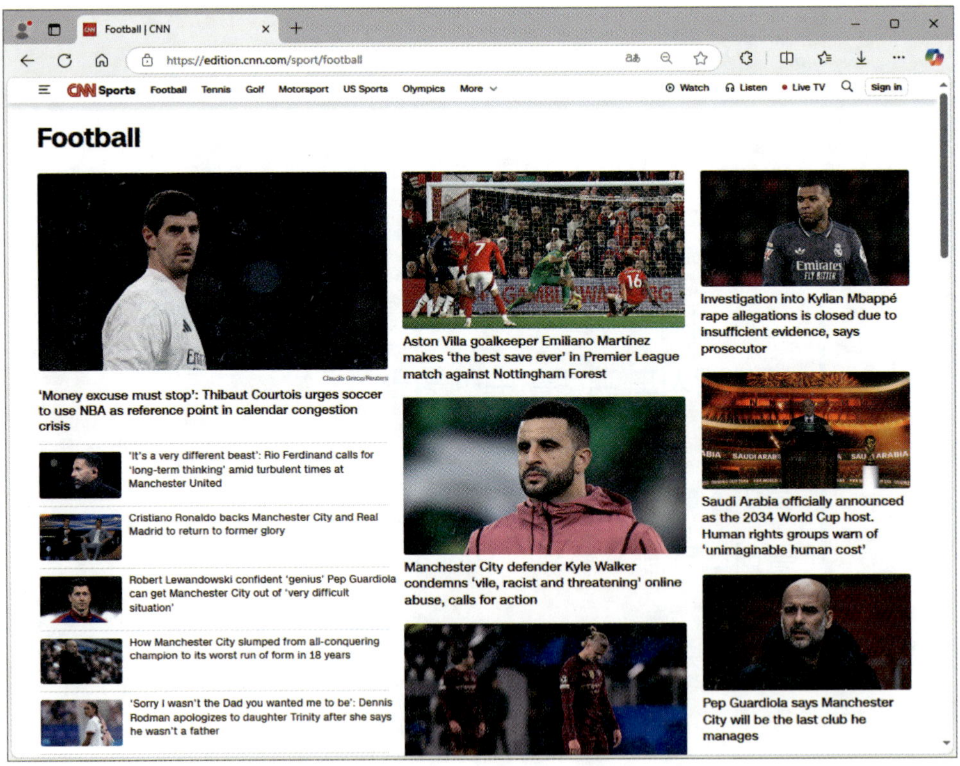

그림 7.1 비슷한 기사 찾기: 축구 기사

(자료: CNN)

2 문서 유사도 검색을 위한 방법론(Measuring Similarity)

2.1 단어 주머니

문서를 표현하는 방법 중 가장 많이 쓰이는 방법이 문서에서 출현하는 단어들의 개수를 고려하는 방법입니다. 단어주머니(Bag-of-words)라고도 하는데, 문서의 모든 단어들을 주머니에 넣습니다. 단어들을 뒤섞은 다음에 단어를 뽑아서 다시 문서를 만듭니다. 순서대로 잘 정리만 하면 정확히 같은 문서를 만들 수 있기 때문입니다.

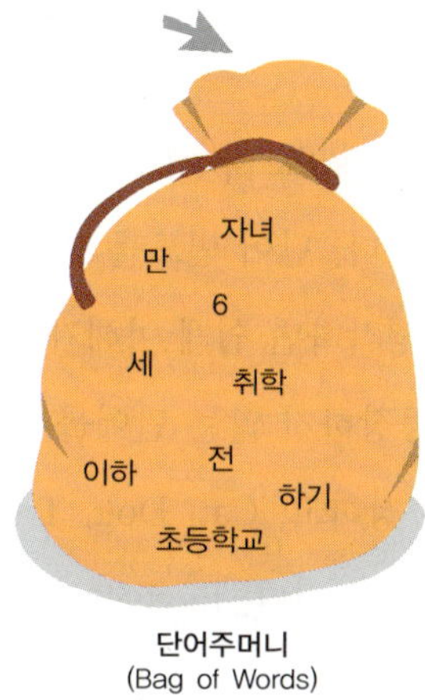

그림 7.2 단어 주머니

이는 퍼즐 박스의 원리와 같습니다. 퍼즐 박스를 사면 박스 안에 퍼즐 조각이 순서와 상관없이 들어 있습니다. 맞추는 순서는 사람마다 다를 수 있지만, 이것을 잘 맞추면 결국 퍼즐의 정답 그림이 됩니다.

그림 7.3 퍼즐 박스의 원리로 보는 단어 주머니

문서에 등장하는 모든 단어의 등장 빈도를 세어 봅니다.

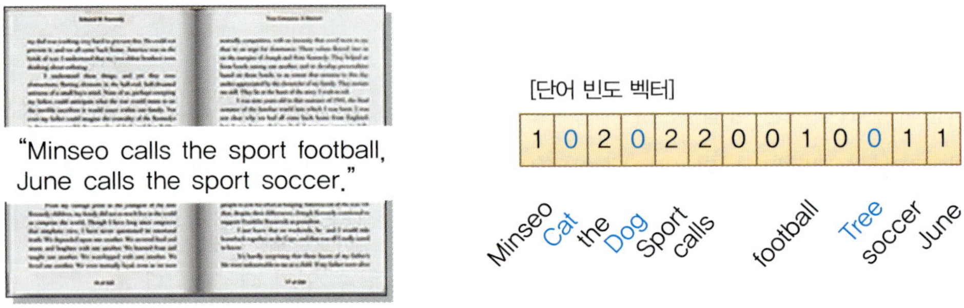

그림 7.4 단어 빈도 벡터

문서는 두 개의 문장("Minseo calls the sport football. June calls the sport soccer.")으로 구성되어 있다고 가정해 봅시다. 단어 빈도를 벡터로 만듭니다.

벡터는 배열 또는 리스트라고 생각하면 쉽게 이해가 될 수 있습니다. 단어 벡터에서 0은 사전에는 있으나, 문서에는 등장하지 않는 단어를 의미합니다. [그림 7.4]를 해석해 보면, Minseo는 문서에서 1번 등장하고, Cat, Dog, Tree는 문서에 등장하지 않습니다. the, Sport, calls는 문서에 2번 등장합니다. football, soccer, June 역시 1번 등장합니다. 문서에 등장하는 단어 수로 벡터를 만들었습니다. 단어 수만으로 문서를 표현하는 방법입니다.

문서의 유사도를 측정하는 법을 알아봅니다.

축구 기사를 읽고 있습니다. 아르헨티나의 축구 선수 메시에 관한 기사입니다. 이 기사를 본 사람에게 어떤 기사를 추천해 주면 좋을까요?

또 다른 축구의 전설 선수 펠레에 관한 기사가 있습니다. 메시의 기사와의 유사도를 측정해 봅시다. 문서 유사도는 두 문서들의 단어 벡터의 스칼라 곱의 합으로 계산합니다. 벡터의 각각의 항을 곱해서 전체를 더합니다. 두 기사들의 단어에 대한 벡터값(빈도 수값)을 각각 곱해서 더합니다. 전체의 합이 두 기사의 유사도가 됩니다. [그림 7.5]에서 보듯이 메시와 펠레의 기사의 유사도는 13입니다.

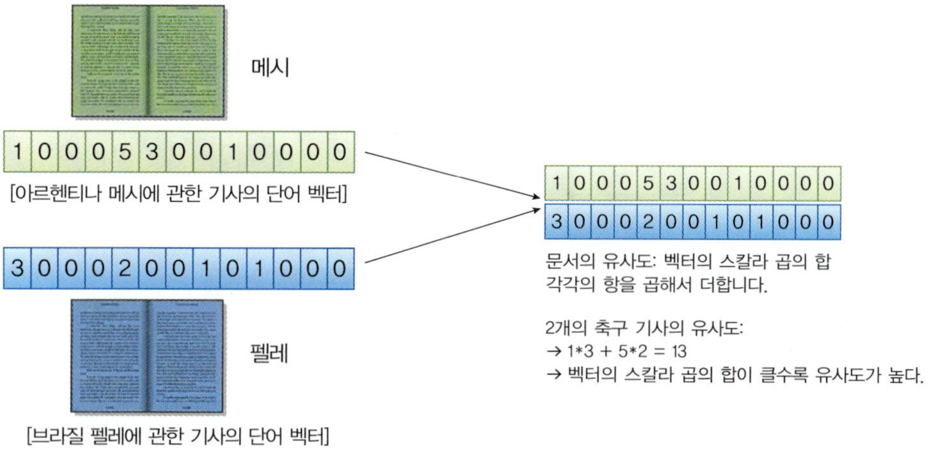

그림 7.5 문서의 유사도 측정하는 방법: 2개의 축구 기사들의 유사도

이제 메시 기사와 아프리카 분쟁 기사의 유사도를 측정해 보겠습니다. 기사에 등장하는 단어들의 빈도수를 구하고 각 단어들의 빈도수를 곱한 후 더하면 스칼라 곱의 합이 0이 됩니다. 두 기사의 유사도는 0입니다.

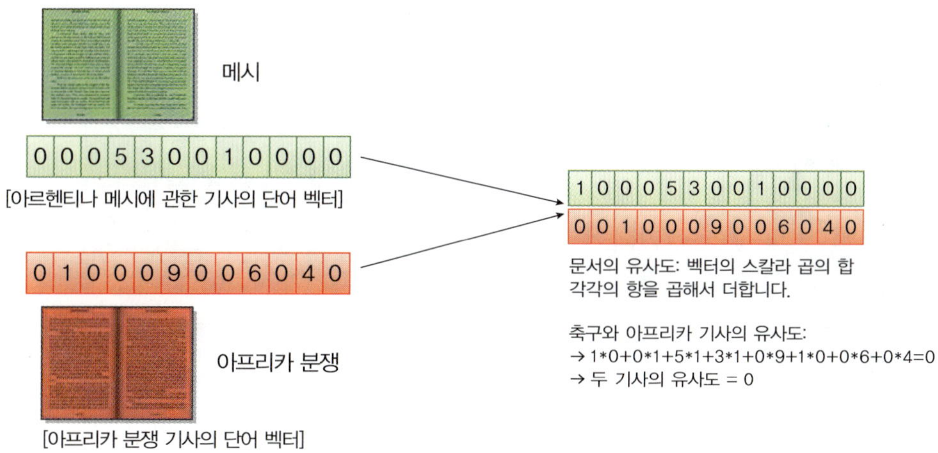

그림 7.6 축구 기사와 아프리카 분쟁 기사의 유사도

이제 유사도를 비교해 봅시다. 메시와 펠레의 기사의 스칼라 곱의 합은 13이고, 메시와 아프리카 분쟁 기사의 스칼라 곱의 합은 0입니다. 스칼라 곱의 합이 클수록 문서의 유사도가 높습니다. 따라서 메시와 펠레의 기사 유사도가 더 높습니다.

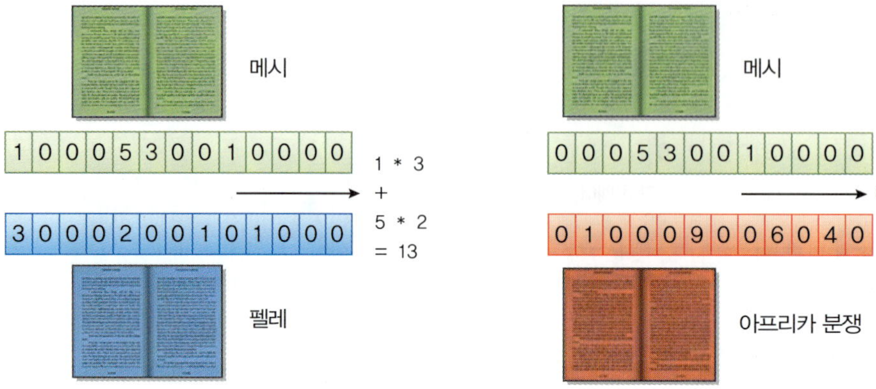

그림 7.7 유사도 비교

문서의 길이를 두배로 늘려 봅시다.

문서의 길이가 2배가 되면 단어 벡터의 길이도 2배로 늘어납니다. 단어 벡터 길이가 2배로 늘어나면, 각 단어의 스칼라의 곱도 거의 2배로 늘어납니다. 유사도가 2배 또는 그 이상으로 커집니다. [그림 7.8]을 보면, 문서의 길이가 늘어남에 따라 유사도가 13에서 52로 늘어납니다.

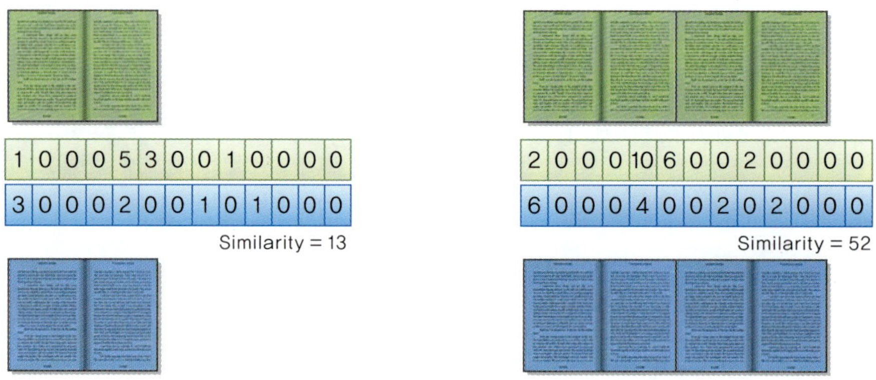

그림 7.8 길이가 변함에 따른 유사도 변화

실제로는 두 문서는 유사도가 같을 것입니다. 문서 길이가 2배로 늘어났을 뿐입니다. 그런데 문서의 길이가 길어지니 유사도가 커졌습니다. 이상하죠? 결과가 편향된 것입니다. 이러한 문제는 어떻게 극복해야 될까요?

단어 벡터의 정규화가 필요합니다.

단어 벡터를 정규화하면 문서의 길이와 관계없이 문서의 유사도를 동등하게 비교할 수 있습니다. 문서의 길이를 동등하게 만드는 것입니다. 단어 수 벡터의 표준(Norm)을 계산합니다. Norm은 모든 항을 제곱해서 더한 다음 다시 제곱근을 씌워준 값으로 이 값을 분모로 하여 스칼라 곱의 합을 나누어 주는 것입니다. [그림 7.9]가 잘 보여줍니다. Norm으로 구한 값 6이 분모가 되어서 스칼라 곱의 합을 6으로 나누어 줍니다.

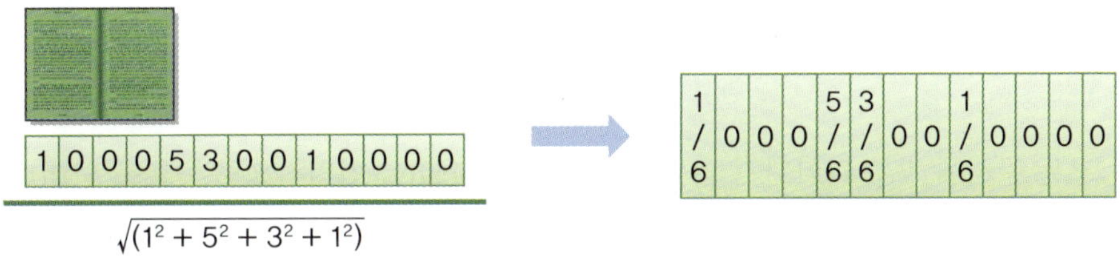

그림 7.9 단어 수 벡터의 정규화

TF-IDF(Term Frequency-Inverse Document Frequency)

지금까지 단어의 빈도수를 바탕으로 문서의 유사도를 살펴보았습니다. 이제 조금 더 나아가서 주요 단어에 가중치를 부여해 봅시다. 주요 단어를 논하기 전에 거꾸로 희소 단어부터 생각해 봅시다.

앞의 아르헨티나 축구 선수 메시의 기사를 다시 예제로 살펴보겠습니다. 기사에 선수(player), 경기장(field), 골(goal)과 같은 단어가 많이 등장합니다. 많이 등장하는 단어를 상용어라고 합니다.

지금부터 문서 검색에서 비교 대상이 되는 단어들을 모아 놓은 것을 말뭉치라고 표현하겠습니다. 말뭉치를 활용해서 문서들을 비교할 때 문서에 자주 나타나는 상용어들이 문서의 유사도를 좌우하게 됩니다.

반면, 희소 단어들이지만 중요한 단어들도 있습니다. 축구(football), Messi(메시)는 중요한 단어임에도 불구하고 상용어들에 의해 묻혀버릴 수 있습니다. 우리는 문서를 검색할 때 희소 단어지만 반드시 고려해야 단어들을 살펴보고, 이 단어들의 중요도를 높여야 합니다. 가중치를 부여해서 강조해야 합니다. 반대로 상용어이지만 조사(is, a, the)들은 중요하지 않으므로 중요도를 낮춰야 합니다. 모든 문서에 포함되어 있는 단어로 자연어 처리에서는 'stopwords'에 속할 것입니다.

이제 주요 단어들만 강조하고 싶습니다. 어떤 단어들을 강조해야 할까요? 희소 단어라고 무조건 주요 단어일까요? 희소 단어지만 주요 단어가 아닐 수 있습니다. 희소 단어이지만 해당 문서에서는 자주 나타나고 의미 있는 단어가 주요 단어입니다. 이런 단어들에 대한 가중치를 높여서 특정 문서에서 주요 단어로 강조합니다.

주요 단어 정리하기

- 특정 문서에 자주 나타납니다(Common Locally: 특정 문서에서는 상용어).

↑ Trade off ↓

- 모든 문서에 자주 나타나지 않습니다(Rare Globally: 전역적으로는 희소 단어). 조사(is, a, the)처럼 모든 문서에 자주 나타나면 안 된다.

특정 문서에는 자주 나타나고 모든 문서(전역적으로는)에는 자주 나타나지 않는(희소 단어) 단어를 찾는 방법 중 대표적인 방법이 TF-IDF(Term Frequency-Inverse Document Frequency) 입니다. 우리말로는 단어 빈도-역문서 빈도라고 합니다.

- **단어 빈도**(Term Frequency)는 지금 읽고 있는 문서의 단어들 수를 셉니다. 단어 수 벡터를 의미합니다.

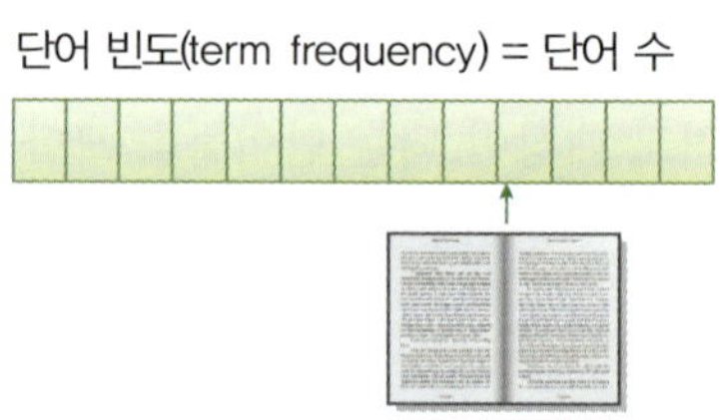

그림 7.10 단어 빈도(Term Frequency)

- **역문서 빈도**(Inverse Document Frequency)는 자주 나타나지만 의미 없는 단어들의 개수 벡터의 가중치를 낮춥니다. 모든 문서의 수를 해당 말뭉치가 나타나는 모든 문서의 개수 +1로 나눕니다.

역문서 빈도(inversed document frequency) = log(모든 단어 개수/1 + 말뭉치가 포함된 문서 개수)

$$= \log \frac{\text{모든 문서의 개수}}{1 + \text{말뭉치가 포함된 문서의 개수}}$$

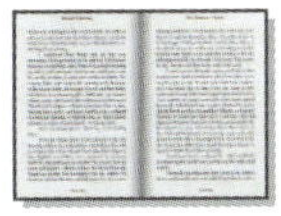

그림 7.11 역문서 빈도(Inverse Document Frequency)

무슨 일이 일어날까요? 단어 주머니의 정규화를 위해서 단어의 개수를 각 단어의 수를 제곱해서 더한 후, 루트를 씌운 후 나누어 주었던 개념과 비슷합니다.

역문서 빈도(IDF)에서 $\log \frac{\text{모든 문서의 개수}}{1+\text{말뭉치가 포함된 문서의 개수}}$ 수식을 이해해 봅시다. 큰 숫자(모든 문서의 개수)를 다른 큰 숫자(말뭉치가 포함된 문서의 개수)에 1을 더한 수로 나눈 후, 로그를 씌우면 대략적으로 log 1이 됩니다. log 1은 0입니다.

모든 문서에 나타나는 조사(is, a, the)와 같은 단어들은 엄청난 빈도수를 가지지만 역문서 빈도(IDF)는 거의 0에 가깝습니다. 단어의 중요도인 가중치가 줄어듭니다. 이제 우리가 원하는 방향으로 가중치를 조절해 줍니다.

반대로 희소 단어가 있습니다. 역문서 빈도를 계산해 봅시다. 큰 숫자(모든 문서의 개수)를 작은 숫자(희소 단어가 포함된 문서의 개수) +1로 나누어 주면 큰 숫자일 것입니다. 즉, "log 큰 숫자" 입니다. 역문서 빈도(IDF)는 0이거나 작은 숫자가 아니라 큰 숫자입니다.

분모에 1을 더해주는 이유

- 분모에 1을 더해주는 이유는 간단합니다. 혹시라도 말뭉치가 포함된 문서의 개수가 0이 되면 분모가 0이 되어 분수가 성립되지 않기 때문에 분모가 0이 되는 것을 방지하기 위해 1을 더하는 것입니다.

축구 기사를 예제로 TF-IDF를 배워봅시다.

두 개의 단어를 사용해 보겠습니다. 모든 문서에서 빈도수가 높은 the와 특정 문서에는 많이 나오지만 모든 문서에서의 빈도수는 작은 messi 단어를 사용하겠습니다.

단어 빈도를 세어 봅니다. the라는 단어는 축구 기사에서 대략 1,000번 등장하고 messi라는 단어는 5번 등장한다고 가정해 봅시다.

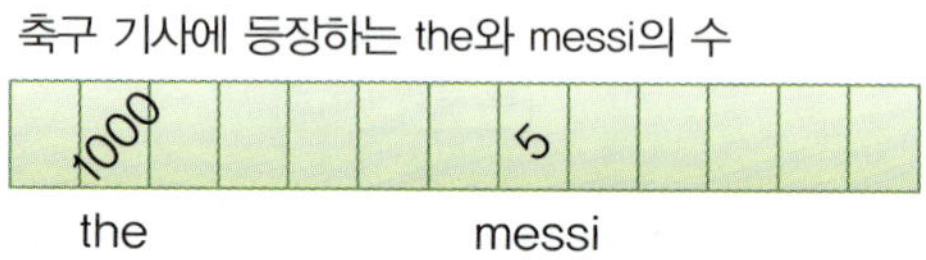

그림 7.12 축구 기사의 예: the와 messi의 단어 빈도 벡터

이제 역문서 빈도를 계산합니다. the는 모든 문서에 등장한다고 가정해 봅시다. The가 포함된 문서의 개수에서 하나의 문서를 뺀 값으로 계산해도 역문서 빈도값에 크게 지장을 주지 않을 것입니다. 계산을 쉽게 하기 위해서 1개의 문서를 뺀 숫자로 계산해 보겠습니다. 모든 문서의 수를 64개라고 가정하면, $\log\frac{64}{1+63} = \log 1 = 0$으로 역문서 빈도는 0이 됩니다. messi 단어는 3개의 문서에 등장한다고 가정합니다. 역문서 빈도를 계산하면, $\log\frac{64}{1+3} = \log 16 = 4$가 됩니다.

그림 7.13 축구 기사의 예: the와 messi의 역문서 빈도 벡터

TF-IDF는 TF(단어 빈도) 벡터와 IDF(역문서 빈도) 벡터의 스칼라 곱의 합으로 구합니다. [그림 7.12]와 [그림 7.13]의 값을 서로 곱해서 더해 줍니다. the는 1000*0=0이 되고, messi 단어는 축구 기사에서는 자주 등장하지만, 전체 문서에서는 희소 단어이기에 가중치가 5*4=20으로 올라갑니다. 축구 기사에서 중요한 messi의 가중치는 올라가고, 모든 문서에서 흔하게 등장하는 the의 가중치는 줄어듭니다. 주요 단어를 강조할 수 있습니다.

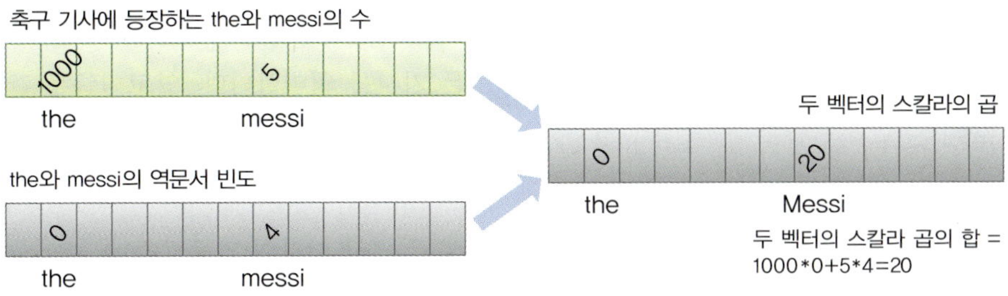

그림 7.14 축구 기사의 예: the와 messi의 역문서 빈도

3 유사한 문서 검색하기(Retrieving Similar Document)

지금까지 문서에서 단어의 벡터화를 통해 문서를 표현하는 방법과 문서 간의 유사도를 측정하는 방법을 배웠습니다. 이제는 문서를 검색하는 방법을 배워 보겠습니다.

지금 읽고 있는 기사가 재미있어서 비슷한 기사를 더 읽어 보고 싶습니다. 비슷한 기사를 검색해 주는 방법의 대표적인 방법으로 "최근접 이웃 접근(Nearest Neighbor Search)"이 있습니다.

먼저 1–Nearest Neighbor Search입니다. 이전에 읽었던 기사와 가장 비슷한 기사 1개를 검색해 주는 방법입니다. 이 방법은 말뭉치로 비교합니다. 우리가 읽고 있는 현재 기사의 말뭉치와 모든 문서의 말뭉치를 비교합니다.

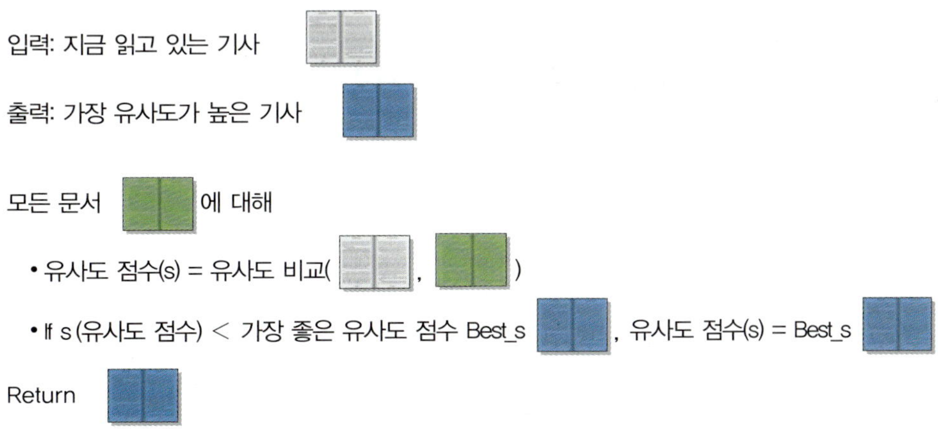

그림 7.15 1–Nearest Neighbor Search

현재 읽고 있는 기사를 회색으로 표시하고, 현재 읽고 있는 기사와 가장 유사도가 높은 기사를 파랑색으로 표현합니다. 초록색은 모든 기사를 의미합니다. 알고리즘은 간단합니다.

1. 현재 읽고 있는 기사의 말뭉치를 검색해서 모든 기사 각각의 말뭉치와 비교합니다.
2. 유사도 계산합니다.
3. 모든 기사에 대해서 반복으로 수행하면서 현재 읽고 있는 기사와 유사도가 가장 높은 기사를 선택합니다.
4. 해당 기사를 사용자에게 추천합니다.

이제 알고리즘을 변형해 보겠습니다. k개의 최근접 이웃 검색(K–Nearest Neighbor Search)입니다. 지금 읽고 있는 기사와 유사한 k개의 기사들을 보여줍니다. 가장 유사도가 높은 기사들을 검색하는 취지는 동일합니다. 검색된 기사 개수만 다르며, k개를 검색합니다.

그림 7.16 k–Nearest Neighbor Search

4 클러스터링 모델(Clustering Models)

앞에서 본 방법은 모든 기사를 훑어보고 지금 읽고 있는 기사와 유사한 기사를 찾았습니다.

지금부터는 문서별로 클러스터링하는 방법에서 대해서 살펴보겠습니다. 예를 들어, 스포츠, 국제뉴스, 연예, 과학 등의 기사들이 있을 때 해당 기사들의 말뭉치를 구조화해 두면, 스포츠 기사를 읽고 있을 때, 전체 말뭉치에서 재빨리 스포츠 기사만을 검색할 수 있습니다. 그러나 해당 방법의 어려운 점은 기사들에 라벨이 달려있지 않다는 것입니다.

우리의 목표는 이렇게 라벨이 달려있지 않은 기사들을 적절하게 그룹화/클러스터화 하는 것입니다.

우선 기사들에 라벨이 주어진다고 가정해 봅시다. 누군가가 기사에 라벨을 붙였습니다. 스포츠, 국제뉴스, 연예, 과학 기사들이라고 가정해 봅시다. 라벨이 붙은 기사들을 클러스터로 묶으면 다중 클래스 분류가 됩니다. 만약 라벨링된 데이터가 있고, 이것을

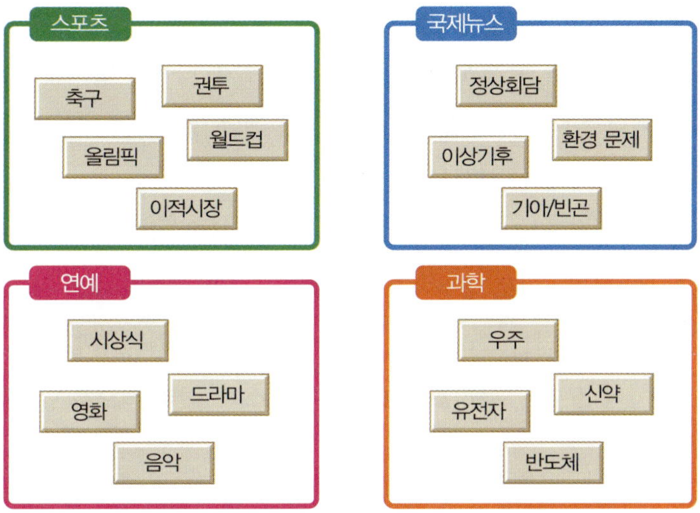

그림 7.17 라벨링된 데이터의 예

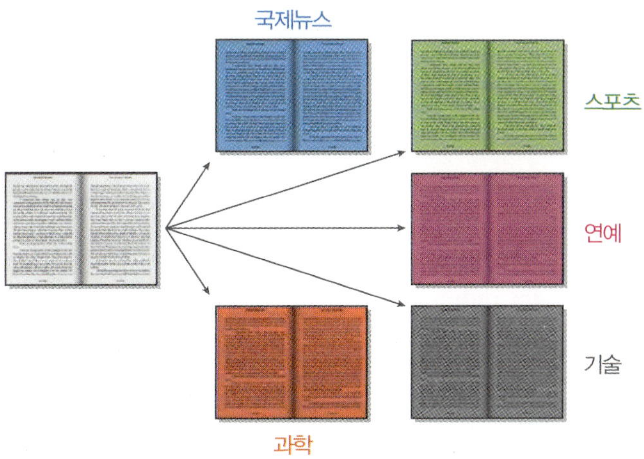

그림 7.18 다중 클래스 문제: 지도학습

기반으로 다른 새로운 기사가 어디에 속하는지 분류하려고 한다면 다중 클래스 문제가 발생합니다. 이는 5장에서의 지도학습/분류 모델로 풀 수 있습니다.

문서 그룹핑(클러스터링): 비지도학습(Unsupervised Learning)

우리가 가지고 있는 기사들의 대부분이 라벨링이 되어 있지 않다고 생각해봅시다. 기사들에 라벨링이 없습니다. 어떻게 클러스터를 만들 수 있을까요?

입력은 단어 빈도수 벡터입니다. 단어가 두 개 밖에 없다고 가정해 봅시다. 한 개의 축은 단어1, 다른 한 개의 축은 단어2입니다. 물론 실제 기사들 안에는 수많은 단어들이 있어 고차원 벡터를 다루어야 됩니다. 여기서는 개념 이해를 위해서 간단하게 2차원 공간에서 단어 2개에 대해서 살펴보겠습니다.

[그림 7.19]에서 왼쪽이 클러스터링 알고리즘 적용 전의 입력 데이터이고, 오른쪽이 출력입니다. 3개의 클러스터로 나누어집니다. 파랑, 노랑, 초록 3개의 클러스터로 나누어집니다. 각각을 클러스터1, 클러스터2, 클러스터 3으로 라벨을 붙입니다. [그림 7.17]에서는 클러스터 1이 스포츠, 클러스터 2가 국제 뉴스 … 이런 식으로 할당됩니다.

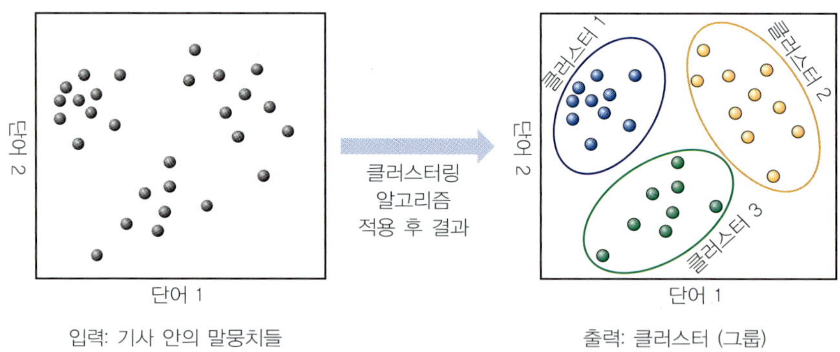

그림 7.19 클러스터링 알고리즘의 예

클러스터링은 비지도학습(Unsupervised Learning)입니다. 데이터에 라벨이 없고 기사들이 미리 분류되어 있지 않고, 가이드가 없습니다. 입력 데이터의 말뭉치의 빈도수만 있습니다. 그렇다면 클러스터의 범위 설정을 어떻게 할까요? [그림 7.20]을 살펴봅시다.

- 모든 클러스터는 클러스터 중심을 기준으로 합니다. 클러스터 중심을 ★로 표시합니다. 타원이 각 클러스터 형태를 나타냅니다.
- 주황색 샘플(기사)은 파랑 클러스터에 속해야 되는지 노랑 클러스터에 속해야 되는지 확실하지 않습니다. 이 기사가 어느 클러스터에 속해야 하는지, 파랑 클러스터 중심과 노랑 클러스터의 중심과의 유사도를 구한 후, 그 값을 기반으로 클러스터를 선택합니다.
- 유사도는 중심과의 거리를 통해서 구합니다. 중심과의 거리가 유사도 점수입니다. 중심과의 거리 값이 작을수록 해당 클러스터와의 유사도가 높습니다. 주황 샘플(기사)은 파랑 클러스터에 속해야 합니다. 파랑 클러스터 중심과의 거리가 주황 클러스터 중심과의 거리보다 짧습니다.

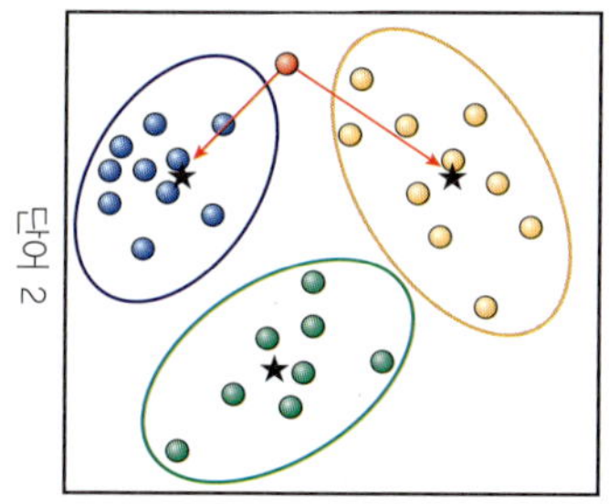

그림 7.20 클러스터링 기준 설정 및 유사도

클러스터링 알고리즘: K-means

클러스터 중심과의 거리를 기준으로 클러스터를 만드는 대표적인 알고리즘으로 K-means알고리즘이 있습니다. K-means 알고리즘을 살펴보겠습니다. K-means 알고리즘은 문자 그대로 K개의 그룹(클러스터)을 설정하고, 데이터들과 K개의 클러스터 중심점과의 거리의 합의 평균을 이용하는 알고리즘입니다.

K-means 알고리즘은 K개의 클러스터가 있다는 가정에서부터 시작합니다. 클러스터의 수를 미리 지정합니다. 즉, K는 사용자가 지정할 수 있습니다. K개의 클러스터가 있고 각 샘플(데이터)을 K개의 클러스터로 할당할 때 K개의 중심점과의 거리의 평균을 구합니다. 중심점과의 거리를 점점 작게 만드는 과정을 통해 클러스터링을 최적화합니다.

K를 3으로 설정해 보겠습니다. 3개의 클러스터를 만듭니다. 3-means 알고리즘으로 최적의 클러스터를 만들어 보겠습니다([그림 7.21] 참고).

1. 첫 단계는 무작위로 클러스터의 중심을 설정합니다. 빨강, 초록, 파랑 원의 위치를 임의로 설정합니다.
2. 두 번째 단계는 모든 샘플(데이터)들을 중심(빨강, 초록, 파랑 원)점들 과의 거리를 구합니다. 가장 가까운 클러스터에 할당합니다. 모든 데이터들이 3개의 클러스터들 중 한 곳에 할당됩니다.
3. 세 번째 단계는 1번과 2번을 반복 수행하면서, 중심과의 거리가 최소화되도록 클러스터 중심을 옮깁니다. 초기에는 빨강 클러스터에 샘플 2개만 할당되었으나, 중심과의 거리를 구하고 이를 반복할수록 중심이 옮겨지게 됩니다. [그림 7.21]을 보면, 빨강 클러스터에 샘플 3개가 할당됨을 알 수 있습니다.
4. 네 번째 단계는 2~3단계를 반복합니다. 더 이상 샘플들과 중심까지의 거리가 작아지지 않을 때까지 반복합니다. 즉, 더는 중심(원)이 이동하지 않을 때까지 반복합니다.

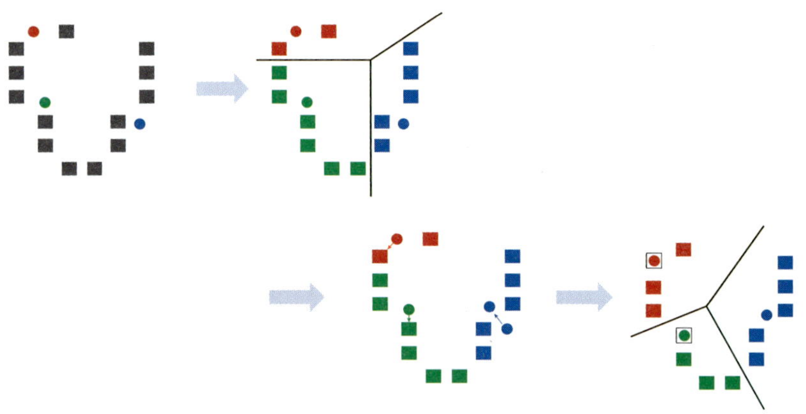

그림 7.21 K-means 알고리즘

클러스터링 알고리즘의 예제

클러스터링은 다양한 분야에서 사용되고 있습니다. 첫 번째는 이미지 검색입니다. 구글에서 바다, 노을, 하늘, 노랑 꽃, 파란 자동차를 입력하면 각각의 카테고리 별로 유사도가 높은 이미지들을 보여줍니다. 클러스터링은 구조적 검색에 활용될 수 있습니다.

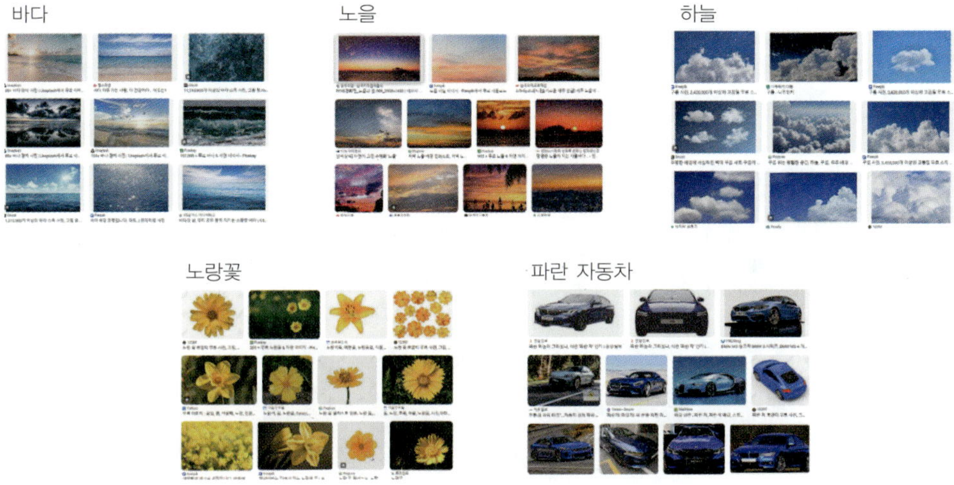

그림 7.22 클러스터링의 예: 이미지 그룹핑

클러스터링은 환자의 진단에도 사용될 수 있습니다. 환자 CT 사진들은 비슷한 사진들이지만 미묘하게 차이가 있습니다. 이 차이를 잘 구분해서 치료해야 됩니다. 클러스터링은 이런 미묘한 차이를 잘 구분해서 환자 상태를 그룹핑(클러스터링)할 수 있습니다([그림 7.23] 참고).

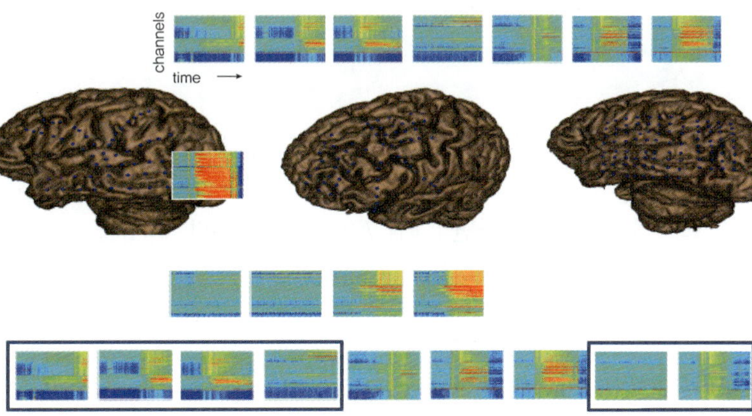

그림 7.23 클러스터링의 예: 환자 뇌 사진

또 다른 예로는 상품의 구조적 검색에 쓸 수 있습니다. 온라인 쇼핑몰 및 오프라인 백화점 등에 방문해 보면, 페이지 별로 또는 층 별로 카테고리를 나누어 전시 및 판매합니다. [그림 7.24]는 아기 침대를 검색하니 이미 구조적으로 카테고리화되어 검색되었습니다.

그림 7.24 클러스터링의 예: 상품 검색(아기 침대)

이 외에도 클러스터링(그룹핑)은 정보의 정리에서 사용됩니다. 정보를 구조적으로 정리합니다. 클러스터링(그룹핑)은 다양한 영역에서 사용될 수 있습니다.

5 클러스터링 프로세스 이해하기(Summary of Clustering)

클러스터링 프로세스를 도식화하면 [그림 7.25]와 같습니다. 쇼핑몰 고객 클러스터를 만들어 봅니다. 훈련(학습) 데이터로 쇼핑몰 고객 데이터가 입력으로 들어오면 전처리를 통해 데이터의 특징을 추출하고(독립 변수를 추출하고), 클러스터링 모델에 반복 적용합니다. 중심까지의 거리를 측정하는 K-mean 알고리즘을 사용합니다. 클러스터의 중심과 쇼핑몰 고객 데이터의 거리를 측정하여 거리가 더 이상 줄어들지 않는 수렴 상태가 최적의 클러스터가 됩니다. 중심까지의 거리가 평가의 지표가 됩니다.

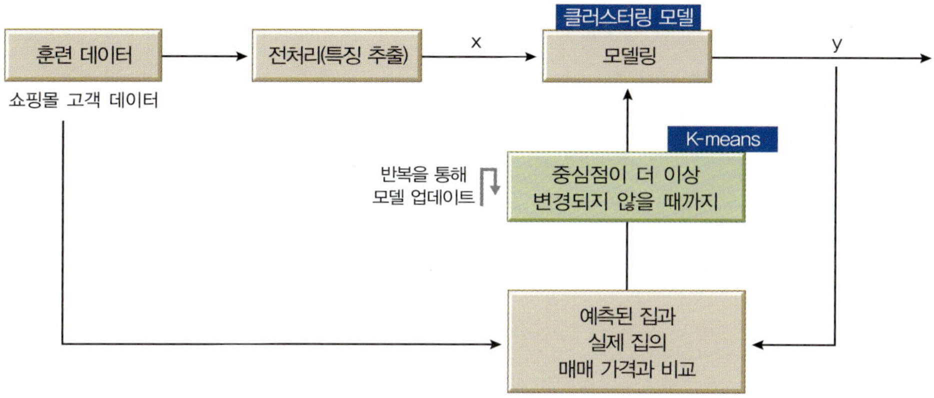

그림 7.25 클러스터링(k-means) 알고리즘 프로세스(쇼핑몰 고객 그룹핑)

다음 장에서는 python으로 쇼핑몰 고객 데이터를 사용해서 직접 클러스터를 만들어 보겠습니다.

CHAPTER 08

비지도학습/클러스터링 실습 : 쇼핑몰 고객 그룹핑하기

- 문제 정의하기
- 라이브러리 불러오기
- 데이터 수집하기
- 데이터 탐색하기
- 전처리하기
- 모델링하기

캐글(www.kaggle.com)에서 쇼핑몰 고객 데이터를 가져옵니다. 고객들을 비지도 학습(클러스터링/그룹핑)으로 분석하여 마케팅 정책을 수립하려 합니다. 고객들의 수입과 소비패턴에 따라 마케팅 정책을 다르게 만들 수 있습니다. Jupyter Lab/Notebook 또는 google colab을 기반으로 소스코드를 만들어 보겠습니다. 직접 새로운 .ipynb 파일을 만들어서 따라가는 것을 권장합니다 (Book_Chapter8_CumstemrSegmentation_Clustering.ipynb 파일 참조). 머신러닝 기반의 프로젝트를 수행할 시 아래의 순서대로 진행하면 대부분의 문제들이 쉽게 풀릴 수 있습니다.

1) 문제 정의하기(Problem Define)
2) 라이브러리 불러오기(Libraries Setting)
3) 데이터 수집하기(Data Collection)
4) 데이터 탐색하기(Data Exploration)
5) 전처리하기(Preprocessing)
    5.1. 특징추출(Feature Extraction)
6) 모델링하기(Modeling)
    6.1. 최적의 K 찾기(Finding out Optimal K)
    6.2. K에 대한 시각화(Visualization for K)
    6.3. K-means 알고리즘 만들기(Building K-means Algorithm)
    6.4. 클러스터 시각화(Visualizing Clusters)

1 문제 정의하기

먼저 풀고자 하는 문제를 정의합니다. 머신러닝 문제는 y=f(x)에 대해서 명확히 정의하면 의외로 쉽게 풀릴 수 있습니다.

쇼핑몰 고객 그룹핑 문제에 대해 y=f(x)를 정의해 봅시다. y는 마케팅 정책을 반영할 그룹들, x는 고객들의 특징들입니다.

2 라이브러리 불러오기

파이썬에서 제공하는 머신러닝과 관련된 라이브러리들을 가져와서 사용합니다. 6장에서 사용했던 라이브러리들을 그대로 똑같이 불러옵니다. 클러스터링 모델을 만들기 위해 "**from** sklearn.cluster **import** KMeans"만 추가됩니다.

```
import numpy as np ### Comprehensive Mathematical Functions
import pandas as pd ### Data Processing and Database
import matplotlib.pyplot as plt ### Visualization
import seaborn as sns ### Visualization
from sklearn.cluster import KMeans ### Clusteirng Model Library
```

3 데이터 수집하기

이제 쇼핑몰 고객 데이터(Mall_Customers.csv)를 읽어옵니다. 수집된 데이터는 쉼표(comma, ',')로 구분된 200명의 쇼핑몰 고객 데이터입니다.

pd는 판다스 라이브러리를 의미하는 축약어입니다. pd.read_csv함수를 이용해서 csv 포맷 파일을 읽어옵니다. pd.read_csv 함수를 이용해서 데이터를 파이썬으로 불러오면 테이블 형태로 dataset 변수에 저장됩니다.

```
### 데이터 셋을 가져옵니다.
dataset = pd.read_csv('./data/Mall_Customers.csv')
```

수집한 데이터가 잘 저장되었는지 dataset.head(3)을 통해 확인합니다. head는 데이터의 제일 윗부분부터 확인한다는 의미입니다. 괄호 안에 숫자를 입력하면 입력한 숫자만큼의 행을 보여줍니다. 숫자를 입력하지 않으면 5개의 행을 디폴트 값으로 보여줍니다.

```
### 데이터셋을 불러와서 첫 세 줄을 출력하여 데이터의 구성을 살펴봅니다.
dataset.head(3)
```

	CustomerID	Gender	Age	Annual Income (k$)	Spending Score (1-100)
0	1	Male	19	15	39
1	2	Male	21	15	81
2	3	Female	20	16	6

4 데이터 탐색하기

데이터에 대한 이해도가 높을수록 분석의 정확도를 높일 수 있고, 데이터 분석의 정확도 향상은 곧 모델링의 성능 향상을 가져옵니다. 데이터에 대한 정확한 이해를 위해 다양한 방법으로 데이터를 탐색합니다.

데이터의 각 변수들의 기본 정보를 파악합니다.

우선 데이터 셋의 구조를 파악합니다. shape 함수를 사용해서 살펴볼 수 있습니다. (행, 열)를 출력해 주기 때문에 데이터의 개수와 변수의 개수를 알 수 있습니다. 행은 데이터의 개수를 의미하며, 열은 변수의 개수를 의미합니다.

```
### [데이터 셋 구조]:
### 200개의 레스토랑 리뷰를 가져옵니다.
### 파일안에는 5개의 열(컬럼)들이 있습니다.
dataset.shape
```

```
(200, 5)
```

해석 200명의 고객들의 데이터가 있습니다. 소득과 소비패턴 등 특징 셋 5개로 이루어져 있습니다.

데이터의 결측치를 살펴봅니다.

결측치는 데이터에 값이 존재하지 않는 것을 의미합니다. 숫자 0의 의미가 아닙니다. 값(데이터)이 존재하지 않는 것을 의미합니다.

만약, 결측치가 있다면 결측치를 다른 값으로 대체하거나 제외한 후 모델링을 진행하는 것이 좋습니다. 결측치를 포함하는 변수를 그대로 모델링에 포함시킬 경우, 해당 변수로 인해서 모델링 결과에 편향이 발생할 수 있습니다. 결측치 처리 방법에는 여러 가지가 있지만, 저자는 데이터 양이 많이 부족하지 않다면, 결측치를 제외하는 것을 추천 드립니다.

먼저 isnull 함수를 이용해서 결측치의 유무를 확인합니다. '결측치(null)가 있는지(is)'를 살펴보는 함수입니다. sum 함수를 사용하여 결측치의 개수를 세어 봅니다.

다행히도 Mall_Customers.csv 데이터 안에는 결측치가 존재하지 않습니다. 바로 모델링을 진행해도 괜찮습니다.

```
### [결측치] : 비어있는 데이터를 찾습니다.
### 여기서는 어떤 컬럼(변수, 특성, x)에 결측치가 있는지 확인합니다.
dataset.isnull().sum()
```

```
CustomerID                0
Gender                    0
Age                       0
Annual Income (k$)        0
Spending Score (1-100)    0
dtype: int64
```

각 변수(데이터)의 타입을 확인합니다.

변수 타입은 dataset.info 함수를 통해 확인할 수 있습니다. int64는 소수점이 없는 정수형이고, object는 문자형, 즉 텍스트를 의미합니다.

```
### [데이터 (변수) 타입]을 확인합니다.
dataset.info()
```

```
<class 'pandas.core.frame.DataFrame'>
RangeIndex: 200 entries, 0 to 199
Data columns (total 5 columns):
 #   Column                  Non-Null Count  Dtype
---  ------                  --------------  -----
 0   CustomerID              200 non-null    int64
 1   Gender                  200 non-null    object
 2   Age                     200 non-null    int64
 3   Annual Income (k$)      200 non-null    int64
 4   Spending Score (1-100)  200 non-null    int64
dtypes: int64(4), object(1)
memory usage: 7.9+ KB
```

해석 Mall_Customers.csv 데이터는 남녀를 나타내는 고객의 성별(object)을 제외하고는 모두 숫자형(int64(정수형))입니다.

기본 통계를 구합니다.

dataset.describe() 함수는 데이터에 대한 각종 통계량을 요약해서 출력해 줍니다. 숫자형 변수에 대해서만 통계를 구할 수 있습니다.

```
### [통계]를 확인합니다.
dataset.describe()
```

	CustomerID	Age	Annual Income (k$)	Spending Score (1-100)
count	200.000000	200.000000	200.000000	200.000000
mean	100.500000	38.850000	60.560000	50.200000
std	57.879185	13.969007	26.264721	25.823522
min	1.000000	18.000000	15.000000	1.000000
25%	50.750000	28.750000	41.500000	34.750000
50%	100.500000	36.000000	61.500000	50.000000
75%	150.250000	49.000000	78.000000	73.000000
max	200.000000	70.000000	137.000000	99.000000

5 전처리하기

전처리 과정은 모델링에서 가장 중요한 부분입니다. 전처리가 제대로 되지 않으면 모델에 입력되는 데이터에 오류가 발생하여 제대로 된 예측 모델링을 진행할 수 없습니다. 따라서, 모델링에 앞서 데이터 전처리 과정을 거쳐야 합니다.

5.1 특징 추출(Feature Extraction)

데이터의 변수들 중에서 고객 분석 모델링에 필요한 변수들만 추출합니다.

Mall_Customers.csv 데이터는 정답지(라벨링)가 없는 데이터 셋입니다. 클러스터링 모델을 수행하기 위해 모델링 시 필요한 변수들을 추출합니다. 변수는 다른 말로 특성, 속성, 컬럼, x, 독립 변수, 설명 변수라고도 표현할 수 있습니다.

head 함수를 이용하여 데이터의 기본 정보를 다시 확인합니다. Mall_Customers.csv

는 아래와 같이 5개의 컬럼으로 구성되어 있습니다.

```
dataset.head()
```

	CustomerID	Gender	Age	Annual Income (k$)	Spending Score (1-100)
0	1	Male	19	15	39
1	2	Male	21	15	81
2	3	Female	20	16	6
3	4	Female	23	16	77
4	5	Female	31	17	40

모델링 시 'Annual Income' 과 'Spending Score' 만 사용합니다. 두 개의 컬럼만 추출합니다. 두 가지 방법(loc, iloc)으로 추출할 수 있습니다.

- loc
  - 데이터프레임의 행이나 열을 레이블(label)로 접근합니다.
  - location의 약어로, 인간이 읽을 수 있는 레이블(label) 값으로 데이터에 접근합니다.
- iloc
  - 데이터프레임의 행이나 열에 인덱스 값으로 접근합니다.
  - integer location의 약어로, 컴퓨터가 읽을 수 있는 인덱스 값으로 데이터에 접근합니다.

loc 함수를 사용하여 추출하는 방법입니다.

```
XX = dataset.loc[:, ["Annual Income (k$)", "Spending Score (1-100)"]]
```

```
XX
```

	Annual Income (k$)	Spending Score (1-100)
0	15	39
1	15	81
2	16	6
3	16	77
4	17	40

...	...	...
195	120	79
196	126	28
197	126	74
198	137	18
199	137	83

200 rows × 2 columns

iloc 함수를 사용하여 두 개의 열만 추출합니다.

```
### Annualincome and Spending Score
### 4번째, 5번째 열을 가져옵니다.
### 프로그래밍 시 인덱스가 0 부터 카운팅되므로
### 3번째, 4번째 열을 가져옵니다.
X = dataset.iloc[:, [3,4]].values
```

```
X
```

```
array([[ 15,  39],
       [ 15,  81],
       [ 16,   6],
       [ 16,  77],
       [ 17,  40],
       [ 17,  76],
       [ 18,   6],
       [ 18,  94],
       [ 19,   3],
       [ 19,  72],
 ...

       [103,  23],
       [103,  69],
       [113,   8],
       [113,  91],
       [120,  16],
       [120,  79],
       [126,  28],
       [126,  74],
       [137,  18],
       [137,  83]], dtype=int64)
```

예제로 배우기: loc 함수와 iloc 함수로 특정 행과 열을 추출하기

3개의 행과 3개의 열이 있습니다.

```
df = pd.DataFrame({
    "bid_id": [1, 2, 3],
    "bidder_id": ["Gadi", "Conda", "Lion"],
    "city": ["Seoul", "LA", "Sydney"],
    "item": ["TV", "jewelry", "book"]}).set_index("bid_id")
df
```

	bidder_id	city	item
bid_id			
1	Gadi	Seoul	TV
2	Conda	LA	jewelry
3	Lion	Sydney	book

첫 번째 행을 loc와 iloc으로 찾아보겠습니다. 다음의 두 코드를 비교해 봅시다.

```
df.loc[1]  # 첫번째 행 선택
```

```
bidder_id     Gadi
city         Seoul
item            TV
Name: 1, dtype: object
```

```
df.iloc[0] # 첫번째 행
```

```
bidder_id     Gadi
city         Seoul
item            TV
Name: 1, dtype: object
```

두 번째 행도 loc 과 iloc로 찾아보겠습니다. 다음의 두 코드를 비교해 봅시다.

```
df.loc[2]  # 두번째 행 선택
```

```
bidder_id      Conda
city              LA
item         jewelry
Name: 2, dtype: object
```

```
df.iloc[1] # 두번째 행
```

```
bidder_id      Conda
city              LA
item         jewelry
Name: 2, dtype: object
```

첫 번째 열을 loc와 iloc로 찾아보겠습니다. 다음의 두 코드를 비교해 봅시다.

```
df.loc[:, "bidder_id"] # 레이블이 bidder_id인 열
```

```
bid_id
1     Gadi
2    Conda
3     Lion
Name: bidder_id, dtype: object
```

```
df.iloc[:,0] # 첫번째 열
```

```
bid_id
1     Gadi
2    Conda
3     Lion
Name: bidder_id, dtype: object
```

두 번째 행을 loc와 iloc로 찾아보겠습니다. 다음의 두 코드를 비교해 봅시다.

```
df.loc[:, "city"] # 레이블이 city인 열
```

```
bid_id
1     Seoul
2        LA
3    Sydney
Name: city, dtype: object
```

```
df.iloc[:,1] # 두번째 열
```

```
bid_id
1     Seoul
2        LA
3    Sydney
Name: city, dtype: object
```

6 모델링하기

실습에서는 비지도학습인 클러스터링 모델 중 K-means 모델을 사용합니다.

6.1 최적의 k 찾기(Finding out optimal k)

클러스터링 알고리즘 중 K-means 모델(알고리즘)을 사용합니다. K-means 알고리즘에서 사용할 k를 찾습니다. k는 클러스터의 개수입니다. 클러스터 개수에 따라 그룹핑의 결과가 달라집니다. 최적의 k를 찾는 것이 중요합니다.

팔꿈치(elbow)의 법칙을 사용해서 k를 찾습니다. 팔꿈치의 법칙이란, 데이터에서 클러스터들의 중심까지의 거리의 제곱의 합을 구한 후, 그 합이 급격히 줄어드는 k를 찾는 것입니다. 그래프를 보면 더 쉽게 이해할 수 있습니다.

- k 값의 증가에 따라 데이터가 속한 해당 클러스터의 중심까지의 거리의 제곱의 합을 관찰합니다.
  - 특정 k값에서 제곱의 합이 급격히 줄어듦을 볼 수 있습니다.
  - 이 지점의 k 값이 최적의 클러스터 수가 됩니다.
  - k=5에서 WCSS(Within-Cluster-Sum-of- Squares)의 값이 급격히 줄어듭니다. 최적의 값은 5입니다.

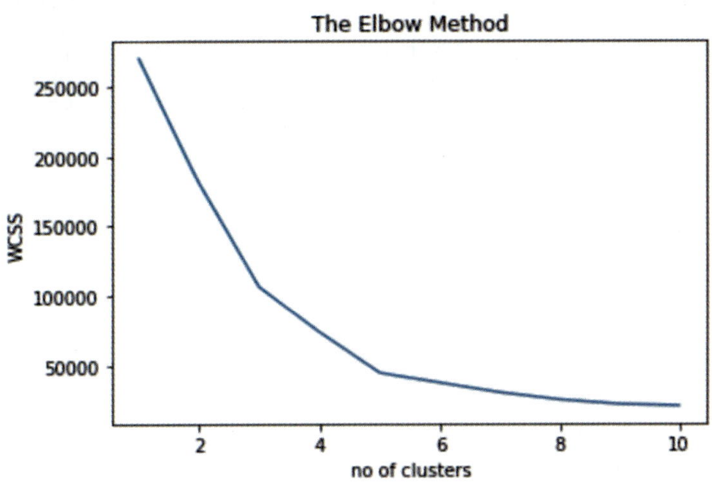

싸이킷런(sklearn) 라이브러리의 cluster 라이브러리 안에 KMean 모듈(라이브러리)을 불러옵니다. WCSS 배열을 선언해 주고, 공간을 만들어 줍니다.

K-means 모듈을 사용해서 k 값 확인하기

```
from sklearn.cluster import KMeans
WCSS=[] ### Within-Cluster-Sum-of-Squares (WCSS)
```

```
for i in range (1,11):
    kmeans = KMeans(n_clusters=i, init='k-means++', random_state=0)
    kmeans.fit(X)
    interia=kmeans.inertia_
    print('k:', i, 'inertia:', interia)
    WCSS.append(kmeans.inertia_)
```

```
k: 1 inertia: 269981.28
k: 2 inertia: 181363.59595959593
k: 3 inertia: 106348.37306211118
k: 4 inertia: 73679.78903948836
k: 5 inertia: 44448.45544793371
k: 6 inertia: 37265.86520484347
k: 7 inertia: 30259.65720728547
k: 8 inertia: 25095.703209997548
k: 9 inertia: 21830.041978049438
k: 10 inertia: 20736.679938924124
```

- 클러스터 개수를 1에서 10까지 증가시키면서 WCSS의 값을 구합니다.
- 싸이킷런에서 제공하는 KMeans 함수는 크게 3개의 파라미터를 설정할 수 있습니다.
  - n_clusters는 클러스터 개수를 의미합니다. 여기서는 i값에 따라 1에서 10까지 클러스터의 개수를 변경하면서 클러스터들의 중심까지의 거리를 구합니다.
  - init는 클러스터들의 중심값을 초기화합니다. 랜덤하게 설정합니다. k-means++는 K-means 알고리즘의 초기화부터 시작해서 계속 업데이트하는 데 주로 사용됩니다. 클러스터들의 중심과의 거리를 구해서 거리의 제곱의 합이 작아지는 방향으로 클러스터 개수가 수정됩니다.
  - random_state는 데이터를 랜덤 샘플링할 때 쓰이는 테이블입니다. 다양한 값으로 설정해도 좋습니다.

- inertia는 우리말로 관성이라는 뜻입니다. k에 따른 WCSS의 값을 저장하는 변수입니다. 변수명을 다르게 사용해도 무방합니다.

6.2 K에 대한 시각화(Visualization for K)

```
plt.plot(range(1,11), WCSS)

plt.title('The Elbow Method')
plt.xlabel('no of clusters')
plt.ylabel('WCSS')
plt.show()
```

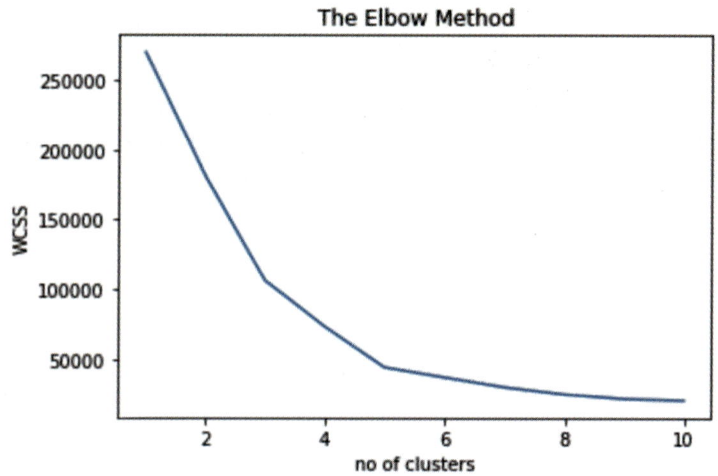

해석 클러스터 수가 5일때, WCSS 값이 급격히 떨어집니다. 최적의 k, 클러스터 개수는 5입니다. K-means 로 학습할 때, k를 5로 설정하는 것이 좋습니다.

k에 대한 테스트 개수

위 코드에서는 클러스터의 개수는 1에서 10까지 변경하면서 테스트했습니다.

만약 1~20 까지 확장해서 테스트하면 어떻게 될까요? 아마도 최적의 k값은 그대로 5일 것입니다. 왜 바뀌지 않고 그대로일까요?

이는 클러스터의 개수를 증가시킨다고 WCSS의 값이 급격히 떨어지는 지점이 바뀌지 않았기 때문입니다. 5는 기존의 1에서 10 사이에 있는 값이므로 바뀌지 않습니다.

6.3 K-means 알고리즘 만들기(Building K-means Algorithm)

Kmeans 함수를 사용해서 알고리즘을 설계하고 fit_predict를 사용하여 실행합니다. 클러수터 개수인 k 값을 5로 할당하고, 반복 횟수(max_iters)를 300으로 설정합니다. 300번 학습합니다.

```
kmeansmodel = KMeans(n_clusters= 5, init='k-means++', max_iter=300, random_state=0)
y_kmeans= kmeansmodel.fit_predict(X)
y_kmeans
```

```
array([4, 3, 4, 3, 4, 3, 4, 3, 4, 3, 4, 3, 4, 3, 4, 3, 4, 3, 4, 3, 4, 3,
       4, 3, 4, 3, 4, 3, 4, 3, 4, 3, 4, 3, 4, 3, 4, 3, 4, 3, 4, 1,
       4, 3, 1, 1, 1, 1, 1, 1, 1, 1, 1, 1, 1, 1, 1, 1, 1, 1, 1, 1,
       1, 1, 1, 1, 1, 1, 1, 1, 1, 1, 1, 1, 1, 1, 1, 1, 1, 1, 1, 1,
       1, 1, 1, 1, 1, 1, 1, 1, 1, 1, 1, 1, 1, 1, 1, 1, 1, 1, 1, 1,
       1, 1, 1, 1, 1, 1, 1, 1, 1, 1, 1, 1, 1, 2, 0, 2, 1, 2, 0, 2, 0, 2,
       1, 2, 0, 2, 0, 2, 0, 2, 0, 2, 1, 2, 0, 2, 0, 2, 0, 2, 0, 2, 0, 2,
       0, 2, 0, 2, 0, 2, 0, 2, 0, 2, 0, 2, 0, 2, 0, 2, 0, 2, 0, 2, 0, 2,
       0, 2, 0, 2, 0, 2, 0, 2, 0, 2, 0, 2, 0, 2, 0, 2, 0, 2, 0, 2, 0, 2,
       0, 2])
```

해석 각 데이터가 할당되는 클러스터의 번호를 출력합니다. 첫 번째~세 번째 데이터는 클러스터 4, 3, 4에 할당됩니다.

데이터를 다시한번 확인해 봅니다. 두 가지 방법(loc, iloc)으로 데이터를 출력해서 살펴봅니다.

```
dataset.head(3)
```

	CustomerID	Gender	Age	Annual Income (k$)	Spending Score (1-100)
0	1	Male	19	15	39
1	2	Male	21	15	81
2	3	Female	20	16	6

```
X[0:3,]
```

```
array([[15, 39],
       [15, 81],
       [16,  6]], dtype=int64)
```

```
XX.head(3)
```

	Annual Income (k$)	Spending Score (1-100)
0	15	39
1	15	81
2	16	6

첫 번째 데이터인 Annual Income이 15, Spending Score가 39인 사람은 클러스터 4에 해당하고, 두번째 데이터인 Annual Income이 15, Spending Score가 81인 사람은 클러스터 3에 해당합니다. 세 번째 데이터인 Annual Income 15, Spending Score 6인 사람은 클러스터 4에 해당합니다.

6.4 클러스터 시각화(Visualizing Clusters)

시각화를 통해 살펴봅니다. 5개의 그룹이 명확히 나누어지는 것을 확인할 수 있습니다.

```
plt.scatter(X[y_kmeans == 0, 0], X[y_kmeans == 0, 1], s = 10, c = 'red', label = 'Cluster 1')
plt.scatter(X[y_kmeans == 1, 0], X[y_kmeans == 1, 1], s = 100, c = 'blue', label = 'Cluster 2')
plt.scatter(X[y_kmeans == 2, 0], X[y_kmeans == 2, 1], s = 100, c = 'green', label = 'Cluster 3')
plt.scatter(X[y_kmeans == 3, 0], X[y_kmeans == 3, 1], s = 100, c = 'cyan', label = 'Cluster 4')
plt.scatter(X[y_kmeans == 4, 0], X[y_kmeans == 4, 1], s = 100, c = 'magenta', label = 'Cluster 5')
plt.scatter(kmeans.cluster_centers_[:, 0],
            kmeans.cluster_centers_[:, 1],
            s = 300, c = 'yellow', label = 'Centroids')

plt.title('Clusters of customers')
plt.xlabel('Annual Income (k$)')
plt.ylabel('Spending Score (1-100)')
plt.legend()
plt.show()
```

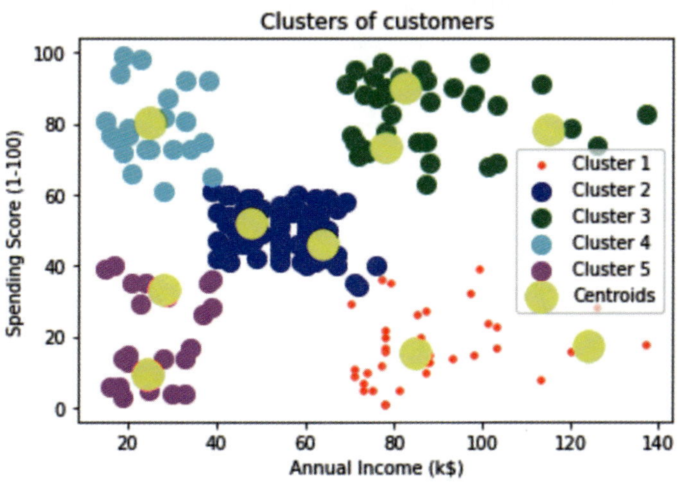

결과값을 실제로 출력해서 클러스터를 확인해 봅니다.

```
X[y_kmeans == 0, 0] ## Annual Income (k$)
```

```
array([ 70,  71,  71,  73,  73,  74,  75,  77,  77,  78,  78,  78,  78,
        78,  78,  79,  81,  85,  86,  87,  87,  87,  88,  88,  93,  97,
        98,  99, 101, 103, 103, 113, 120, 126, 137], dtype=int64)
```

```
X[y_kmeans == 4, 0] ## Annual Income (k$)
```

```
array([15, 16, 17, 18, 19, 19, 20, 20, 21, 23, 24, 25, 28, 28, 29, 30, 33,
       33, 34, 37, 38, 39, 39], dtype=int64)
```

Annual Income을 기준으로 클러스터 안의 데이터를 살펴봅니다. (0, 0)은 첫 번째 클러스터를 의미하고, (4, 0)은 다섯 번째 클러스터를 의미합니다.

```
X[y_kmeans == 4, 1] ##Spending Score (1-100)
```

```
array([39,  6, 40,  6,  3, 14, 15, 13, 35, 29, 35,  5, 14, 32, 31,  4,  4,
       14, 17, 26, 35, 36, 28], dtype=int64)
```

```
X[y_kmeans == 0, 1] ##Spending Score (1-100)
```

```
array([29, 11,  9,  5,  7, 10,  5, 12, 36, 22, 17, 20, 16,  1,  1, 35,  5,
       26, 20, 27, 13, 10, 13, 15, 14, 32, 15, 39, 24, 17, 23,  8, 16, 28,
       18], dtype=int64)
```

Spending Score (i, 1) 기준으로 클러스터 안의 데이터를 살펴봅니다. (4, 1)은 다섯 번째 클러스터를 의미하고, (0,1)은 첫 번째 클러스터를 의미합니다.

CHAPTER 09

추천

- 상품추천
- 개인화
- 분류 방법에 의한 추천시스템
- 협업 필터링에 의한 추천시스템
- 행렬 분해 기반의 추천시스템
- 추천시스템 평가하기
- 추천시스템 프로세스 이해하기

1 상품추천(Recommending Products)

이 장에서는 추천하는 알고리즘에 대해서 알아봅니다. 쇼핑몰, 인터넷 서점, SNS 등에서 사용되는 개인 맞춤 추천 방법을 알아봅니다.

영화 추천 앱/사이트에서는 어떻게 다음에 볼 영화를 추천할까요? 음악 추천 앱/사이트에서는 어떤 기준으로 다음에 들을 음악을 추천할까요? SNS 앱/사이트에서는 어떻게 연결될 사람들을 추천할까요? 개인화의 가장 대표적인 방법은 협업 필터링입니다. 이 장에서는 협업 필터링을 비롯하여 다양한 알고리즘을 익히고 이해하면서 각 알고리즘의 장단점을 살펴보겠습니다.

추천시스템의 대표적인 예는 상품 추천입니다. 많은 상품 중에서 사용자가 원하는 상품을 추천하고자 합니다. 어떻게 해야 할까요? 본인 및 다른 사람들의 과거 구입이력을 살펴본 후 해당 사용자가 구입할 가능성이 높은 상품을 추천해야 됩니다.

지금부터 예제를 통해서 자세히 알아봅시다.

2 개인화(Personalization)

추천시스템의 밑바탕은 개인화입니다. 각 사용자의 경험에 기반합니다. 7장(비지도학습/클러스터링)에서 다양한 문서 및 동영상을 비슷한 그룹으로 클러스터링하는 예제를 살펴보았습니다. 수많은 글, 이미지, 동영상 등이 포함되어 있는 웹페이지를 일일이 방문해서 유용한 정보를 찾아내는 것은 쉬운 일이 아닙니다.

유튜브에는 수많은 동영상이 있습니다. 이제는 많은 사람들이 지상파보다 유튜브를 많이 시청하고 그것을 통해 정보를 얻습니다. 대략 매분 1,000시간 분량이 업로드된다고 가정해 봅시다. 실제로는 그 이상의 분량이 업로드되고 있을 것입니다. 업로드 되는 수많은 정보들 중 우리는 무엇을 선택해서 봐야 할까요? 누군가의 도움없이 관심있는 콘텐츠를 찾아보기는 쉽지 않습니다. 직접 둘러보는 것으로 정보를 찾기에는 정보가 너무 많습니다. 사용자 개개인에게 적합한, 사용자가 찾고 싶은 콘텐츠를 자동으로 추천하는 방법이 필요합니다. 이것이 개인화의 개념입니다.

추천시스템에서는 개인화가 핵심적인 역할을 합니다. 추천시스템의 예를 조금 더 살펴봅시다. 가장 대표적인 예로 넷플릭스가 있습니다. 우리는 영화나 드라마를 넷플릭스에서 익숙하게 찾아보고 있습니다. 넷플릭스 역시 사용자에게 맞춤 추천을 하고 있습니다.

다양한 예제들이 있습니다.

인터넷 서점에 들어가면 고객이 읽고 싶어할 책을 추천해 줍니다. 인터넷 서점에서 책을 추천할 때, 유의해야 할 점은 한 세션의 관심사만 고려해서는 안 된다는 것입니다. 고객이 웹 사이트에 관한 책을 사면 웹 어플리케이션에 관한 또 다른 책에도 관심이 있을 것이라는 것을 예측할 수 있어야 합니다.

다음은 인터넷 쇼핑몰입니다. 인터넷 쇼핑몰에 들어가면 해당 고객이 관심을 가질만한 상품추천 목록이 뜹니다. 고객이 한 살 아기의 신발을 샀습니다. 고객이 관심있는 상품은 신발만이 아닐 것입니다. 한 살 아기가 필요한 제품들을 함께 추천할 수 있어야 합니다. 또한 구입한 이유가 자신의 아기가 아니라 선물일 수도 있습니다. 구입하는 이유에는 수많은 이유가 있습니다. 만약 선물을 위한 구매였다면, 해당 고객이 다음에 방문했을 때는 아기 용품이 아니라 고객의 니즈에 맞는 상품을 추천해야 합니다. 고객의 1년 전 구매 이력을 살펴봤더니 신생아 제품을 많이 샀습니다. 아마도 선물 용도가 아니라, 실제로 신생아를 키우고 있는 것 같습니다. 1년이라는 시간이 지났으므로 이제는 신생아 제품이 필요하지 않을 것입니다. 추천은 시간에 따라 조정되어야 합니다.

음악 스트리밍 사이트에서도 개인화가 필요합니다. 개인의 취향을 고려해서 음악을 추천합니다. 현재 듣고 있는 곡 다음에 들을 곡을 추천합니다. 음악 추천에는 일관성이 필요합니다. 사람들은 현재 듣고 있는 곡과 비슷한 곡을 듣고 싶어 합니다. 헤비메탈을 듣다가 클래식을 듣다가 다시 헤비메탈을 들으면 아마도 혼란스러울 것입니다. 또한 방금 들었던 곡을 다시 반복해서 듣기 보다는 다른 곡을 듣고 싶을 것입니다. 일관성을 유지하면서 다양한 곡을 추천하는 것이 필요합니다.

추천시스템의 또 다른 분야는 SNS(소셜 네트워크)입니다. Facebook에는 수많은 사용자가 있습니다. 사용자 간의 연결을 구축해서 친구를 추천해 줍니다. 앞서 쇼핑몰에서는 사용자와 제품을 연결하였으나 SNS는 사용자와 사용자, 사람과 사람과의 연결입니다. 즉, 사람을 추천하는 것입니다.

지금까지 온라인 미디어에서의 추천을 살펴보았습니다. 시간이 갈수록 다양한 분야에서 추천 시스템이 사용되고 있습니다. 약물과 표적치료에도 사용되고 있습니다. 어떤 약물이 어떤 병의 치료에 가장 적합한지, 같은 병이지만 환자마다 병의 원인이 다르기에 병의 발생 원인에 따라 다른 약물로 치료하고, 그에 대한 연구가 필요합니다. 질병과 약물의 관련성을 찾고, 부작용과 위험성을 줄이고, 효용성을 입증하여, 그에 따라 FDA 승인을 받고, 환자의 질병 원인 및 특성을 고려하여 치료를 해야 합니다. 추천이 의학시스템에서도 사용되는 예입니다.

3 분류 방법에 의한 추천시스템 (Recommendation with Classification)

지금부터는 분류에 의한 추천시스템을 직접 만들어 보겠습니다. 첫 번째 방법은 대중의 인기에 기반한 방법입니다. 뉴스 사이트에는 많은 기사들이 있습니다. 기사를 추천할 때 다른 독자들이 해당 기사를 얼마나 많이 읽었는지가 기준이 됩니다. 개인화는 없지만, 모든 독자들의 기사 선택을 기준으로 합니다. 이런 방법을 Popularity(대중의 인기)에 기반한 방법이라고 합니다. 이 방법에는 개인화의 아쉬움이 있습니다.

두 번째 방법은 개인화를 반영하는 방법입니다. 상품을 추천하는 방법입니다. 6장의 예제인 레스토랑 리뷰를 긍정과 부정으로 분류하는 방법과 비슷합니다. 사용자가 해당 상품을 좋아할지, 좋아하지 않을지를 분류하는 것입니다. 사용자의 정보, 구매 이력, 상품 정보 등의 여러 가지 사용자에 대한 정보 및 특징을 입력으로 받습니다. 이런 특징들을 분류 모델에 입력으로 넣으면, 분류 모델은 각 사용자에 대해 해당 상품을 좋아할지 좋아하지 않을지에 대한 결과를 출력하고 추천해 줍니다.

개인화를 반영한 분류 모델은 많은 장점을 가지고 있습니다. 먼저 개인화 정도가 아주 높습니다. 사용자의 정보와 구매 이력을 특징으로 반영하기 때문에 문맥을 파악할 수 있습니다. 예를 들어, 특정 사용자가 특정 상품을 언제 구매했는지, 무엇을 둘러봤는지 알 수 있습니다. 또 다른 장점은 사용자의 정보를 잘 반영할 수 있습니다. 가정을 해봅시다. 한 사용자는 해당 쇼핑몰에서 구매한 경험이 없습니다. 이러한 경우에는 해당 사용자의 관심사는 불명확하지만, 나이와 직업 등의 사용자 정보를 기반으로 어느 정도

사용자의 과거 구매 이력, 추천할 만한 상품 등 여러 가지 특징을 기반으로 분류

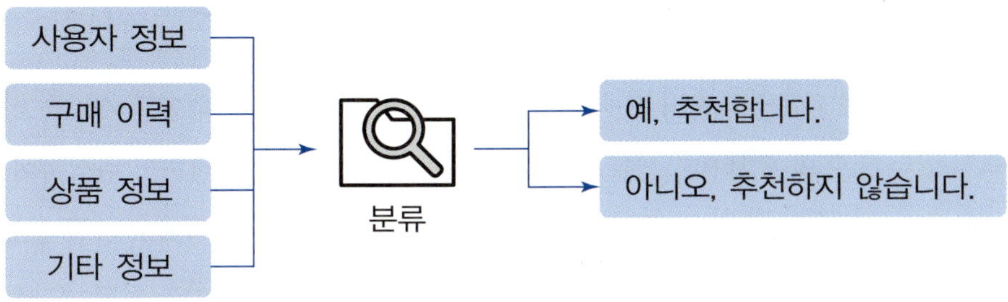

- 여러 가지 사용자의 정보를 이용하여 상품을 좋아할지, 좋아하지 않을지를 분류한다.
- 사용자 정보, 구매 이력 등 다양한 정보를 입력하면,
  - 예(상품을 좋아할 것이다), 아니오(상품을 좋아하지 않을 것이다)로 출력한다.

그림 9.1 개인화를 반영한 분류 방법에 의한 추천

의 추천이 가능할 수 있습니다.

그러나 개인화를 반영한 방법에는 한계가 존재할 수밖에 없습니다. 한계를 정리해 보면,

- 사용자에 대한 다양한 정보 및 특징이 없을 경우에는 추천의 정확도가 떨어질 수밖에 없습니다. 선호하는 상품에 대한 추천이 제공되지 않을 수 있습니다.
- 사용자의 이력이 충분하지 않을 수 있습니다. 오류가 있을 수 있습니다.
- 입력되는 정보의 품질이 낮을 수 있습니다. 입력되는 정보의 품질이 낮으면 추천의 결과가 좋지 않을 수 있습니다.

개인화의 장단점을 표로 요약해 보겠습니다.

장점	단점
① 개인화를 반영할 수 있습니다. ② 문맥 파악이 가능합니다. ③ 사용자 구매 이력을 반영할 수 있습니다.	① 사용자 및 상품 구매 이력 정보가 충분하지 않을 경우에는 추천의 정확도가 떨어질 수 있습니다. ② 사용자의 입력 정보가 충분하지 않거나 오류가 있을 경우에는 추천의 결과가 떨어질 수 있습니다.

4 협업 필터링에 의한 추천시스템 (Recommendation with Collaborative Filtering)

협업 필터링이란 다른 사람의 구매 이력을 활용하여 아직 구매하지 않은 새로운 상품을 추천하는 것을 의미합니다. 상품을 추천할 때 다른 사용자의 경험까지 반영하여 추천을 합니다. 하나의 상품(A)을 사면 비슷한 다른 상품들(B, C, D 등)에도 관심이 있기 마련입니다. 과거에 A를 구매했던 사람들이 어떤 상품들(B, C, D 등)을 함께 구매했는지 살펴보고 이를 반영하는 것입니다.

그러나 이 방법에도 한계가 있습니다. 협업 필터링에서는 시간의 개념을 반영하지 못합니다. 다시 설명하면, 동시에는 아니더라도 구매 이력 어딘가(언젠가)에 함께 구매한 이력이 있다면 추천에 반영합니다.

4.1 동시 발생(구매) 행렬(Co-Occurrence Matrix)

동시 발생(구매) 행렬에 대해서 살펴보겠습니다. 사람들이 물건을 살 때 함께 구매한 목록들을 행과 열에 열거합니다. 항목과 항목 행렬이 됩니다.

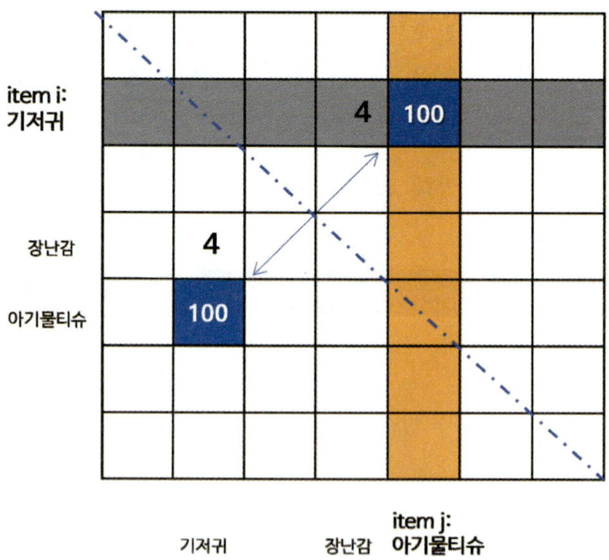

그림 9.2 동시 구매 행렬

[그림 9.2]는 항목-항목(품목-품목) 행렬입니다. 다음과 같이 해석할 수 있습니다.

- 기저귀를 구매한 사람들 중 장난감을 구매한 사람은 4명, 아기 물티슈를 구매한 사람은 100명입니다.
- 품목-품목 행렬이기 때문에 대각선에 대칭입니다. 거꾸로 해석할 수도 있습니다. 아기 물티슈를 구매한 사람 중 100명이 기저귀를 구매했습니다. 장난감을 구매한 4명도 기저귀를 구매했습니다.
- 동시 구매 행렬로 어떻게 추천할 수 있을까요? 순서대로 따라가 보겠습니다. 한 개의 품목(CD)을 더 추가해 보겠습니다.

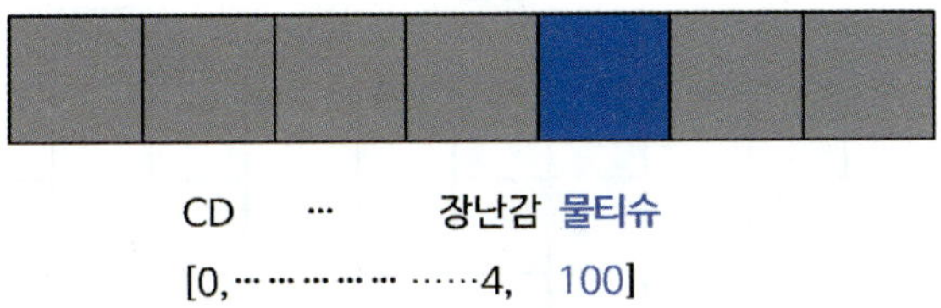

그림 9.3 기저귀 구매와 다른 품목 사이의 관련성

[그림 9.3]은 기저귀를 구매한 사람들이 구매한 품목들의 벡터입니다. 다르게 표현하면, 기저귀 벡터(vector)입니다.

- 기저귀를 구매한 사람 중 CD를 구매한 사람은 없었습니다. 장난감을 구매한 사람은 4명입니다. 기저귀를 구매한 사람 중 100명은 물티슈를 구매했습니다.
- 기저귀와 물티슈와의 관련성이 가장 높습니다.
- 벡터를 정렬해서 가장 높은 숫자를 가지는 품목을 먼저 추천하면 됩니다.

따라서 방금 기저귀를 구매한 사람에게도 아기 물티슈를 먼저 추천하면 좋을 것 같습니다.

> **벡터란 무엇일까요? 행렬이란 무엇일까요?**
>
> 숫자 하나를 의미하는 '스칼라'의 배열을 벡터라고 하는데, 여러 숫자가 열거된 데이터를 말합니다. 행렬은 여러 개의 벡터로 이루어진 2차원 배열(벡터)입니다.

- 스칼라는 숫자 하나로 구성된 데이터를 의미합니다.
- 벡터는 여러 개의 숫자(여러 개의 스칼라)로 구성된 데이터를 의미합니다. 데이터 레코드(data record) 또는 배열(array)이라고도 합니다.
- 행렬은 여러 개의 벡터가 2차원 배열로 구성된 데이터 레코드의 집합을 의미합니다.
- 텐서는 크기가 같은 행렬의 집합으로 다차원 배열을 의미합니다.

이를 그림으로 표현하면, 다음과 같습니다.

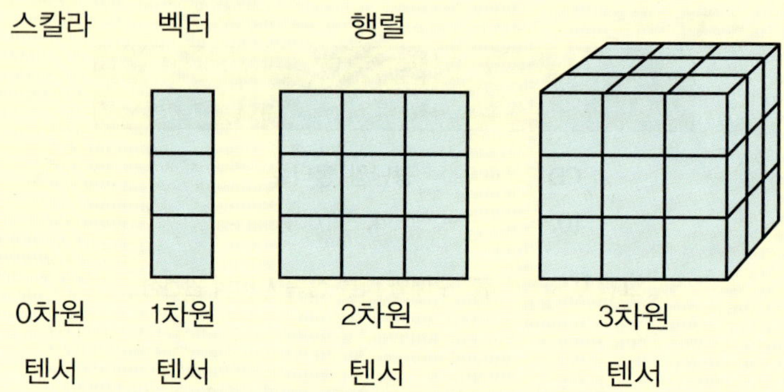

그림 9.4 벡터와 행렬

4.2 정규화(Normalization)

동시발생(구매) 행렬의 방법으로 추천을 하기 위해서는 정규화를 해야 합니다. 인기가 아주 많은 품목이 있거나 모든 사람이 구매하는 상품이 있을 경우, 추천의 효과가 없어질 수 있습니다. 모든 사람이 구매한다는 의미는 필수 품목이라는 의미입니다. 추천의 의미가 없어질 수 있습니다.

예를 들어 설명해 보겠습니다. 아기를 출산한 사람의 99%는 기저귀를 구매할 것입니다. 다르게 표현하면, 아기 용품을 산 구매자들의 99%는 기저귀를 살 것입니다. 아기 장난감을 산 구매자들의 99%가 기저귀를 구매할 것입니다. 분유를 산 구매한 사람들의 99%가 기저귀를 구매할 것입니다. 결국 모든 아기 용품을 구매한 99%의 소비자들은 기저귀를 살 것입니다.

기저귀를 추천하는 것을 개인화로 보기 어렵습니다. 모두에게 필요한 필수 품목이기 때문입니다. 이런 상황에서 어떻게 하면 조금 더 개인화(개인 맞춤) 추천을 할 수 있을까요?

대부분의 소비자가 기저귀를 구매하는 경우가 많기 때문에, 아기 장난감을 구매해도 분유를 구매해도 무조건 기저귀를 추천할 것입니다. 그러나 저는 장난감을 선물용으로 구매한 것입니다. 기저귀에는 관심이 없습니다. 저에게 기저귀를 추천한 것은 너무 많은 사람들이 기저귀를 구매했기 때문에 아기 용품을 구매한 모든 사람들에게 기저귀를 추천한 것입니다. 기저귀가 다른 품목들을 몰아내는 효과를 발생시킨 것입니다. 이러한 품목을 머신러닝에서는 outlier(이상치)라고 부릅니다. 모델의 정확도를 높이기 위해서는 이상치를 제거하거나 전처리를 해야 합니다. 너무 인기가 많은 품목이 다른 품목들을 몰아내는 문제를 해결하기 위해서는 정규화하는 것을 추천합니다.

정규화를 예로 배우겠습니다. 우리는 7장에서 TF-IDF(Term Frequency-Inverse Document Frequency, 단어 빈도 역문서 빈도)를 배웠습니다. 모든 문서들에 나타나는 a, the 등의 흔한 단어들이 다른 중요한 단어들을 밀어낼 수 있었습니다. 이것을 IDF(Inverse Document Frequency)의 개념을 도입해서 중요한 단어들을 몰아내는 효과를 방지했습니다. 단어를 재 정렬하고, 정규화했습니다. 상품 추천에서도 비슷합니다. 모든 사람들이 구매한 기저귀가 다른 품목들을 몰아낼 수 있습니다. 그것을 방지해야 합니다.

그림을 보면서 설명하겠습니다. i와 j를 구입한 사람의 수를 각 품목 중 어느 품목 한 개라도 구입한 사람의 수로 나누어 줍니다. 정규화합니다.

$$\frac{\text{i와 j를 모두 구매한 사람(교집합)}}{\text{i를 구매하거나 j를 구매한 사람(합집합)}}$$

[그림 9.5]에서 더 진하게 음영 처리된 부분(교집합)이 분자가 되고 색칠해진 총면적(합집합)이 분모가 됩니다. 교집합 나누기 합집합은 정규화의 효과가 있습니다.

그러나 이 방법에도 한계가 존재하는데, 현재 페이지만 반영할 수 있다는 점입니다. 즉, 방금 산 장난감만 반영되게 됩니다. 지금까지 산 모든 구매 이력을 반영해서 추천하기는 쉽지 않습니다.

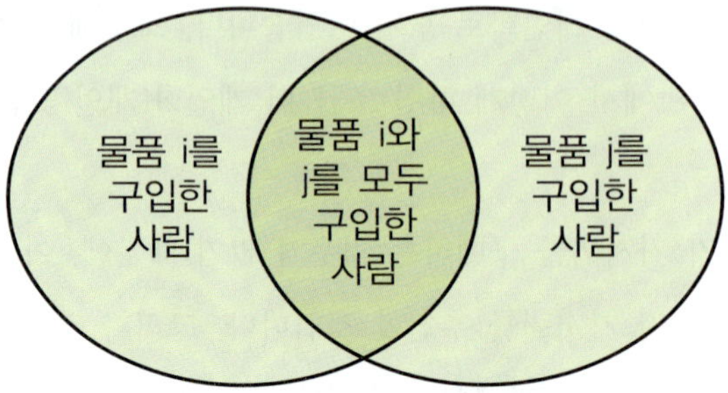

그림 9.5 품목 사이의 정규화

접근법을 바꾸어서 지금까지 구매한 모든 구매 이력을 반영하여 추천할 방법이 없을까요? 그 방법이 필요합니다.

4.3 가중평균(Weight Average)

다음으로 가중평균을 이용해 보겠습니다. 구매 이력을 살펴봅니다. 아기 손수건을 구매한 고객이 있습니다. 다른 상품에 대한 추천을 하고자 합니다. 아기 물티슈를 추천해야 되는지 판단을 하려고 합니다. 아기 손수건과 아기 물티슈 사이의 구매 이력의 관련성이 보이지 않습니다. 그러나, 기저귀와 우유를 구매한 사람들과 아기 물티슈를 구매한 구매자 간의 구매 이력이 있습니다. 아기 손수건을 구매한 사람도 기저귀와 우유를 구매한 이력이 있습니다. 기저귀 벡터와 우유 벡터를 함께 살펴본 후, 가중평균을 구합니다.

기저귀와 우유의 구매 이력을 살펴보고 가중평균을 구해서 아기 손수건을 구매한 구매자에게 아기 물티슈 추천 여부를 구할 수 있습니다. 순서대로 따라가 봅시다.

① 기저귀 벡터에서 아기 물티슈의 구매 이력을 살펴봅니다.

② 우유 벡터에서 아기 물티슈의 구매 이력을 살펴봅니다.

③ 1과 2의 결과의 평균을 취해서 아기 물티슈의 구매 확률을 구합니다.

④ 여기서 정확도를 높이려면, 최근 구매 이력도 함께 보면 더 좋습니다.

정리해 보면, 다음과 같이 표현할 수 있습니다.

0. 아기 손수건을 산 A 소비자가 기저귀와 우유를 구매했다.
1. 각 소비자에 대한 각 품목에 대한 Scoring을 한다.
2. Score → S
   S(아기 손수건, 아기 물티슈) = 1/2($S_{\text{아기 물티슈, 기저귀}}$ + $S_{\text{아기 물티슈, 우유}}$)
3. 최근에 구매한 제품에 Weight(가중치)를 줄 수 있다.
   → 최근 구매 + 가중 평균으로
4. Sort S(A, 품목) 구한 후, 가장 큰 품목을 추천한다.

그림 9.6 가중평균을 이용한 상품 추천 프로세스

가중평균 방법에도 한계가 존재하는데, 품목의 구매 이력만을 활용한다는 것입니다. 시간과 같은 문맥 정보를 직접 활용하기가 쉽지 않고, 나이, 성별과 같은 사용자 특징을 반영하기가 쉽지 않습니다. 동시 발생 행렬을 기반으로 하기 때문에 사용자별 그룹핑을 할 수 없습니다. 더 나아가 상품의 특징도 반영하기가 쉽지 않습니다.

이런 방법의 또 다른 문제는 콜드 스타드(Cold Start)입니다. 구매한 이력이 한 번도 없는 경우인데, 처음 방문한 사용자 또는 새로운 상품에 대한 출시에 대한 이슈입니다. 샘플도 없고, 구매한 이력도 없고, 판매한 이력도 없다면 어떻게 해야 할까요? 또한 비슷한 구매 이력 조차도 없다면 어떻게 해야 할까요?

5 행렬 분해 기반의 추천시스템 (Recommendation with Matrix Factorization)

동시 발생 행렬(Co-Occurrence Matrix) 기반의 추천의 경우는 사용자나 상품의 특징을 함께 반영할 수 없습니다. 구매 이력만을 고려하기 때문에 사용자나 상품의 특징

을 반영하여 추천할 수 없습니다. 지금부터 사용자와 상품의 특징 데이터를 함께 반영하여 추천하는 방법을 배우고자 합니다.

추천시스템에서 주로 많이 사용되고 있는 영화 추천 예제로 배워 보겠습니다. 각 사용자들이 영화를 보고 난 후, 해당 영화에 대한 별점을 줍니다. 많은 사용자들이 다양한 영화들을 보고 별점을 주는데, 다음과 같이 사용자–영화 별점표가 있습니다.

표 9.1 사용자–영화 별점표

사용자	영화	별점
사용자 A	영화 가)	★★★★
사용자 A	영화 나)	★★
사용자 A	영화 다)	★
사용자 B	영화 가)	★★
사용자 B	영화 라)	★★★★
사용자 C	영화 나)	★★★★★
사용자 C	영화 다)	★★
사용자 C	영화 라)	★
사용자 C	영화 마)	★★★

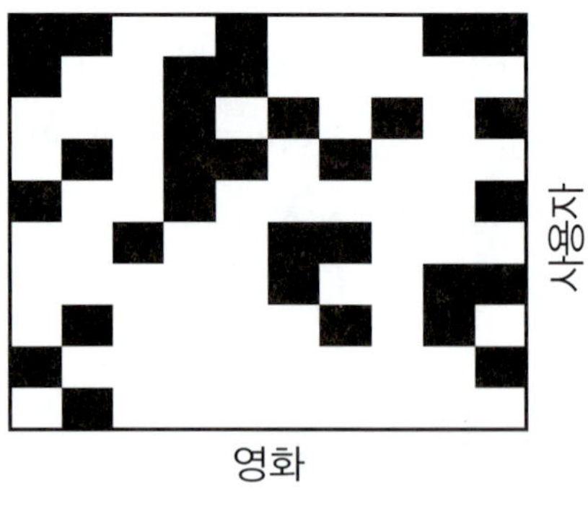

그림 9.7 사용자–영화 별점 행렬

각 사용자는 모든 영화를 볼 수 없으며 일부 영화만을 볼 수 있고, 일부 영화에 대해서만 별 점을 매깁니다. 행렬이 점점 커지는 이유는 사용자와 영화 수 모두가 많기 때문입니다. 하지만 이 표를 사용자와 영화의 행렬(Matrix)로 표시하면, 빈 값이 많이 보이는 희소 행렬이 될 것입니다. 영화도 무수히 많고 사용자도 무수히 많지만, 모든 사용자가 모든 영화를 볼 수 없기 때문입니다. 한 영화를 모든 사용자가 보지 않고, 사용자가 자신이 본 영화에 대해서만 별 점을 줄 수 있기 때문입니다.

[그림 9.7]에서 행이 사용자(u)이고 열이 영화(m)입니다.

- 검은 사각형은 사용자(u)가 영화(m)에 대해 준 별점입니다. 검은 사각형이 있긴 하지만, 흰 사각형이 훨씬 많습니다. 값이 몇 개만 채워진 희소 행렬입니다.
- 흰 사각형은 물음표(?)를 의미합니다. 별점이 0점이 아니라 사용자가 영화를 보지 못했거나 해당 영화에 대한 별 점을 제공하지 않은 것입니다. 영화를 싫어하거나 나쁜 영화라는 의미가 아닙니다. 해당 영화에 대한 평가가 없는 것입니다. 흰 사각형은 알지 못하는 별점을 나타냅니다. 별점이 0이 아닙니다.
- 별 점(u, m)은 사용자 u가 영화 m에 준 별점이 있으면 검은 사각형, 해당 영화에 대해 별점을 알지 못하면 흰 사각형입니다.

우리의 목표는 흰 사각형을 채우는 것입니다. 영화에 대한 모든 별 점을 채우는 것입니다. 즉, 물음표(?, 흰 사각형)의 별점을 채우는 것입니다. ?는 사용자와 영화의 이력을 통해 채우게 됩니다. 아직 안 본 다른 영화들에 대한 의견을 예측하여 물음표를 채워 갑니다. 이 과정을 반복적으로 수행하면서 흰 사각형들의 별점을 채워 모든 영화에 대한 별점을 채워 갑니다.

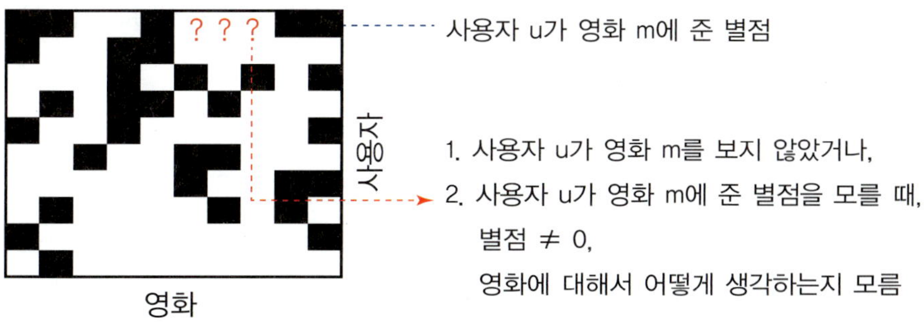

그림 9.8 사용자-영화 별점 행렬의 의미: 검은 사각형과 흰 사각형

5.1 사용자-영화 특징을 활용한 추천

어떻게 흰 사각형들을 채울 수 있을까요? 아직 보지 못한 영화들에 대해 어떻게 공정한 별 점을 줄 수 있을까요? 각 영화와 사용자에 대한 특징 데이터를 활용해 봅시다.

유명한 영화인 “쇼생크 탈출”이라는 영화로 예를 들어 보겠습니다. 해당 영화는 액션, 로맨스, 드라마 등의 복합적인 장르의 요소가 포함되어 있습니다. 영화의 대표적인 특징을 기반으로 영화 벡터를 표현해 보겠습니다.

영화(m) = [액션, 로맨스, 드라마]

쇼생크 탈출 = [0.3, 0.01, 1.5]

영화 쇼생크 탈출은 액션에 대한 요소가 0.3 정도 있고, 로맨스적인 요소는 0.01로 매우 적고, 드라마적 요소는 1.5로 드라마적 특징들이 크다고 해석할 수 있습니다.

이제 사용자의 특징을 살펴봅시다.

사용자 (u) = [액션, 로맨스, 드라마]

사용자 A = [2, 0. 0.4]

사용자 A는 액션 드라마를 매우 좋아합니다. 2점을 줄 정도로 매우 좋아합니다. 드라마 성향의 영화도 0.4 정도의 점수를 매긴 것을 보면 가끔 봅니다. 그러나 로맨스는 0점으로, 로맨스 장르의 영화는 좋아하지 않습니다.

내적(Inner Product)을 통해 영화와 사용자의 관계(스칼라 값)를 구합니다. 스칼라 값이 클수록 해당 사용자와 영화와의 관계가 밀접합니다. 영화 쇼생크 탈출과 사용자 A의 내적(Inner Product)을 구하면,

$$0.3*2 + 0.01*0 + 1.5*0.4 = 0.6 + 6 = 6.6$$

입니다. 따라서 사용자 A에 대한 쇼생크 탈출의 추천 점수는 6.6점 입니다. 다른 영화들과 비교하여 상대적 평가를 합니다. 점수가 높은 영화를 우선 추천합니다.

어떤 영화의 추천 점수가 높을까요? 사용자의 성향과 영화의 성향이 비슷할 때입니다. 성향이 비슷하면 좋아할 확률이 높을 것입니다. 사용자-영화 특징을 활용한 추천은 이 점을 이용한 것입니다.

5.2 별점 예측

사용자와 영화의 행렬에서 별 점 예측은 사용자의 특징 벡터와 영화에서의 특징 벡터들의 스칼라 곱의 합으로 구할 수 있습니다. L벡터(사용자)와 R벡터(영화)의 스칼라 곱의 합으로 별 점을 예측합니다. u번째 행과 m번째 열에 대한 별점을 예측합니다. [그림 9.9]의 과정을 모든 행과 열에 대해서 계속 반복하다 보면, 전체 행렬에 대한 별 점이 채워지게 됩니다.

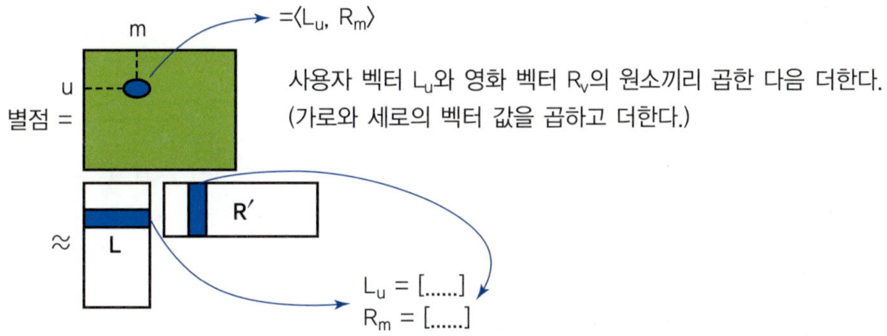

그림 9.9 사용자 벡터와 영화 벡터의 스칼라 곱으로 예측

정확도는 어떻게 구할 수 있을까요? 힌트는 [그림 9.8]의 검정 사각형입니다. 예측값과 실제값(검정 사각형)과의 차이를 구합니다.

그러나 이 방법에도 한계가 있습니다. 콜드 스타트(Cold Start) 문제입니다. 새로운 사용자나 영화가 있을 때 모델이 예측값을 내놓을 수 없을 수 있습니다. [그림 9.10]의 자주색의 영역은 사용자 벡터도 영화 벡터의 값이 하나도 없는 경우입니다. 예측할 수 있는 특징이 아예 없습니다. 이 경우 모델이 예측을 할 수 없을 것입니다.

그림 9.10 콜드 스타트 문제

넷플릭스와 추천시스템

추천시스템에 아주 많은 영향을 준 이벤트는 아마도 넷플릭스 영화 추천 대회일 것입니다. 넷플릭스에서 주최한 추천 대회의 출제 문제는 '영화들에 대한 사용자 별점을 얼마나 잘 예측했는가' 였습니다.

데이터로 별점이 이미 매겨진 많은 영화들이 주어졌습니다.

- 18,000개의 영화들과 50만 명에 가까운 사용자들의 데이터가 있습니다.
- 문제는 약 3만개 영화에 대한 별점을 예측하는 것이었습니다. 가장 근접한 별점을 예측하는 것입니다.
- 상금은 백만 달러였고, 많은 사람들이 이 대회에 관심을 가지고 참여했습니다.
- 다양한 앙상블 방법을 도입해서 모델을 만들었고, 해당 모델은 추천시스템에 실제로 활용되기도 했습니다.

이 대회가 추천시스템의 발전에 기틀을 마련했습니다.

6 추천시스템 평가하기 (Performance Matrix for Recommendation)

지금까지 여러가지 추천시스템에 대해서 살펴보았습니다. 추천시스템의 성능을 어떻게 평가할 수 있을까요? 대표적인 평가 방법으로는 재현율(Recall)과 정밀도(Precision)가 있습니다. 예제를 통해 살펴보겠습니다.

6.1 재현율(Recall)

[그림 9.11]은 재현율에 대한 예제입니다. 아기 용품들이 있습니다. 붉은색으로 표시된 것이 사용자가 좋아하는 용품으로 모두 5개입니다.

그림 9.11 재현율(Recall): 좋아하는 아기 용품

추천시스템이 사용자에게 추천해 준 것은 여기서 3개입니다. 붉은색으로 표시된 항목 중 블러링(Blurring) 처리되지 않고 선명하게 보이는 항목의 개수가 3개입니다. 2개는 모델이 추천해주지 못했습니다. 재현율(Recall)은 3/5 입니다([그림 9.12] 참조). 수식으로 표현하면 다음과 같습니다.

$$재현율(Recall) = \frac{좋아하는\ 품목\ 이면서\ 추천된\ 품목\ 수}{좋아하는\ 품목\ 수}$$

그림 9.12 재현율(Recall) : 좋아하는 아기 용품 중 추천 된 상품

5장에서 배운 혼동행렬로 표현하면, 실제로 사용자가 좋아하는 품목의 개수(실제값이 +인 경우)가 분모가 되고, 그중 모델로 추천된 품목의 개수(예측값이 +인 개수)의 비율을 구합니다. 즉, 실제값과 예측값이 모두 +인 값이 분자가 됩니다. 식으로 표현하면 다음과 같습니다.

예측값

실제값	+	−
+	True Positive(TP)	False Negative(FN)
−	False Negative(FN)	True Positive(TP)

$$\text{재현율(Recall)} = \frac{\text{True Positive}}{\text{True Positive} + \text{False Negative}}$$

그림 9.13 혼동행렬: 재현율

6.2 정밀도(Precision)

모델에서 예측된 상품, 즉 추천된 상품을 기준으로 정확도를 측정합니다 [그림 9.14]의 녹색은 모델을 통해서 추천된 항목들입니다. 빨간색은 사용자가 좋아하는 항목들입니다.

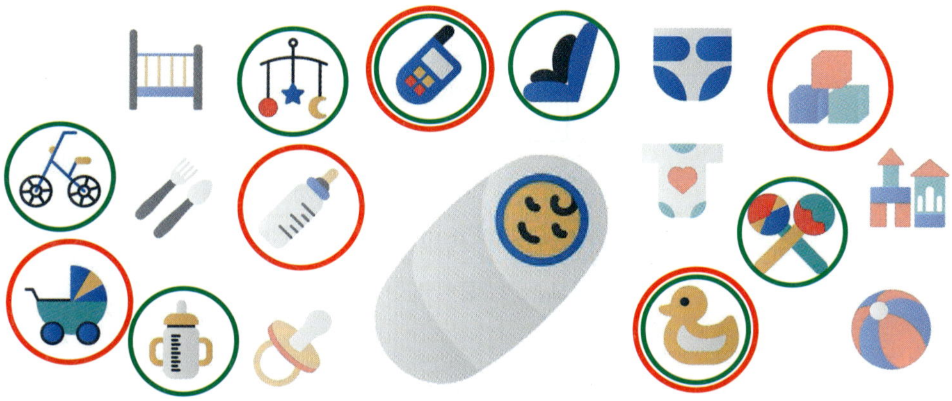

그림 9.14 정밀도(Precision): 추천된 상품 중 정말 좋아하는 품목 수

정밀도는 모델에 의해서 추천된 상품들 중에서 실제로 사용자가 원했던 품목들이 얼마나 되는가를 측정한 것입니다. 정밀도는 2/7입니다. 식으로 표현하면 다음과 같습니다.

$$\text{정밀도(Precision)} = \frac{\text{추천된 상품 중 정말 좋아하는 품목}}{\text{추천된 상품 수}}$$

5장에서 배운 혼동행렬로 표현하면 실제 모델을 통해서 추천된 상품의 수가 분모가 되고, 그중 실제로 사용자가 좋아하는 상품의 개수가 분자가 됩니다.

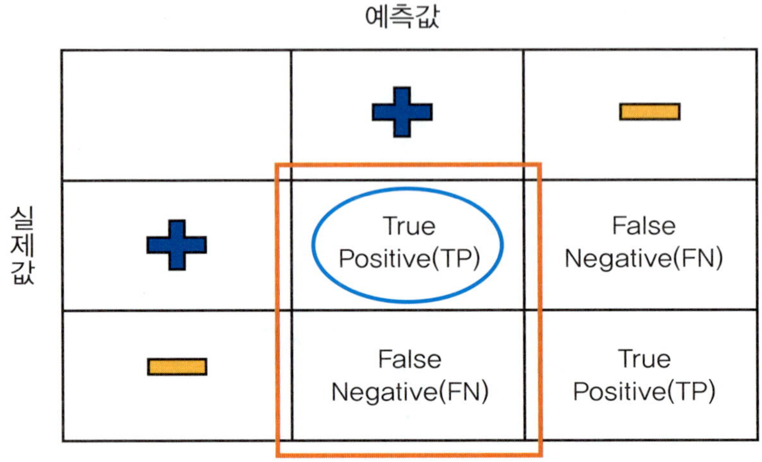

$$\text{정밀도(Precision)} = \frac{\text{True Positive}}{\text{True Positive} + \text{False Negative}}$$

그림 9.15 혼동행렬: 정밀도

6.3 최적의 추천시스템(Optimal Recommendations)

최적의 추천시스템은 어떤 시스템일까요? 사용자가 좋아하는 것만 정확히 추천하는 시스템일 것입니다. 재현율이 1이면서 정밀도도 1인 추천시스템일 것입니다.

재현율이 어떤 경우에 최대가 될까요? 재현율은 실제 사용자가 좋아하는 품목들 중 몇 개를 추천하는지를 살펴보는 수치입니다. 모든 품목을 추천하면 사용자가 좋아하는 품목은 모두 추천됩니다. 재현율이 1이 될 것입니다. [그림 9.16]은 추천시스템이 모든 품목을 다 추천한 경우입니다.

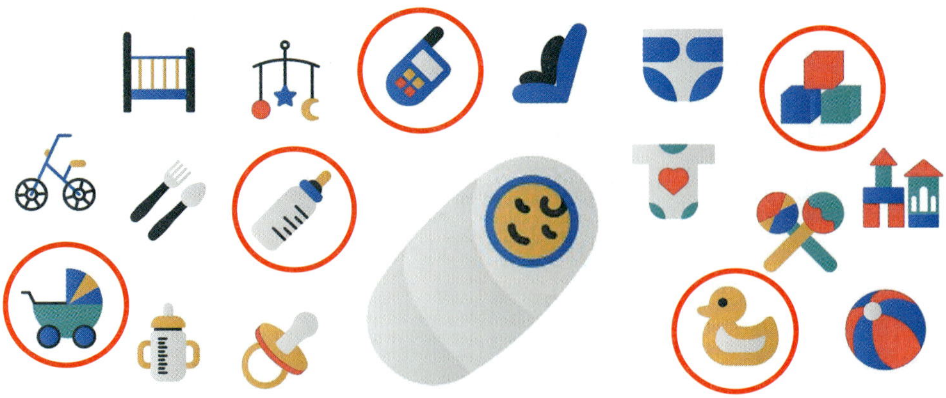

그림 9.16 모든 상품을 추천하는 경우, 재현율 = 1

$$\text{재현율(Recall)} = \frac{\text{좋아하는 품목 이면서 추천된 품목 수}}{\text{좋아하는 품목 수}} = \frac{5}{5} = 1$$

모든 품목을 추천하면, 싫어하는 품목도 많이 추천됩니다. 정밀도는 떨어집니다. 실제로 좋아하는 품목들은 몇 개 밖에 안 되는데, 모든 품목을 추천하면, 싫어하는 품목들도 많이 포함될 수박에 없습니다. 걸러내야 합니다. 추천된 품목은 많은 데 그 중 정말 좋아하는 것이 작기 때문에 정밀도가 떨어집니다.

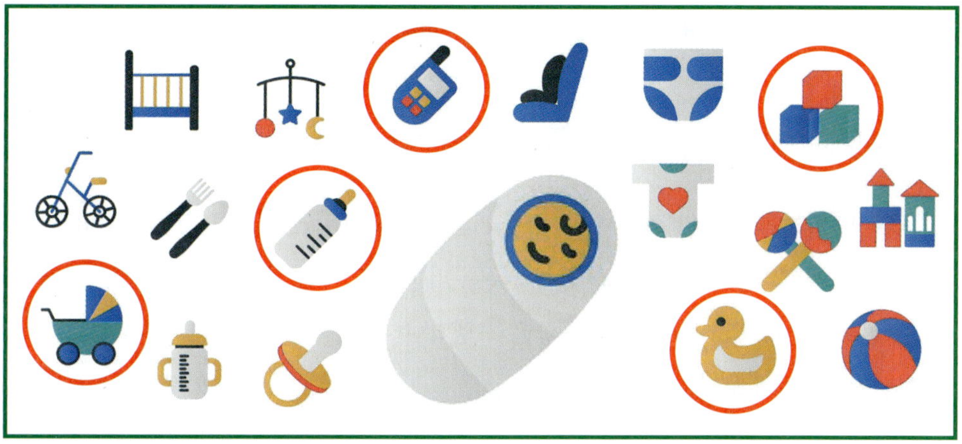

그림 9.17 모든 상품을 추천하는 경우, 정밀도 = 매우 낮음

$$\text{정밀도(Precision)} = \frac{\text{추천된 상품 중 정말 좋아하는 품목}}{\text{추천된 상품 수}} = \frac{5}{\text{매우 큰 숫자}}$$

가장 이상적인 추천시스템은 좋아하는 상품들만 정확히 추천하는 것입니다. 좋아하지 않는 상품은 추천되지 않는 것입니다. 재현율과 정밀도 모두 1인 경우인데, 아마도 쉽지 않을 것입니다. 우리는 [그림 9.18]과 가까운 결과를 만들려고 노력해야 할 것입니다.

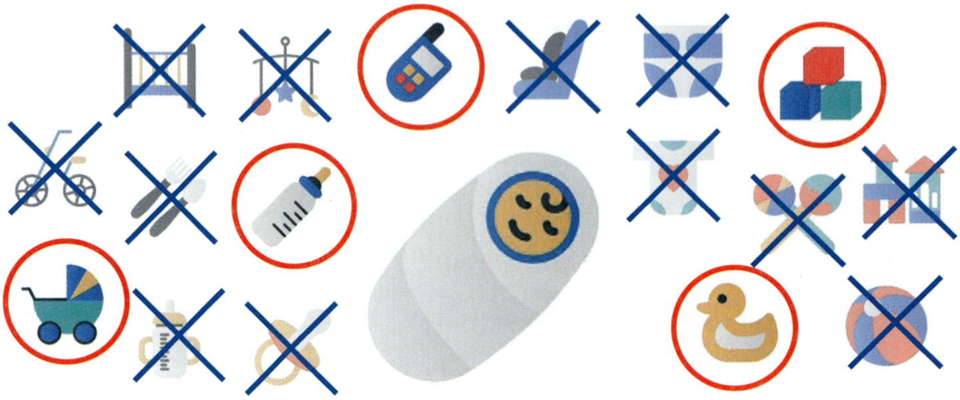

그림 9.18 가장 이상적인 케이스: 재현율과 정밀도 모두 1인 경우

6.4 정밀도-재현율 곡선(Precision-Recall Curves)

[그림 9.19]는 정밀도와 재현율의 관계를 그래프로 나타낸 정밀도-재현율(PR) 곡선입니다. 이 곡선의 의미를 살펴봅시다. 결론부터 말씀드리면, 곡선을 기준으로 아래 면적(Area under the Curve)이 클수록 좋은 모델입니다.

그래프를 이해해 보면 다음과 같습니다.

- 정밀도가 높을수록, 곡선이 위로 갈수록 좋습니다.
- 재현율이 높을수록, 곡선이 오른쪽으로 이동할수록 좋습니다.
- 즉, 그래프가 위로 가고, 오른쪽으로 갈 수로 좋고, 우상향할수록 곡선을 기준으로 아래 면적은 커지게 됩니다.
- 아래 면적이 클수록 추천시스템의 성능이 좋습니다. [그림 9.19]에서 파랑으로 칠해진 면적(AUC: Area Under the Curve)이 클수록, 모델의 성능이 좋습니다.

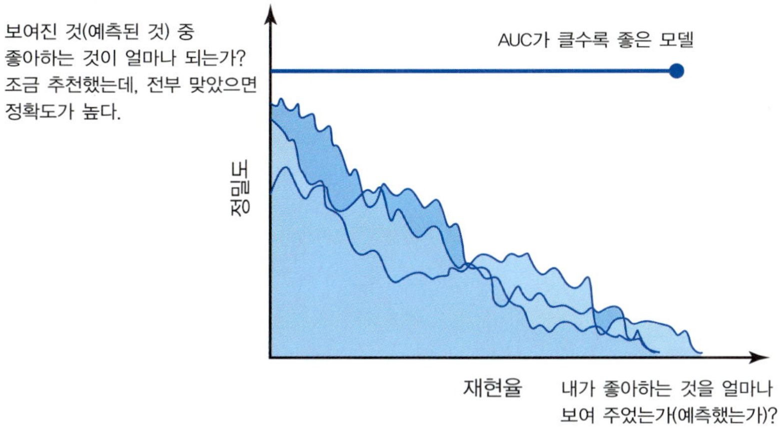

그림 9.19 PR(Precision-Recall) 곡선과 AUC(Area Under the Curves)

7 추천시스템 프로세스 이해하기 (Summary of Recommendation)

추천시스템의 프로세스를 도식화하면 [그림 9.20]과 같습니다. 상품 추천을 위한 추천시스템 모델을 만드는 프로세스입니다. 훈련(학습) 데이터로 사용자, 품목 데이터와 별점이 입력으로 들어옵니다. 해당 데이터를 전처리하고, 이를 통해 데이터는 정리되어 특징이 추출됩니다. 동시구매 행렬(Matrix Factorization)을 반복하며 학습합니다. 추천 항목과 실제 좋아하는 항목을 비교합니다.

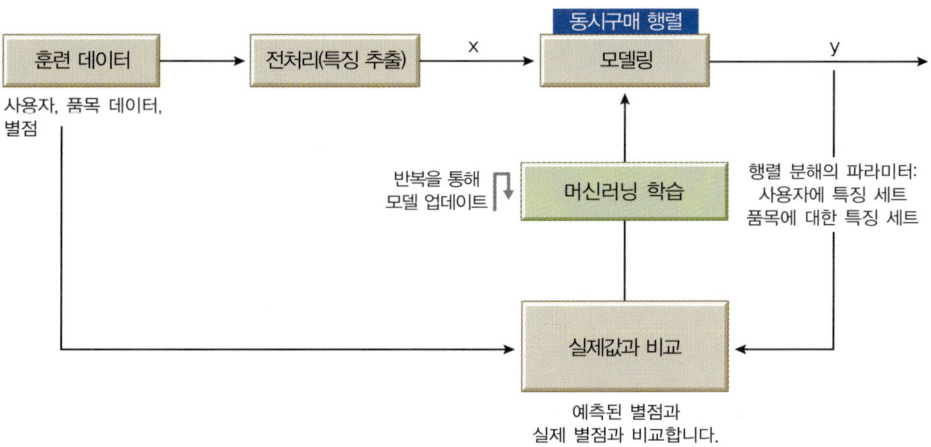

그림 9.20 추천시스템(동시구매 행렬) 알고리즘 프로세스

다음 장에서는 실제 python를 사용한 영화 추천시스템을 만들어 보겠습니다.

CHAPTER 10

추천 실습 : 사용자 맞춤 영화 추천하기

문제 정의하기
라이브러리 불러오기
데이터 수집하기
데이터 탐색하기
전처리하기
모델링하기

캐글(www.kaggle.com)에서 사용자, 영화, 별점으로 구성된 데이터를 가져옵니다. 해당 데이터를 활용하여 영화 추천과 더 나아가 사용자 맞춤형 추천 시스템을 직접 구현해 봅니다. Jupyter Lab/Notebook 또는 google colab을 기반으로 소스코드를 만들어 보겠습니다. 직접 새로운 .ipynb 파일을 만들어서 따라가는 것을 권장합니다(Book_Chapter10_Recommenda tions Matrix Factorization.ipynb 파일 참조).

1) 문제 정의하기(Problem Define)
2) 라이브러리 불러오기(Libraries Setting)
3) 데이터 수집하기(Data Collection)
4) 데이터 탐색하기(Data Exploration)
5) 전처리하기(Preprocessing)
6) 모델링하기(Modeling)
   6.1. 영화 추천
   6.2. 사용자 맞춤 영화 추천

1 문제 정의하기

먼저 풀고자 하는 문제를 정의합니다. 머신러닝으로 문제를 푼다는 의미는 y=f(x)에서 함수인 f(function)를 만드는 것입니다.

x, y, f를 한 줄로 명확하게 정의하는 것이 매우 중요합니다. 문제를 간결하게 정의할수록 모델의 정확도가 높아질 수 있습니다. 사용자-영화-별점으로 구성된 데이터를 가지고 영화를 추천하는 모델을 만들어 보겠습니다.

y=f(x)를 정의하면, y는 추천하는 영화, x는 영화 데이터와 사용자 데이터가 될 수 있습니다.

2 라이브러리 불러오기

머신러닝 모델링을 위한 환경을 세팅합니다. 파이썬에서 제공하는 머신러닝과 관련된 라이브러리들을 불러옵니다. 이전 장들과 비슷한 라이브러리들입니다.

```
import numpy as np # Numeric Python
import pandas as pd # Data Processing and Database
import matplotlib.pyplot as plt # Visualization
import seaborn as sns # Visualization
```

추가된 추천 모델을 위한 라이브러리들은 2개입니다.

- "**from** sklearn.decomposition **import** TruncatedSVD"
- "**from** scipy.sparse.linalg **import** svds"

여기서 SVD는 Singular Value Decomposition, linale은 linear algebra를 의미합니다.

```
from sklearn.decomposition import TruncatedSVD # Recommendations
from scipy.sparse.linalg import svds #Recommendations
```

SVD(Singular Value Decomposition): 특잇값 분해

특잇값 분해는 행렬을 분해(Decomposition)하는 것을 말합니다.

분해의 대표적인 예는 중학교 때 배운 인수분해가 있습니다. 주어진 다항식을 인수들의 곱셈 형식으로 만드는 것입니다. 더 쉽게 표현하면 어떤 원소를 다른 원소들의 곱으로 표현하는 것입니다.

우리는 이차 방정식의 해를 구하기 위해 인수분해를 사용하여 1차식으로 만듭니다. 이차 방정식 자체만 보고 바로 해를 구하는 것은 쉽지 않습니다. 인수분해를 통해 이차 방정식의 해를 쉽게 구할 수 있었습니다.

그렇다면 특잇값 분해는 무엇일까요? 인수분해가 이차 방정식의 해를 구하기 위한 도구로 쓰이는 것처럼, 특잇값 분해도 복잡한 행렬 연산을 쉽게 하기 위해 행렬의 차원을 축소하기 위한 도구로 쓰입니다. 실제로 주성분 분석(PCA: Principle

Component Analysis)과 같이 차원축소 분야에서 흔하게 쓰입니다.

PCA에 대해서는 이 책에서는 다루지 않기 때문에 조금 더 전문적인 통계 서적을 참고하시기 바랍니다.

위 그림과 같이 생각하시면 쉽게 이해가 될 것입니다.

데이터를 나타내는 행렬 A가 존재하다고 가정해 봅시다. 행렬 A가 너무 큽니다. 차원을 축소하면 연산이 더 쉬울 것 같습니다. 말 그대로 차원을 축소시키고자 합니다.

특잇값 분해는 현재의 데이터를 나타내는 행렬의 값들을 낮은 차원에서도 근사한 값으로 변환시킬 수 있는 공간을 찾는 것입니다.

행렬 A가 d차원이라고 가정했을 때, k차원(d 〉 k)으로 차원을 낮추는 행렬 B로 만드는 것입니다. 이때 k는 자유롭게 지정할 수 있습니다. 1차원이 될 수도 있고, 2차원이 될 수도 있습니다.

d가 3이고 k를 2로 설정한다면, 3차원 공간을 2차원 공간으로 표현하는 것입니다.

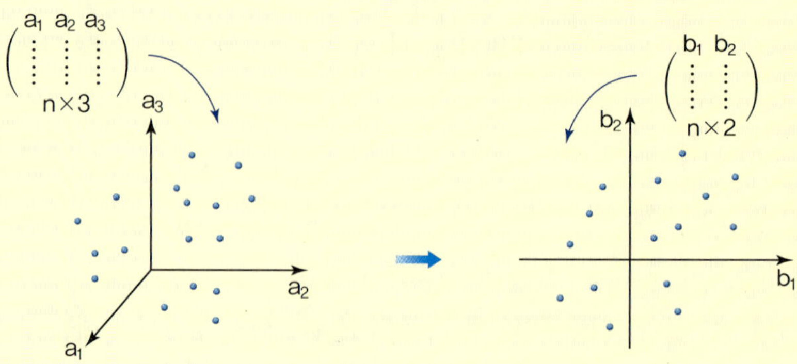

그림 10.1 차원축소

특잇값 분해에 대해 조금 더 깊이 들어가 보겠습니다. 행렬 A의 크기가 n x d라는 말은 d차원의 값들이 n개 있다는 뜻입니다. 따라서 행렬 A에 대한 차원축소는 n개의 값을 표현할 수 있는 부분 공간을 찾는 것입니다. n개의 값을 표현할 수 있는 d차원에서의 부분 공간을 찾는 것입니다. 아래 그림에서 파란색으로 표현된 부분 공간입니다.

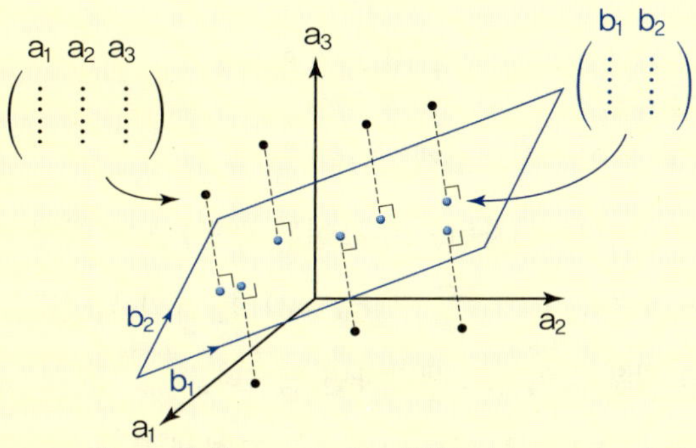

그림 10.2 부분 공간의 예: a_1, a_2, a_3, → b_1, b_2, b_3

차원을 축소하는 부분 공간은 어떻게 구할까요?

데이터와 부분 공간으로부터의 거리를 최소화시킬 수 있는 공간을 만드는 것입니다. 데이터와 부분 공간과의 수직 거리를 찾는 것입니다. 거리의 최소화는 2장에서 배운 RSS(Residual of Sum of Squares)을 구하는 것과 비슷합니다. 데이터들과 부분 공간과의 차이의 제곱의 합(Sum of Square)이 최소가 되는 최적의 선을 구했던 원리와 같습니다. 제곱의 합이니 행렬 연산으로 표현하면 A^TA, AA^T로 표현할 수 있습니다.

따라서 특잇값 분해에서는 원래의 행렬 A 자체를 다루기 보다는 A^TA, AA^T를 다루는 것입니다. A^TA, AA^T는 내적을 의미하는데 그림으로 이해해 봅시다.

[그림 10.3]은 행과 열의 내적을 보여줍니다. A^TA는 A의 열의 내적이라고 볼 수 있고, A의 열과 원점까지의 거리를 나타냅니다. AA^T는 A의 행의 내적이라고 볼 수 있습니다. A의 행과 원점까지의 거리를 나타내는 것입니다.

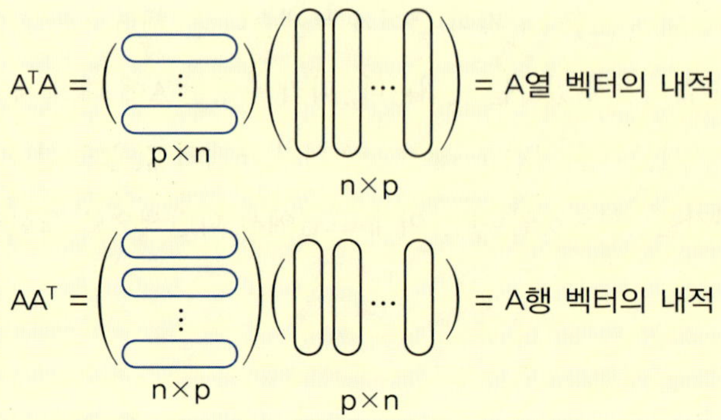

그림 10.3 A^TA, AA^T

특잇값의 정의를 수식으로 살펴보겠습니다.

n×p 행렬(n개의 데이터가 p차원으로 표현된 행렬) A에 대해 A^TA의 고윳값을 $\lambda_1 \cdots \lambda_p$라고 할 때, $\sigma_1 = \sqrt{\lambda_1}$, $\sigma_2 = \sqrt{\lambda_2} \cdots \sigma_p = \sqrt{\lambda_p}$를 A의 특잇값이라고 합니다. A를 제곱한 값에 루트를 씌운 값이라고 생각하면 됩니다.

앞의 쉬운 예로 배운 특잇값 분해를 수식으로 표현해 보겠습니다.

특잇값 분해는 $A=U\Sigma V^T$로 표현할 수 있습니다. U는 AA^T의 고유벡터를 열로 구성해서 left singular vector라고 부르고, V는 A^TA의 고유벡터를 행으로 구성해서 right singular vector라고 부릅니다. Σ의 각 대각원소가 행렬 A의 특잇값으로 채워집니다.

고유벡터는 방향은 변하지 않고 크기만 변하는 특징을 가지는 벡터입니다. 고윳값에 따라 변하는 벡터입니다. 고윳값이 2라면 기존 벡터 크기의 2배만큼 길어지고, 고윳값이 1/3이라면 기존 벡터 크기의 1/3만큼 줄어듭니다.

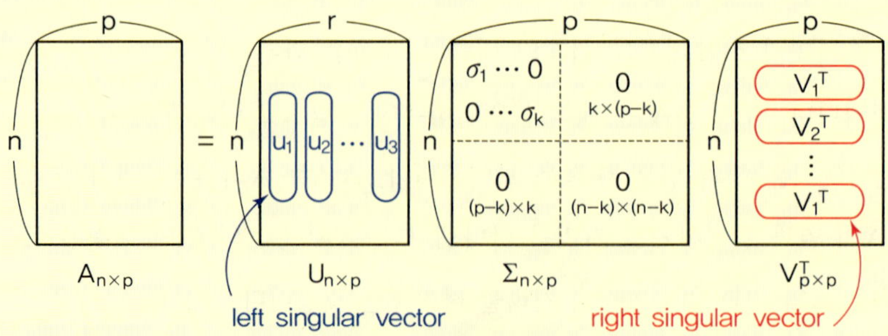

그림 10.4 특잇값 분해

복잡할 수 있습니다. 수식은 잠깐 잊고 다음과 같이 이해해도 좋을 것 같습니다.

추천 모델을 만들다 보면 특징이 너무 많아서 행렬이 너무 커져 연산하기가 힘들어 집니다. 그래서 연산량을 줄이기 위해서 벡터를 축소하는데, 이때 쓰는 분해법이라고 생각해도 좋습니다.

3 데이터 수집하기

영화 데이터를 읽어옵니다. 쉼표(comma)로 분류된 9,125개의 행으로 이루어진 영화 평점 데이터(ratings.csv)와 100,004개의 행(movies.csv)으로 이루어진 사용자의 데이터를 읽어 옵니다.

pd는 판다스 라이브러리를 의미하는 축약어입니다. pd.read_csv함수를 이용해서 csv 포맷 파일을 읽어옵니다.

pd.read_csv 함수를 이용해서 ratings.csv와 movies.csv 파일을 파이썬으로 불러와서 저장합니다. rating_data 변수에는 사용자들이 각 영화에 대한 평점을 매겨 놓은 데이터가 저장되고, movie_data 변수에는 영화에 대한 데이터가 저장됩니다. 영화 ID, 제목, 장르 등이 저장됩니다.

rating_data.head()와 movie_data.head() 함수를 사용하여 수집된 데이터를 확인합니다. head는 데이터의 제일 윗부분부터 확인한다는 의미입니다. 괄호 안에 숫자를 입력하지 않으면 default 값으로 5개의 값을 출력해 줍니다.

```
rating_data = pd.read_csv('./data/ratings.csv') ## 사용자가 영화에 대해 매긴 점수
movie_data = pd.read_csv('./data/movies.csv') ## 영화에 대한 정보
```

```
rating_data.head()
```

	userId	movieId	rating	timestamp
0	1	31	2.5	1260759144
1	1	1029	3.0	1260759179
2	1	1061	3.0	1260759182
3	1	1129	2.0	1260759185
4	1	1172	4.0	1260759205

```
movie_data.head()
```

	movieId	title	genres
0	1	Toy Story (1995)	Adventure|Animation|Children|Comedy|Fantasy
1	2	Jumanji (1995)	Adventure|Children|Fantasy
2	3	Grumpier Old Men (1995)	Comedy|Romance
3	4	Waiting to Exhale (1995)	Comedy|Drama|Romance
4	5	Father of the Bride Part II (1995)	Comedy

rating_data는 사용자id(userId), 영화id(movieId), 평점(rating), 시간(timestamp)으로 구성되어 있습니다. rating_data 변수를 살펴보면, userId가 같은 데이터가 많습니다. userId는 사용자를 의미합니다. 한 사람이 여러 편의 영화들을 볼 수 있으며, 한 사람이 여러 편의 영화에 대해 점수를 매길 수 있기 때문입니다.

movie_data는 영화id(movieId), 제목(title), 장르(genres)로 구성되어 있습니다. 두 개의 파일(rating_data, movie_data) 모두 영화id(movieId)를 가지고 있습니다.

데이터 분석을 하려면, 통합 테이블을 만드는 과정이 필요합니다. 공통으로 가지고 있는 특징 정보인 영화id(movieId)를 기준으로 두 개의 파일을 한 개로 통합하여 통합 테이블을 만들 수 있습니다.

4 데이터 탐색하기

데이터에 대한 이해도가 높을 수록 분석의 정확도를 높일 수 있고, 분석의 정확도 향상은 곧 모델링의 성능 향상을 가져옵니다. 데이터에 대한 이해를 위해 다양한 방법으로 데이터를 탐색합니다.

4.1 데이터의 각 변수들의 기본 정보를 파악합니다.

우선 데이터 셋의 구조를 파악합니다. shape 함수를 사용해서 살펴볼 수 있습니다. (행, 열)를 출력해 주기 때문에 데이터의 개수와 변수의 개수를 알 수 있습니다. 행은 데이터의 개수를 의미하고, 열은 변수의 개수를 의미합니다.

```
### [데이터 셋 구조]
print(movie_data.shape)
print(rating_data.shape)
```

```
(9125, 3)
(100004, 4)
```

해석 9,125개의 행과 3개의 열로 이루어진 영화평점 데이터(movies.csv)와 100,004개의 행(ratings.csv)과 4개의 열로 이루어진 사용자의 데이터를 읽어 옵니다.

4.2 각 변수(데이터)의 타입을 확인합니다.

movie_data.info() 함수와 rating_data.info() 함수를 통해 데이터 타입을 확인할 수 있습니다. int64는 소수점이 없는 정수형이고, float64는 소수점이 있는 실수형입니다. object는 문자형 즉, 텍스트를 의미합니다. movie_data의 변수는 movidId(int64)를 제외하고는 모두 문자형(object)입니다. title과 genres는 텍스트로 이루어져 있습니다. rating_data에서는 모두 실수(float64)와 정수(int64) 타입입니다.

```
### [데이터 타입]
movie_data.info()
```

```
<class 'pandas.core.frame.DataFrame'>
RangeIndex: 9125 entries, 0 to 9124
Data columns (total 3 columns):
 #   Column   Non-Null Count  Dtype
---  ------   --------------  -----
 0   movieId  9125 non-null   int64
 1   title    9125 non-null   object
 2   genres   9125 non-null   object
dtypes: int64(1), object(2)
memory usage: 214.0+ KB
```

```
### [데이터 타입]
rating_data.info()
```

```
<class 'pandas.core.frame.DataFrame'>
RangeIndex: 100004 entries, 0 to 100003
Data columns (total 4 columns):
 #   Column     Non-Null Count   Dtype
---  ------     --------------   -----
 0   userId     100004 non-null  int64
 1   movieId    100004 non-null  int64
 2   rating     100004 non-null  float64
```

```
 3   timestamp  100004 non-null  int64
dtypes: float64(1), int64(3)
memory usage: 3.1 MB
```

기본 통계를 구합니다.

수치형 변수만 뽑아서 기본 통계를 구합니다. movie_data.describe() 함수와 rating_data.describe() 함수를 사용하여 수치형 데이터에 대한 각종 통계량을 요약해서 출력합니다.

```
movie_data.describe()
```

	movieId
count	9125.000000
mean	31123.291836
std	40782.633604
min	1.000000
25%	2850.000000
50%	6290.000000
75%	56274.000000
max	164979.000000

```
rating_data.describe()
```

	userId	movieId	rating	timestamp
count	100004.000000	100004.000000	100004.000000	1.000040e+05
mean	347.011310	12548.664363	3.543608	1.129639e+09
std	195.163838	26369.198969	1.058064	1.916858e+08
min	1.000000	1.000000	0.500000	7.896520e+08
25%	182.000000	1028.000000	3.000000	9.658478e+08
50%	367.000000	2406.500000	4.000000	1.110422e+09
75%	520.000000	5418.000000	4.000000	1.296192e+09
max	671.000000	163949.000000	5.000000	1.476641e+09

사용자 수를 확인합니다.

사용자 수를 확인하게 위해 userId의 중복을 제거하고 sum() 함수를 호출하여 사용자

수를 세어 봅니다. 중복을 제거하기 위해 drop_duplicates() 함수를 사용합니다.

```
userId_duplicate= rating_data.drop_duplicates(['userId'])
```

사용자가 점수를 매겼던 영화 중 영화id(movieId)가 가장 작은 것의 번호만 가져와서 화면에 출력합니다. 출력은 사용자가 점수를 메긴 영화 중 한 개씩만 보여줍니다.

```
userId_duplicate.head()
```

	userId	movieId	rating	timestamp
0	1	31	2.5	1260759144
20	2	10	4.0	835355493
96	3	60	3.0	1298861675
147	4	10	4.0	949810645
351	5	3	4.0	1163374957

사용자 수를 구할 수 있게 됩니다. 사용자 수가 671명입니다.

```
userId_duplicate.shape
```

```
(671, 4)
```

5 전처리하기

모델링에 앞서 데이터 전처리 과정을 거쳐야 합니다.

데이터의 각 변수들 중에서 영화추천 모델링에 필요한 변수들만 추출합니다.

ratings.csv 데이터에서 불필요한 timestamp 변수를 삭제합니다.

```
rating_data.drop('timestamp', axis = 1, inplace = True)
rating_data.head()
```

axis = 1은 파이썬 코드를 열을 기준으로 실행시키기 위한 설정입니다. 참고로 만약 행을 기준으로 실행하려면 axis=0으로 설정하시면 됩니다. inplace=True의 의미는 실행 후의 결과를 데이터 프레임에 반영함을 의미합니다. 즉, 원본 데이터 프레임이 업데이트됨을 의미합니다. 원본 데이터가 사라지는 효과가 있습니다. rating_data의 timsestamp 열이 제거된 열이 3개인 데이터 프레임으로 바뀝니다.

	userId	movieId	rating
0	1	31	2.5
1	1	1029	3.0
2	1	1061	3.0
3	1	1129	2.0
4	1	1172	4.0

영화 테이블(movies.csv)에서도 genres 변수를 삭제합니다.

영화 테이블(movie_data)에서 genres 열이 삭제된 후 2개의 열로 구성된 데이터 프레임으로 업데이트됩니다.

```
movie_data.drop('genres', axis = 1, inplace = True)
movie_data.head()
```

	movieId	title
0	1	Toy Story (1995)
1	2	Jumanji (1995)
2	3	Grumpier Old Men (1995)
3	4	Waiting to Exhale (1995)
4	5	Father of the Bride Part II (1995)

분석을 위해 rating_data와 movie_data를 병합(merge)합니다.

두 테이블이 모두 가지고 있는 변수를 기준으로 통합니다. movieId 변수를 기준으로 통합니다. 통합된 테이블(user_movie_data)을 확인합니다. head와 tail 함수를 사용하여 테이블이 잘 병합되었는지 확인합니다.

```
user_movie_data = pd.merge(rating_data, movie_data,
                           on = 'movieId')
user_movie_data.head()
```

	userId	movieId	rating	title
0	1	31	2.5	Dangerous Minds (1995)
1	7	31	3.0	Dangerous Minds (1995)
2	31	31	4.0	Dangerous Minds (1995)
3	32	31	4.0	Dangerous Minds (1995)
4	36	31	3.0	Dangerous Minds (1995)

```
user_movie_data.tail()
```

	userId	movieId	rating	title
99999	664	64997	2.5	War of the Worlds (2005)
100000	664	72380	3.5	Box, The (2009)
100001	665	129	3.0	Pie in the Sky (1996)
100002	665	4736	1.0	Summer Catch (2001)
100003	668	6425	1.0	6th Man, The (Sixth Man, The) (1997)

해석 같은 영화를 여러 명이 볼 수 있다. 영화에 대한 사용자의 평가를 알 수 있다.

- 하나의 영화에 대한 사용자 평가를 살펴봅니다.

  영화는 여러 사람들이 볼 수 있습니다. 즉, 하나의 영화에 대한 평점은 여러 사용자에 의해서 만들어 질 수 있습니다. 따라서 user_movie_data 테이블은 실제 영화 수보다 많은 행이 생길 수 있습니다.

- 먼저 통합 테이블의 구조를 살펴봅니다.

  10,004개의 행과 4개의 열로 구성됨을 알 수 있습니다. 한 개의 영화에 여러 사용자들이 평가를 할 수 있습니다. 사용자 수가 중복되어 카운팅될 수 있습니다. 행이 실제 사용자 수보다 많아질 수 있습니다.

실제 사용자 수는 671명이지만, 통합 테이블(user_movie_data)의 행의 수는 100,004입니다. 한 명이 여러 영화를 볼 수 있고, 한 개의 영화에 여러 사용자가 평가할 수 있습니다.

```
### 한 개의 영화에 여러명의 사용자 평가할 수 있습니다.
### 사용자 수가 중복 카운팅이 되어서 행이 많습니다.
user_movie_data.shape
```

```
(100004, 4)
```

사용자 순으로 데이터를 정렬합니다.

사용자 별 영화 별점을 살펴봅니다. sort_values() 함수를 사용합니다. by 변수는 정렬 기준을 설정합니다. ascending은 오름차순과 내림차순을 설정합니다. by= “userId”는 사용자 id 별로 정렬함을 의미하며, ascending=True는 오름차순으로 정렬을 설정합니다.

```
### 사용자 순으로 정렬 합니다. 기준이 사용자로 바뀝니다.
user_movie_data.sort_values(by="userId", ascending=True)
```

	userId	movieId	rating	title
0	1	31	2.5	Dangerous Minds (1995)
117	1	1129	2.0	Escape from New York (1981)
165	1	1172	4.0	Cinema Paradiso (Nuovo cinema Paradiso) (1989)
403	1	1343	2.0	Cape Fear (1991)
211	1	1263	2.0	Deer Hunter, The (1978)
...	...	...	...	...
15131	671	919	4.0	Wizard of Oz, The (1939)
25916	671	1923	4.0	There's Something About Mary (1998)
59367	671	5902	3.5	Adaptation (2002)
11437	671	2762	4.0	Sixth Sense, The (1999)

27777	671	4963	4.5	Ocean's Eleven (2001)

100004 rows × 4 columns

전처리된 데이터를 파일로 저장해 둡니다.

데이터 분석 및 모델링을 하다 보면, 학습이 반복됩니다. 많은 반복 학습으로 인해서 원본 데이터가 훼손될 수 있습니다. 주기적으로 원본 데이터 및 분석 데이터를 파일로 백업해 두면 좋습니다. to_csv 함수를 이용해서 csv 파일로 저장합니다.

```
user_movie_data.to_csv('user_movie_data.csv')
```

지금까지의 전처리 점검하기

지금까지의 전처리를 정리해 봅시다.

① 불필요한 열을 삭제했습니다. (timestamp, genres)

② rating_data와 movie_data를 병합해서 하나의 테이블(user_movie_data)을 만듭니다.

③ 잘 정제된 테이블을 csv 파일로도 저장해 둡니다.

테이블을 피봇팅합니다.

가로(행)은 사용자, 세로(열)은 영화들, 그리고 테이블의 값은 평점으로 변환합니다. pivot_table()함수를 사용해서 쉽게 변환시킬 수 있습니다.

- user_movie_rating 테이블을 만듭니다. index=userId, columns=title, value로 rating값을 사용합니다.
- fillna(0)은 값이 없는 데이터가 있을 경우 해당 값(평점)을 0으로 설정함을 의미합니다.

```
user_movie_rating = user_movie_data.pivot_table
                    ('rating', index = 'userId',
                     columns='title').fillna(0)
```

head() 함수를 사용해서 테이블을 확인합니다.

```
user_movie_rating.head()
```

```
user_movie_rating.head()
```

title	"Great Performances" Cats (1998)	$9.99 (2008)	'Hellboy': The Seeds of Creation (2004)	'Neath the Arizona Skies (1934)	'Round Midnight (1986)	'Salem's Lot (2004)	'Til There Was You (1997)	'burbs, The (1989)	'night Mother (1986)	(500) Days of Summer (2009)	...	Zulu (1964)	Zulu (2013)	[REC] (2007)	eXistenZ (1999)	loudQUIETloud: A Film About the Pixies (2006)	xXx (2002)	xXx: State of the Union (2005)	¡Three Amigos! (1986)	À nous la liberté (Freedom for Us) (1931)	İtiraz V (201
userId																					
1	0.0	0.0	0.0	0.0	0.0	0.0	0.0	0.0	0.0	0.0	...	0.0	0.0	0.0	0.0	0.0	0.0	0.0	0.0	0.0	0
2	0.0	0.0	0.0	0.0	0.0	0.0	0.0	0.0	0.0	0.0	...	0.0	0.0	0.0	0.0	0.0	0.0	0.0	0.0	0.0	0
3	0.0	0.0	0.0	0.0	0.0	0.0	0.0	0.0	0.0	0.0	...	0.0	0.0	0.0	0.0	0.0	0.0	0.0	0.0	0.0	0
4	0.0	0.0	0.0	0.0	0.0	0.0	0.0	0.0	0.0	0.0	...	0.0	0.0	0.0	0.0	0.0	0.0	0.0	0.0	0.0	0
5	0.0	0.0	0.0	0.0	0.0	0.0	0.0	0.0	0.0	0.0	...	0.0	0.0	0.0	0.0	0.0	0.0	0.0	0.0	0.0	0

5 rows × 9064 columns

user_movie_rating 테이블의 구조를 이해합니다.

테이블은 671명의 사용자들이 9064개의 영화들에 대해 평점을 주었습니다.

```
user_movie_rating.shape
### 사용자 수: 671 명, 영화의 갯수 : 9064개
```

영화를 기준으로도 사용자들을 정리해 봅니다.

user_movie_rating의 전치행렬을 만드는 것입니다. movie_user_rating을 만드는 것입니다. 9,064개의 영화가 행이 되고, 671명의 사용자가 열이 됩니다.

```
## 행이 영화, 열이 사용자
movie_user_rating = user_movie_rating.values.T
movie_user_rating.shape
```

```
(9064, 671)
```

6 모델링하기

실습에서는 추천 모델 중 영화 추천(품목 추천 방법)과 개인 맞춤 추천을 다룹니다.

6.1 영화 추천

행렬을 특잇값 분해를 사용하여 축소합니다.

TruncatedSVD() 함수를 사용하여 차원을 축소합니다.

TruncatedSVD는 특잇값 가운데 상위 n개의 값만을 추출합니다. 9,064개의 영화×671명의 점수로 구성된 행렬이 있습니다. 9,064개의 영화에 대해서 671명의 점수를 12개의 대표점수로 차원을 축소합니다. 다시 표현하면, 각 영화에 대한 사용자의 평점 671개를 12개로 축소합니다.

기존 행렬로 100% 완벽하게 복원할 수는 없지만, 기존의 행렬의 특징 중 중요한 값만을 대푯값으로 사용하기 때문에 근사한 행렬을 도출할 수 있습니다. 차원축소를 통해 결과에 큰 지장을 초래하지 않고 복잡도와 계산량을 줄일 수 있습니다.

fit_transform() 함수를 사용해서 컴파일과 실행을 한꺼번에 수행합니다.

movie_user_rating 테이블에 대해서 차원을 축소한 후, 해당 값들을 matrix 변수에 넣습니다. matrix변수의 구조를 shape 함수를 사용하여 살펴봅니다. (9064, 12)로 줄어든 것을 확인할 수 있습니다.

```
SVD = TruncatedSVD(n_components=12)
matrix = SVD.fit_transform(movie_user_rating)
matrix.shape

### movie_user_rating = user_movie_rating.values.T
### 가로: 영화 세로: 사용자
```

```
(9064, 12)
```

matrix에서 첫번째 행을 출력해 봅니다.

첫 번째 영화에 대한 사용자 평점을 출력합니다. 다음과 같습니다. 671명의 점수가 12개의 점수로 압축해서 저장됩니다.

```
matrix[0]
```

```
array([ 0.01227491,  0.00250763,  0.01554857, -0.03396974, -0.014
42762,
        0.00367982, -0.0022187 ,  0.04476527, -0.01697916, -0.020
81179,
        0.01106481, -0.01145689])
```

피어슨 상관계수를 사용해서 상관관계를 살펴봅니다.

numpy(np)라이브러리 안의 corrcoef() 함수를 사용해서 피어슨 상관관계를 구할 수 있습니다. 문제가 영화에 대한 추천이기 때문에 9,064개의 행(영화)을 기준으로 상관계수를 구합니다. 9064×9064의 상관관계 테이블이 만들어 집니다.

```
corr = np.corrcoef(matrix)
corr.shape
```

```
(9064, 9064)
```

상관관계(correlation, correlation coefficient)

- 두 변수 간에 어떠한 선형적 관계를 갖고 있는가를 살펴보는 방법 중 하나입니다.
- 두 변수는 서로 독립적인 관계일 수도 있고, 서로 강한 상관관계를 가질 수도 있습니다.
- 두 변수 간의 관계의 정도를 표현합니다.

기억해 두어야 할 것은 여기서 구하는 상관계수(correlation coefficient)는 두 변수 간의 연관된 정보를 나타낼 뿐 인과관계를 설명하는 것은 아닙니다. 두 변수 간의 원인과 결과를 알기 위해서는 회귀분석(모델링)을 적용하는 것을 추천합니다. 회귀분석(모델링)은 인과관계의 방향, 정도 등을 파악하는 데 효율적입니다.

히트맵(Heatmap)을 통해서 파악할 수 있습니다.

히트맵의 행과 열의 수는 지정할 수 있습니다. 너무 많은 개수의 변수를 하나의 히트맵에 한꺼번에 표현하면 상관관계를 파악하기 힘들 수 있습니다. 10개의 영화 간의 상관관계를 보여주는 히트맵입니다.

```
corr3 = corr[:10, :10]
corr3.shape
```

```
(10, 10)
```

```
plt.figure(figsize=(16, 10))
sns.heatmap(corr3)
```

```
<Axes: >
```

200개의 영화 간의 상관관계를 보여주는 히트맵입니다. 너무 많은 데이터(200개)를 하나의 히트맵으로 표현할 경우에는 아래 그림과 같이 의미를 파악하는 것이 어렵습니다.

```
corr2 = corr[:200, :200]
corr2.shape
```

```
(200, 200)
```

```
plt.figure(figsize=(16, 10))
sns.heatmap(corr2)
```

```
<Axes: >
```

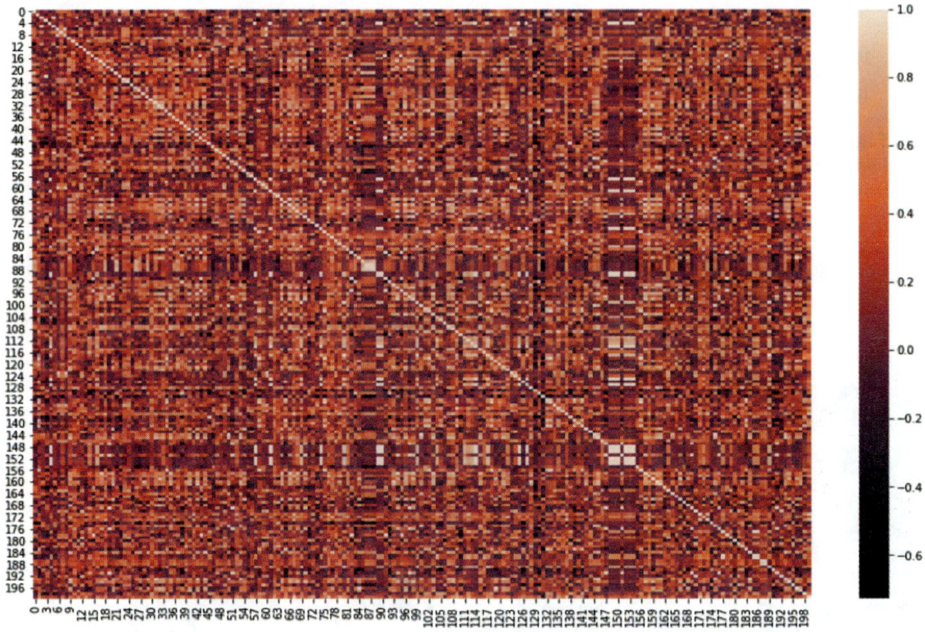

데이터 분석을 위해서 특정 영화의 위치를 파악합니다.

"Guardians of the Galaxy(2014)" 데이터의 위치를 찾아보겠습니다. movie_title이라는 변수에 영화 제목(user_movie_rating.columns)만 넣습니다. movei_title_list 변수에 movie_title을 list 함수를 사용해서 리스트 형태로 저장합니다. 변환된 리스트에서 "Guardians of the Galaxy(2014)"의 영화를 찾아서 해당 인덱스를 coffey_hands라는 변수에 넣습니다.

coffey_hands를 출력합니다. "Guardians of the Galaxy(2014)" 영화는 3,406번째에 있습니다. 3405가 출력되지만, 컴퓨터에서 인덱스는 0부터 시작하기 때문에 3,406번째 있다는 의미입니다.

```
movie_title = user_movie_rating.columns
movie_title_list = list(movie_title)
coffey_hands = movie_title_list.index("Guardians of the Galaxy (2014)")
coffey_hands
```

```
3405
```

movie_title을 출력해 봅니다. 첫 번째부터 20개의 영화를 출력해 봅니다.

```
movie_title_list[0:20]
```

```
['"Great Performances" Cats (1998)',
 '$9.99 (2008)',
 "'Hellboy': The Seeds of Creation (2004)",
 "'Neath the Arizona Skies (1934)",
 "'Round Midnight (1986)",
 "'Salem's Lot (2004)",
 "'Til There Was You (1997)",
 "'burbs, The (1989)",
 "'night Mother (1986)",
 '(500) Days of Summer (2009)',
 '*batteries not included (1987)',
 '...And God Spoke (1993)',
 '...And Justice for All (1979)',
 '1-900 (06) (1994)',
 '10 (1979)',
 '10 Attitudes (2001)',
 '10 Cloverfield Lane (2016)',
 '10 Items or Less (2006)',
 '10 Things I Hate About You (1999)',
 '10 Years (2011)']
```

위치의 범위를 지정해서 찾아봅니다.

"Guardians of the Galaxy(2014)의 위치를 범위를 지정해서 찾아봅니다.

```
movie_title_list[3403:3407]
```

```
['Guard, The (2011)',
 'Guardian, The (1990)',
 'Guardians of the Galaxy (2014)',
 'Guarding Tess (1994)']
```

"Guardians of the Galaxy(2014)" 영화와 강한 상관관계를 갖는 데이터를 찾습니다.

상관계수가 0.9 이상인 영화 중 10개의 영화를 출력합니다. 결과를 통해 가장 강한 상관관계를 가지는 영화들을 찾을 수 있습니다.10,000 BC(2008), 2 Guns(2013) 등이 있습니다.

```
corr_coffey_hands  = corr[coffey_hands]
list(movie_title[(corr_coffey_hands >= 0.9)])[:10]
```

```
['2 Guns (2013)',
 '2012 (2009)',
 '21 (2008)',
 '300: Rise of an Empire (2014)',
 'Abduction (2011)',
 'Adjustment Bureau, The (2011)',
 'Adventures of Tintin, The (2011)',
 'Alice in Wonderland (2010)',
 'Amazing Spider-Man, The (2012)',
 'Angels & Demons (2009)']
```

6.2 사용자 맞춤 영화 추천

이제부터는 사용자 맞춤 영화 추천을 만들어 보겠습니다.

품목-품목 추천을 위해서 만든 테이블을 그대로 이용해도 되지만, 효과적인 쓰임새를 위해서 사용자 맞춤 영화 추천을 위한 테이블을 한 개 더 만들어 보겠습니다. 설명은 생략하겠습니다. 원본 데이터 파일을 불러와서 데이터 프레임을 만들고 변수에 저장합니다.

```
df_ratings  = pd.read_csv('./data/ratings.csv')
df_movies  = pd.read_csv('./data/movies.csv')
```

저장된 데이터를 확인합니다.

사용자별 영화 평점을 확인합니다. head() 함수를 이용해서 데이터 셋의 상위 5개의 데이터를 출력합니다. tail() 함수를 사용하여 하위 5개 데이터 셋도 같이 보는 것을 권장합니다.

```
df_ratings.head()
```

	userId	movieId	rating	timestamp
0	1	31	2.5	1260759144
1	1	1029	3.0	1260759179
2	1	1061	3.0	1260759182

3	1	1129	2.0	1260759185
4	1	1172	4.0	1260759205

영화 테이블의 정보를 head() 함수를 이용해서 확인합니다. tail() 함수를 사용하여 하위 5개 데이터 셋도 같이 보는 것을 권장합니다.

```
df_movies.head()
```

	movieId	title	genres
0	1	Toy Story (1995)	Adventure|Animation|Children|Comedy|Fantasy
1	2	Jumanji (1995)	Adventure|Children|Fantasy
2	3	Grumpier Old Men (1995)	Comedy|Romance
3	4	Waiting to Exhale (1995)	Comedy|Drama|Romance
4	5	Father of the Bride Part II (1995)	Comedy

사용자-영화 평점 테이블을 만듭니다.

사용자가 봤던 영화들에 대한 평점 테이블을 만듭니다. 행이 사용자이고, 열이 영화인 테이블을 만듭니다. 이번엔 pivot() 함수를 사용해서 만들어 보겠습니다.

```
df_user_movie_ratings = df_ratings.pivot(
    index='userId',
    columns='movieId',
    values='rating'
).fillna(0)
```

shape() 함수를 사용하여 테이블 구조를 확인합니다. 671명의 사용자들이 각 영화에 대한 평점들을 주고 그것에 대한 값을 열에 저장합니다. 열의 개수가 9,066개입니다. 영화의 개수가 9,066개입니다.

```
df_user_movie_ratings.shape
```

```
(671, 9066)
```

다양한 방법으로 데이터를 출력해서 확인해 봅니다. 사용자가 모든 영화를 다 볼 수 없고, 또 모든 영화에 대해서 점수를 줄 수 없기 때문에 영화의 평점이 0점인 경우가 많습니다.

10명의 사용자가 준 4개의 영화에 대한 평점을 살펴보면 많은 영화에 대한 평점이 0점인 것을 확인할 수 있습니다.

```
df_user_movie_ratings.iloc[:10, [0,1,2,3]]
### 사용자 10명과 영화 4개에 대한 점수를 보여줍니다.
```

movieId	1	2	3	4
userId				
1	0.0	0.0	0.0	0.0
2	0.0	0.0	0.0	0.0
3	0.0	0.0	0.0	0.0
4	0.0	0.0	0.0	0.0
5	0.0	0.0	4.0	0.0
6	0.0	0.0	0.0	0.0
7	3.0	0.0	0.0	0.0
8	0.0	0.0	0.0	0.0
9	4.0	0.0	0.0	0.0
10	0.0	0.0	0.0	0.0

처음 10명의 사용자가 35개의 영화에 대한 평점을 살펴보면 중간에 4점, 3점, 2.5점, 5점 등 평점을 메긴 것을 볼 수 있습니다.

```
df_user_movie_ratings.iloc[:10, 0:35]
```

movieId	1	2	3	4	5	6	7	8	9	10	...	26	27	28	29	30	31	32	34	35	36
userId																					
1	0.0	0.0	0.0	0.0	0.0	0.0	0.0	0.0	0.0	0.0	...	0.0	0.0	0.0	0.0	0.0	2.5	0.0	0.0	0.0	0.0
2	0.0	0.0	0.0	0.0	0.0	0.0	0.0	0.0	0.0	4.0	...	0.0	0.0	0.0	0.0	0.0	0.0	0.0	0.0	0.0	0.0
3	0.0	0.0	0.0	0.0	0.0	0.0	0.0	0.0	0.0	0.0	...	0.0	0.0	0.0	0.0	0.0	0.0	0.0	0.0	0.0	0.0
4	0.0	0.0	0.0	0.0	0.0	0.0	0.0	0.0	0.0	4.0	...	0.0	0.0	0.0	0.0	0.0	0.0	0.0	5.0	0.0	0.0

5	0.0	0.0	4.0	0.0	0.0	0.0	0.0	0.0	0.0	0.0	...	0.0	0.0	0.0	0.0	0.0	0.0	0.0	0.0	0.0	0.0
6	0.0	0.0	0.0	0.0	0.0	0.0	0.0	0.0	0.0	0.0	...	0.0	0.0	0.0	0.0	0.0	0.0	0.0	0.0	0.0	0.0
7	3.0	0.0	0.0	0.0	0.0	0.0	0.0	0.0	0.0	3.0	...	0.0	0.0	0.0	0.0	0.0	3.0	0.0	4.0	0.0	0.0
8	0.0	0.0	0.0	0.0	0.0	0.0	0.0	0.0	0.0	0.0	...	0.0	0.0	0.0	0.0	0.0	0.0	5.0	0.0	0.0	0.0
9	4.0	0.0	0.0	0.0	0.0	0.0	0.0	0.0	0.0	0.0	...	3.0	0.0	0.0	0.0	0.0	0.0	0.0	0.0	0.0	5.0
10	0.0	0.0	0.0	0.0	0.0	0.0	0.0	0.0	0.0	0.0	...	0.0	0.0	0.0	0.0	0.0	0.0	0.0	0.0	0.0	0.0

10 rows × 35 columns

이번에는 사용자 5명이 9,066개의 영화에 대한 메긴 점수들도 살펴볼 수 있습니다.

```
df_user_movie_ratings.head()
```

movieId	**1**	**2**	**3**	**4**	**5**	**6**	**7**	**8**	**9**	**10**	**...**	**161084**	**161155**	**161594**	**161830**	**161918**	**16**
userId																	
1	0.0	0.0	0.0	0.0	0.0	0.0	0.0	0.0	0.0	0.0	...	0.0	0.0	0.0	0.0	0.0	
2	0.0	0.0	0.0	0.0	0.0	0.0	0.0	0.0	0.0	4.0	...	0.0	0.0	0.0	0.0	0.0	
3	0.0	0.0	0.0	0.0	0.0	0.0	0.0	0.0	0.0	0.0	...	0.0	0.0	0.0	0.0	0.0	
4	0.0	0.0	0.0	0.0	0.0	0.0	0.0	0.0	0.0	4.0	...	0.0	0.0	0.0	0.0	0.0	
5	0.0	0.0	4.0	0.0	0.0	0.0	0.0	0.0	0.0	0.0	...	0.0	0.0	0.0	0.0	0.0	

5 rows × 9066 columns

pivot table을 matrix 형태로 변환합니다.

실제 데이터를 파이썬 코드로 분석을 하기 위해서는 pivot table을 matrix 형태로 변환합니다. 행은 사용자이고 열은 영화입니다. 값은 평점을 의미합니다.

```
np.array(df_user_movie_ratings)
```

```
array([[0., 0., 0., ..., 0., 0., 0.],
       [0., 0., 0., ..., 0., 0., 0.],
       [0., 0., 0., ..., 0., 0., 0.],
       ...,
       [0., 0., 0., ..., 0., 0., 0.],
       [4., 0., 0., ..., 0., 0., 0.],
       [5., 0., 0., ..., 0., 0., 0.]])
```

평점을 상대평가 값으로 변환합니다.

테이블의 값을 상대평가 값으로 바꾸어 보겠습니다.

matrix 라는 변수에 to_numpy 함수를 사용해서 df_user_movie_ratings값을 수치행렬로 바꾸어서 저장합니다.

```
### matrix는 pivot_table 값을 numpy matrix로 만듭니다.
matrix = df_user_movie_ratings.to_numpy()
```

영화의 평균 평점을 구합니다.

axis=1은 열을 기준으로 연산을 합니다. 각각의 사용자가 메긴 모든 영화 평점들에 대한 평균을 구합니다. user_ratings_mean 변수에 저장합니다.

```
### user_ratings_mean은 한 사용자가 모든 영화들에 대해 매긴 점수의 평균
### axis = 1: 열, axis = 0 행을 따라 동작합니다.
user_ratings_mean = np.mean(matrix, axis = 1)
## 사용자 별 모든 영화에 매긴 평점의 평균
##            영화1  영화2... 영화 3...
## 사용자 1
## axis =1  이므로,  사용자1이 영화들(영화1, 영화2, 영화...) 에 매긴 점수들의
## 평균을 구하게 됩니다.
```

```
user_ratings_mean
### 사용자별 영화 평균 평점
### 사용자마다 영화들의 평균평점을 구합니다.
### 671명의 사용자들의 영화 평균평점이 저장됩니다.
```

```
array([0.00562541, 0.02923009, 0.02007501, 0.09783808, 0.04312817,
       0.01582837, 0.03364218, 0.04947055, 0.01864108, 0.01875138,
       0.01709685, 0.01853077, 0.02189499, 0.00650783, 0.49161703,
       0.01318112, 0.14990073, 0.01819987, 0.16490183, 0.03557247,
       0.06265167, 0.07947276, 0.29092213, 0.00849327, 0.00893448,
       0.06579528, 0.0097066 , 0.02360468, 0.00694904, 0.41986543,
       0.03171189, 0.01941319, 0.04985661, 0.08118244, 0.00529451,
       0.04147364, 0.01433929, 0.05255901, 0.02592102, 0.02139863,
       0.08487756, 0.03099493, 0.03639974, 0.00926539, 0.00838297,
       0.02128833, 0.01621443, 0.19887492, 0.03783366, 0.01665564,
```

모든 사용자의 영화 평균이 잘 생성되었는지 확인합니다.

len() 함수를 사용하여 user_ratings_mean 변수에 저장된 데이터의 개수를 확인합니다.

```
len(user_ratings_mean)
```

```
671
```

영화에 대한 호감도를 평가합니다.

사용자가 각 영화에 대한 호감도가 긍정인지 부정인지를 나타냅니다.

사용자가 각 영화에 준 점수와 사용자가 영화에 준 점수의 평균의 차이값을 구합니다.

- (사용자가 준 점수−사용자가 영화에 매기는 평균 평점) > 0이면, 영화에 대한 호감도가 긍정을 의미합니다.
- (사용자가 준 점수−사용자가 영화에 매기는 평균 평점) < 0이면, 해당 영화에 대한 호감도가 부정입니다.

matrix_user_mean 변수에 호감도 점수를 상대점수로 저장합니다.

reshape 함수를 사용하여 user_ratings_mean의 출력 구조를 바꿉니다.

각 사용자들의 영화에 대한 상대 점수를 쉽게 계산하기 위해서 user_ratings_mean에 저장된 각 사용자의 영화평균 점수를 한 개의 열로 만듭니다. 영화의 평균 평점을 기준으로 영화에 대한 호감도 평가(긍정/부정 평가)를 구하기 위함입니다. reshape (−1,1)은 한 개의 열로 데이터를 나열하는 구조입니다. 다음 페이지의 "reshape 함수 이해하기"를 참고하기 바랍니다.

```
### matrix_user_mean :
### ** 사용자가 준 점수 - 사용자가 영화들에 준 점수들의 평균 ** 을 구합니다.
### 평균과 얼마나 차이나는지가 들어가게 됩니다.
matrix_user_mean = matrix - user_ratings_mean.reshape(-1, 1)

### (user_ratings_mean.reshape(-1, 1))
### 각 영화에 대한 사용자의 호감도를 알수 있습니다.
### 점수가 (+)이면, 영화에 대한 호감도가 긍정이라는 의미입니다.
### 점수가 높다면, 영화에 대한 호감도가 높다는 것을 의미합니다.
### --> 평균을 기점으로 + 이면 긍정적인 점수,
### --> -  이면 부정적인 점수를 가지는 것을 의미한다.
```

shape() 함수를 사용하여 matrix_user_mean의 구조를 확인합니다.

사용자들의 영화의 호감도가 잘 계산되어 저장되었는지 확인합니다. 671명의 사용자들이 매긴 9,066개의 영화의 호감도가 잘 변환된 것을 확인할 수 있습니다.

```
matrix_user_mean.shape
### matrix_user_mean : 사용자-영화에 대한 점수에서,
## 각 사용자가 매긴 모든 영화의 평균을 뺀 것입니다.
### 즉 사용자가 각 영화점수에 대한 상대적 호감도를 알 수 있다.
### 자신의 점수-자신이 준 모든 영화들에 대한 평점의 평균을 뺀 점수입니다.
### 평균과 얼마나 차이나는지가 들어가게 됩니다.
```

```
(671, 9066)
```

reshape 함수 이해하기

reshape() 함수는 데이터를 재정렬, 재구조화하는 함수입니다.

데이터가 12개의 값을 가지고 있다고 가정해 봅시다. 이를 reshape(−1, 정수)의 형태로 재구조화하면, 12개의 원소가 −1의 위치에서는 가변적이고, 정수로 표현된 위치에서는 정해진 수대로 출력하는 것을 의미합니다.

- reshape(−1, 1)인 경우는 행은 가변적이지만, 열은 1개씩만 출력합니다. 즉, 12개의 행과 1개의 열로 출력이 됩니다.
- reshape(−1, 2) 로 재구조화하면 12개의 값은 2개의 열로 표현되므로 12/2=6개의 행으로 표현되고 2개의 열로 나열합니다.
- reshape (−1, 3)으로 재구조화하면, 12/3=4개의 행으로 표현되고 3개의 열로 나열합니다. [그림 10.5]를 참고하기 바랍니다.

x.reshape(−1, 1) ⇒ shape(12, 1)	x.reshape(−1, 2) ⇒ shape(6, 2)	x.reshape(−1, 3) ⇒ shape(4, 3)	x.reshape(−1, 4) ⇒ shape(3, 4)
In [5]: x.reshape(−1, 1) Out[5]: array([[0], [1], [2], [3], [4], [5], [6], [7], [8], [9], [10], [11]])	In [6]: x.reshape(−1, 2) Out[6]: array([[0, 1], [2, 3], [4, 5], [6, 7], [8, 9], [10, 11]])	In [7]: x.reshape(−1, 3) Out[7]: array([[0, 1, 2], [3, 4, 5], [6, 7, 8], [9, 10, 11]])	In [8]: x.reshape(−1, 4) Out[8]: array([[0, 1, 2, 3], [4, 5, 6, 7], [8, 9, 10, 11]])

그림 10.5 데이터의 재구조화: reshape 함수(−1. 정수)

reshape(정수, −1)의 형태로 재구조화 하면 어떻게 될까요? [그림 10.6]을 살펴보면서 이해해 보세요. 행의 개수를 정수 개수로 고정하고 열이 가변적으로 할당됨을 알 수 있습니다.

x.reshape(1, −1) ⇒ shape(1, 12)	In [9]: x.reshape(1, −1) Out[9]: array([[0, 1, 2, 3, 4, 5, 6, 7, 8, 9, 10, 11]])
x.reshape(2, −1) ⇒ shape(2, 6)	In [10]: x.reshape(2, −1) Out[10]: array([[0, 1, 2, 3, 4, 5], [6, 7, 8, 9, 10, 11]])
x.reshape(3, −1) ⇒ shape(3, 4)	In [11]: x.reshape(3, −1) Out[11]: array([[0, 1, 2, 3], [4, 5, 6, 7], [8, 9, 10, 11]])
x.reshape(4, −1) ⇒ shape(4, 3)	In [12]: x.reshape(4, −1) Out[12]: array([[0, 1, 2], [3, 4, 5], [6, 7, 8], [9, 10, 11]])

그림 10.6 데이터의 재구조화: reshape 함수(정수, −1)

재구조화되고 재정렬된 데이터 프레임을 확인합니다.

matrix_user_mean에 저장되어 있는 호감도 기반 데이터를 셋을 확인합니다. head() 함수를 이용하여 데이터 셋의 상위 5개의 데이터를 먼저 확인합니다.

- 음수는 다른 영화들에 비해 사용자가 호감도가 낮은 영화입니다.
- 양수는 상대적으로 호감도가 높은 영화입니다. 평균보다 높게 평점을 준 영화들입니다.

```
### 영화에 대한 호감도 점수를 표현한 테이블입니다.
pd.DataFrame(matrix_user_mean, columns = df_user_movie_ratings.columns).head()
```

```
pd.DataFrame(matrix_user_mean, columns = df_user_movie_ratings.columns).head()
```

movieId	1	2	3	4	5	6	7	8	9
0	-0.005625	-0.005625	-0.005625	-0.005625	-0.005625	-0.005625	-0.005625	-0.005625	-0.005625
1	-0.029230	-0.029230	-0.029230	-0.029230	-0.029230	-0.029230	-0.029230	-0.029230	-0.029230
2	-0.020075	-0.020075	-0.020075	-0.020075	-0.020075	-0.020075	-0.020075	-0.020075	-0.020075

3	-0.097838	-0.097838	-0.097838	-0.097838	-0.097838	-0.097838	-0.097838	-0.097838	-0.097838
4	-0.043128	-0.043128	3.956872	-0.043128	-0.043128	-0.043128	-0.043128	-0.043128	-0.043128

5 rows × 9066 columns

지금까지의 데이터 테이블 변화의 프로세스를 점검해 보기

영화의 평점이 영화의 호감도 점수로 변경되었습니다. 상대점수로 변경되어 matrix_user_mean 변수에 테이블로 저장되었고, 다음과 같은 프로세스를 수행하였습니다.

① 사용자 671명이 9,066개의 영화에 대해 평점을 매긴 값이 있습니다.
- (user_movie pivot table이 matrix 형태로 변환된 matrix)

② 사용자 671명들이 매긴 영화들의 평균 평점을 사용자 별로 구합니다.
- (user_ratings_mean)

③ 사용자 671명의 9,066개의 영화에 대한 호감도 점수를 구합니다.
- 실제 671×9,066의 행렬의 값과 671×1로 구성된 각 사용자들의 평균 평점의 차이를 구합니다.
- 각 사용자가 어떠한 영화를 얼마나 더 좋아하는지를 빈도로 표현할 수 있습니다.

행렬의 차원을 축소해서 분석을 진행합니다.

특잇값 분해를 통해 671×9066의 행렬을 차원 671×12로 축소해서 분석을 진행합니다. 앞서 sklean의 TruncatedSVD 함수를 사용해서 특잇값 분해를 이해했습니다. 이번에는 scipy라이브러리 안의 SVD 함수를 이용해서 구해보겠습니다. 개념은 같습니다. scipy에서 svds 함수를 사용해서 U, Σ, V 행렬을 반환합니다. k를 12로 설정하여 축소하는 차원의 수를 설정합니다. print 함수를 사용해서 과정도 함께 출력해 봅니다.

```
### scipy에서 제공해주는 SVD
### SVD(Singular Value Decomposion), 특이값 분해
### m x n 크기의 데이터 행를 차수를 줄여 간소화하는 방법 중 한 개입니다.
### U 행렬, sigma 행렬, V 전치 행렬을 반환.

U, sigma, Vt = svds(matrix_user_mean, k = 12)
```

```
print(U.shape)
print(sigma.shape)
print(Vt.shape)
```

```
(671, 12)
(12,)
(12, 9066)
```

SVD를 이용해서 차원축소하기

scikit-learn에서 제공해주는 TruncatedSVD는 U, Sigma, Vt 반환값을 제공하지 않습니다. Scipy를 이용하면 U, Sigma, Vt 반환값을 제공받을 수 있습니다.

- 9,066개의 데이터가 12개로 바뀐 후, 다시 9,066개의 원래 값으로 복원할 수 있습니다.
- Scipy에서 제공해주는 SVD는 scipy.sparse.linalg.svds를 이용하면 됩니다.
- SVD 함수를 사용할 경우, 원래의 값으로 반환될 수 있습니다. U 행렬, Sigma 행렬, 그리고 V의 전치 행렬(Vt)이 나오게 됩니다.

Σ 행렬은 0이 아닌 값만 1차원 행렬로 표현됩니다. numpy의 diag() 함수를 사용해서 대각선 값을 할당한 후, sigma 행렬을 활용하며 0을 포함한 구조로 바꿉니다. 특잇값 분해 후 대각선 외의 값에는 0이 할당됩니다.

```
sigma = np.diag(sigma)
```

```
sigma.shape
```

```
(12, 12)
```

```
sigma[0]
```

```
array([105.72437051,   0.        ,   0.        ,   0.        ,
         0.        ,   0.        ,   0.        ,   0.        ,
         0.        ,   0.        ,   0.        ,   0.        ])
```

```
sigma[1]
```

```
array([  0.        , 110.15522471,   0.        ,   0.        ,
         0.        ,   0.        ,   0.        ,   0.        ,
         0.        ,   0.        ,   0.        ,   0.        ])
```

SVD로 축소된 행렬값을 원래의 데이터로 복원하기

지금까지matrix_user_mean을 SVD를 적용해서 차원축소해서 데이터를 분해를 한 상태입니다. 데이터 분석 및 모델링을 위해 다시 원본 행렬로 복구시켜야 합니다. 원본 행렬로 복구시키는 방법은 아래와 같습니다.

- U, Sigma, Vt의 내적을 수행합니다. np.dot(np.dot(U, sigma), Vt)를 하면 됩니다. 그리고 아까 사용자 평균을 빼 주었으니 여기서는 더해줍니다.
- 값이 없었던 영화에 대한 점수도 예측 점수로 채워집니다.

사용자 기반 추천을 위한 연산을 수행합니다.

축소된 행렬에 대한 내적을 구한 후 영화의 평균 평점을 더해줍니다.

```
# U, Sigma, Vt의 내적을 수행하면, 다시 원본 행렬로 복원이 된다.
# 내적 값에 + 사용자 평균 rating을 적용한다.
svd_user_predicted_ratings = np.dot(np.dot(U, sigma), Vt)
                             + user_ratings_mean.reshape(-1, 1)
```

데이터 테이블을 확인합니다. head() 함수를 사용하여 예측값이 채워진 df_svd_preds 테이블의 상위 5개 데이터를 확인합니다.

```
df_svd_preds = pd.DataFrame(svd_user_predicted_ratings,
                             columns = df_user_movie_ratings.columns)
df_svd_preds.head()
```

```
df_svd_preds = pd.DataFrame(svd_user_predicted_ratings, columns = df_user_movie_ratings.columns)
df_svd_preds.head()
```

movieId	1	2	3	4	5	6	7	8	9	10	...	
0	-0.079686	0.021779	-0.013837	-0.005870	-0.028877	0.032371	0.000715	-0.004428	-0.005219	0.038195	...	-C

1	1.428452	1.608841	0.529476	0.168278	0.520809	1.107473	0.529719	0.089376	0.296270	1.970031	...	C
2	0.977246	0.396971	0.000299	0.027444	0.021287	0.141458	-0.057134	0.031633	-0.012538	0.383576	...	C
3	1.870844	1.169993	0.252202	0.094831	-0.181713	-0.511953	-0.027820	-0.143080	0.013247	1.461694	...	C
4	1.182777	0.924903	0.075998	0.061505	0.602680	-0.159825	0.339925	0.081534	-0.079666	0.535018	...	-C

5 rows × 9066 columns

shape() 함수를 사용하여 전체 구조를 확인합니다. 데이터가 잘 저장되어 있는지 확인합니다.

```
df_svd_preds.shape
```

```
(671, 9066)
```

추천 함수를 만듭니다.

준비된 데이터를 기반으로 추천 함수(recommend_movies)를 만듭니다. 인자는 다음과 같습니다.

- 사용자-영화점수 테이블(df_svd_preds)
- 사용자 아이디(user_id)
- 영화정보 테이블 (ori_movies_df): 원본 영화정보 테이블
- 사용자 평점 테이블(ori_ratings_df): 원본 사용자 평점 데이터 테이블
- 영화 추천 개수(num_recommendations): 추천할 영화의 개수를 설정

```
def recommend_movies(df_svd_preds, user_id, ori_movies_df,
                     ori_ratings_df, num_recommendations):
    ### recommend_movies(df_svd_preds, 330, df_movies, df_ratings, 10)
```

예를 들면, recommend_movies(df_svd_preds, 330, df_movies, df_ratings, 10)은 330번째 사용자가 호감을 가질 영화 10개를 추천합니다.

user_row_number=user_id−1로 선언합니다. 사용자 수가 계속 늘어날 수 있기에 변수로 설정합니다. −1을 하는 이유는 컴퓨터의 인덱스가 0부터 시작하기 때문입니다.

```
### 사용자 수 변수를 정의합니다.
### 현재는 index로 적용이 되어있으므로 user_id - 1
### 컴퓨터는 0부터 시작을 합니다.
### 인덱스를 할때 -1 을 해야 합니다.
user_row_number = user_id - 1
```

sorted_user_predictions 변수에 사용자별 영화 평점이 정리된 테이블을 평점 순으로 정렬합니다.

```
### 최종적으로 만든(전처리된) sorted_user_predictions에서
### 사용자 index(df_svd_preds.iloc[user_row_number])에 따라
### 영화 데이터 정렬합니다.
sorted_user_predictions = df_svd_preds.iloc[user_row_number].
                          sort_values(ascending=False)
```

user_data변수에는 원본 데이터에 존재하는 사용자의 평점 데이터를 가져옵니다.

```
### 원본 평점 데이터에서 user id에 해당하는 데이터를 뽑아냅니다.
user_data = ori_ratings_df[ori_ratings_df.userId == user_id]
```

해당 사용자의 평점 데이터와 원본의 영화 데이터를 병합합니다. 영화 평점이 높은 순으로 정렬합니다.

```
### 해당 사용자의 원본 평점 데이터와 원본 영화 데이터를 합친다.
### 영화 평균이 높은 순으로 정렬(sorting)합니다.
user_history = user_data.merge(ori_movies_df, on = 'movieId').
               sort_values(['rating'], ascending=False)
```

추천을 위해 이미 시청한 영화를 제외합니다.

```
### 영화 데이터에서 사용자가 본 영화 데이터를 제외한 데이터를 필터링합니다.
### 안 본 영화를 추천해 주어야 합니다.
### 따라서, 보지 않은 영화들만 필터링 합니다.
recommendations = ori_movies_df[~ori_movies_df['movieId'].
                             isin(user_history['movieId'])]
```

분석 과정에서 뒤죽박죽 될 수 있는 데이터를 정리하기 위해 reset_index()로 한 번 더 정리해 주고, recommendations 변수에 시청하지 않은 영화 중 가장 높은 평점의 영화를 넣어줍니다.

```
### 안 본 영화와 사용자의 영화 평점이 높은 순으로 정렬된 데이터와
### recommendations을 합칩니다.
### 즉, 평점이 높으면서 아직 보지 않은 영화를 추출합니다.

### 참고) reset_index():
### 아무래도 데이터프레임의 다양한 전처리 과정을 거치게 되면
### 인덱스가 뒤죽박죽인 경우가 많습니다.
### 이럴때 인덱스를 다시 한번 재배열 해주는 유용한 함수다.
### 여기서는 movieId로 재배열해 줍니다.
recommendations = recommendations.merge(pd.DataFrame
                          (sorted_user_predictions).reset_index(),
                           on = 'movieId')
```

컬럼 명을 Predictions으로 바꾼 후 출력을 합니다. 깔끔하게 출력하기 위한 과정입니다.

```
    ### 컬럼 이름 바꾸고 정렬합니다.
    ### 이전에 봤던 영화와, 추천하는 영화를 함께 보여줍니다.
    recommendations = recommendations.rename
                      (columns = {user_row_number: 'Predictions'}).
                      sort_values('Predictions', ascending = False).
                      iloc[:num_recommendations, :]

    return user_history, recommendations
```

recommend_movies 함수 전체입니다.

```
def recommend_movies(df_svd_preds, user_id, ori_movies_df,
                     ori_ratings_df, num_recommendations):
    ### recommend_movies(df_svd_preds, 330, df_movies, df_ratings, 10)

    ### 사용자 수 변수를 정의합니다.
    ### 현재는 index로 적용이 되어있으므로 user_id - 1
    ### 컴퓨터는 0부터 시작을 합니다.
    ### 인덱스를 할때 -1 을 해야 합니다.
    user_row_number = user_id - 1

    ### 최종적으로 만든(전처리된) sorted_user_predictions에서
    ### 사용자 index(df_svd_preds.iloc[user_row_number])에 따라
    ### 영화 데이터 정렬합니다.
    sorted_user_predictions = df_svd_preds.iloc[user_row_number].
                              sort_values(ascending=False)

    ### 원본 평점 데이터에서 user id에 해당하는 데이터를 뽑아냅니다.
    user_data = ori_ratings_df[ori_ratings_df.userId == user_id]
```

```
    ### 해당 사용자의 원본 평점 데이터와 원본 영화 데이터를 합친다.
    ### 영화 평균이 높은 순으로 정렬(sorting)합니다.
    user_history = user_data.merge(ori_movies_df, on = 'movieId').
                   sort_values(['rating'], ascending=False)

    ### 영화 데이터에서 사용자가 본 영화 데이터를 제외한 데이터를 필터링합니다.
    ### 안 본 영화를 추천해 주어야 합니다.
    ### 따라서, 보지 않은 영화들만 필터링 합니다.
    recommendations = ori_movies_df[~ori_movies_df['movieId'].
                                    isin(user_history['movieId'])]

    ### 안 본 영화와 사용자의 영화 평점이 높은 순으로 정렬된 데이터와
    ### recommendations을 합칩니다.
    ### 즉, 평점이 높으면서 아직 보지 않은 영화를 추출합니다.

    ### 참고) reset_index():
    ### 아무래도 데이터프레임의 다양한 전처리 과정을 거치게 되면
    ### 인덱스가 뒤죽박죽인 경우가 많습니다.
    ### 이럴때 인덱스를 다시 한번 재배열 해주는 유용한 함수다.
    ### 여기서는 movieId로 재배열해 줍니다.
    recommendations = recommendations.merge(pd.DataFrame
                          (sorted_user_predictions).reset_index(),
                           on = 'movieId')

    ### 컬럼 이름 바꾸고 정렬합니다.
    ### 이전에 봤던 영화와, 추천하는 영화를 함께 보여줍니다.
    recommendations = recommendations.rename
                      (columns = {user_row_number: 'Predictions'}).
                      sort_values('Predictions', ascending = False).
                      iloc[:num_recommendations, :]

    return user_history, recommendations
```

330번째 사용자에게 영화를 추천해 봅시다.

기존에 봤던 영화를 already_rated로, 새로 추천되는 영화를 predictions으로 표현합니다. 10개씩 살펴보면, 결과가 다름을 알 수 있습니다.

```
already_rated, predictions = recommend_movies(df_svd_preds, 330, df_movies, df_ratings, 10)
```

```
already_rated.head(10)
```

	userId	movieId	rating	timestamp	title	genres
47	330	1094	5.0	948577200	Crying Game, The (1992)	Drama|Romance|Thriller
14	330	213	5.0	948577039	Burnt by the Sun (Utomlyonnye solntsem) (1994)	Drama
34	330	527	5.0	948577164	Schindler's List (1993)	Drama|War
45	330	1035	5.0	948574126	Sound of Music, The (1965)	Musical|Romance
48	330	1172	5.0	948575236	Cinema Paradiso (Nuovo cinema Paradiso) (1989)	Drama
53	330	1249	5.0	948576522	Femme Nikita, La (Nikita) (1990)	Action|Crime|Romance|Thriller
27	330	373	5.0	948576522	Red Rock West (1992)	Thriller

58	330	1428	5.0	948731410	Angel Baby (1995)	Drama
61	330	1575	5.0	948577442	Gabbeh (1996)	Drama
67	330	1683	5.0	948578017	Wings of the Dove, The (1997)	Drama|Romance

```
predictions
### userid == 330 사용자에게 추천하는 영화입니다.
```

	movieId	title	genres	Predictions
246	296	Pulp Fiction (1994)	Comedy|Crime|Drama|Thriller	2.060064
294	356	Forrest Gump (1994)	Comedy|Drama|Romance|War	1.772814
497	608	Fargo (1996)	Comedy|Crime|Drama|Thriller	1.526111
487	590	Dances with Wolves (1990)	Adventure|Drama|Western	1.508960
316	380	True Lies (1994)	Action|Adventure|Comedy|Romance|Thriller	1.276646
40	47	Seven (a.k.a. Se7en) (1995)	Mystery|Thriller	1.265219
313	377	Speed (1994)	Action|Romance|Thriller	1.142113
214	260	Star Wars: Episode IV - A New Hope (1977)	Action|Adventure|Sci-Fi	1.076539
295	357	Four Weddings and a Funeral (1994)	Comedy|Romance	1.065911
488	592	Batman (1989)	Action|Crime|Thriller	1.048861

다른 사용자에게 추천되는 영화리스트도 살펴봅니다. 329번째 사용자에게 추천되는 영화리스트는 330번째 사용자에게 추천되는 영화리스트와 다릅니다. [그림 10.7]을 참고하세요.

```
already_rated1, predictions1 = recommend_movies(df_svd_preds, 329, df_movies, df_ratings, 10)
```

```
predictions1
### userid == 329 사용자에게 추천하는 영화입니다.
```

	movieId	title	genres	Predictions
933	1196	Star Wars: Episode V - The Empire Strikes Back...	Action|Adventure|Sci-Fi	1.093084
524	608	Fargo (1996)	Comedy|Crime|Drama|Thriller	1.069437
511	589	Terminator 2: Judgment Day (1991)	Action|Sci-Fi	0.897820
27	36	Dead Man Walking (1995)	Crime|Drama	0.773706
51	62	Mr. Holland's Opus (1995)	Drama	0.710313
417	480	Jurassic Park (1993)	Action|Adventure|Sci-Fi|Thriller	0.706244
11	17	Sense and Sensibility (1995)	Drama|Romance	0.696985
935	1198	Raiders of the Lost Ark (Indiana Jones and the...	Action|Adventure	0.688333
396	457	Fugitive, The (1993)	Thriller	0.686055
2040	2571	Matrix, The (1999)	Action|Sci-Fi|Thriller	0.667348

그림 10.7 329번째 사용자에게 추천되는 영화 리스트

이 책에서 제공하는 파이썬 코드로 추천시스템을 만들어 보면 사용자의 호감도를 반영한 사용자 맞춤 영화 추천 모델을 만들 수 있습니다. 지금까지 사용자 맞춤형 추천 시스템을 영화 추천으로 구현해 보았습니다. 다른 데이터를 활용해서 다양하게 연습해 보기 바랍니다.

CHAPTER 11

Case Studies

Case Study 1: 야구장 관중 수 예측하기
Case Study 2: 전기 에너지 소비량 예측하기

• 스스로 주제를 정하고, 이론을 적용해서 만들어 봅니다.
• 서로 공유하고 함께 성장해 나갑니다.

스스로 원하는 주제를 탐색하여 주제에 맞는 데이터를 수집하고, 데이터에 적합한 머신러닝 모델을 직접 만들어 봅시다. 머신러닝 모델링에서 가장 중요한 것은 내가 해결하고자 하는 문제에 적합한 모델을 선택하는 것입니다.

Case Study 1 야구장 관중 수 예측하기

이번 사례에서는 야구장의 일일 관중수를 예측하는 모델링을 진행합니다.

예측을 위해 KBO 기록실에서 광주-기아 챔피언스 필드의 일일 데이터를 수집합니다. 이와 더불어 필요하다고 생각되는 날씨 요소(평균 기온, 강수량, 평균 습도, 미세먼지)와 팀 요소(상대팀 순위, 홈팀 순위)를 추가로 수집하여 데이터를 구성합니다. 데이터 수집이 완료되었다면 수집된 데이터를 바탕으로 관중 수를 예측하는 머신러닝 모델링을 진행해 보도록 하겠습니다.

1 문제 정의하기

모델링을 진행하기에 앞서 가장 중요한 것은 문제 정의입니다. 문제 정의 단계에서 모델링을 통해 도출할 값이 무엇인지를 정확하게 파악하는 것이 가장 중요합니다. 문제를 정확하게 정의하지 않고 모델링을 진행하면 문제를 어떻게 해결해야 할지 몰라 적절한 머신러닝 모델을 선택하지 못하거나 문제 해결을 위해 선택해야 하는 변수들을 착각하는 일이 발생합니다. 따라서 문제 정의는 무엇보다 중요합니다.

이번 사례에서는 야구장의 일일 관중 수를 예측하고자 합니다. 관중 수는 연속형 변수입니다. 연속형 변수의 값을 예측하는 데 주로 사용하는 머신러닝 모델은 선형회귀모델(Linear Regression)입니다. 따라서, 선형회귀모델을 활용하여 야구장 관중 수를 예측하는 모델을 만들어보도록 하겠습니다.

문제를 정의합니다. 머신러닝 문제는 y=f(X)에서 함수인 f(function)를 만드는 것입니다. 광주 - 기아 챔피언스 필드의 일일 관중 수 데이터를 활용해 야구장의 관중 수를 예측하는 다중 선형회귀모델을 만들어 봅시다. 모델링을 통해, 관중 수에 영향을 주는 요인을 파악하고, 관중 수를 예측해 봅시다.

y=f(X)를 다음과 같이 정의합니다.

- f는 x와 y의 관계를 나타내는 선형회귀모델
- y는 광주-기아 챔피언스 필드 일일 관중 수

- x는 관중 수에 영향을 주는 요인

2 라이브러리 불러오기

문제를 정의하고, 문제에 적합한 모델을 설정했다면 다음으로 본격적인 모델링에 앞서 기본 환경을 설정해야 합니다. 모델링에 필요한 라이브러리를 불러옵니다. 라이브러리는 일반적으로 파이썬이 설치된 경로의 site-packages 폴더에 저장되어 있습니다.

```
### 모델링에 필요한 라이브러리를 가져옵니다.
### import는 불러오겠다는 의미이고 as는 나는 이렇게 부를거야라는 의미입니다.
import pandas as pd
import numpy as np
import matplotlib.pyplot as plt
import seaborn as sns

# 한국어 font 설정합니다.
rc('font', family='AppleGothic')
plt.rcParams['axes.unicode_minus'] = False
```

본 예제에서 사용하고 있는 라이브러리, 모듈, 클래스, 함수에 대한 간단한 설명입니다. 라이브러리는 함수(=모듈=클래스)들의 집합니다. 모듈, 클래스, 함수를 같은 의미로 해석하셔도 됩니다.

- numpy: 수학적 연산을 위한 라이브러리
- pandas: 데이터 분석을 위한 라이브러리
- matplotlib.pyplot: 시각화를 위한 모듈, matplotlib 라이브러리 내에 있는 모듈
- seaborn: 시각화를 위한 라이브러리

3 데이터 수집하기

다음으로는 정의한 문제를 풀기 위한 데이터를 수집합니다. 우리는 미리 수집된 데이터를 사용합니다. 엑셀로 정리된 데이터를 불러옵니다.

pd는 판다스 라이브러리를 의미하는 축약어입니다. pd.read_excel함수를 이용해서

.xlsx 포맷의 엑셀 파일을 읽어옵니다. 수집한 데이터를 df 변수에 저장해 줍니다. 변수를 만들어 저장하는 것을 추천합니다. 변수에 저장하면 모델링 수행 시 수시로 사용할 수 있도록 합니다.

3.1 데이터 불러오기

판다스(pandas) 라이브러리를 활용해 데이터를 불러옵니다. read_excel() 함수를 이용해서 엑셀(excel) 파일을 불러옵니다. .은 판다스 라이브러리에 포함된 속성이나 함수를 사용하겠다는 의미입니다.

```
# 엑셀 데이터 불러오기
df = pd.read_excel("baseball_rawdata.xlsx")
```

데이터 셋은 2018, 2019, 2022, 2023년의 광주 – 기아 챔피언스 필드 일일 관중 수와 날짜, 날씨, 팀 요소를 포함한 데이터입니다.

- 날짜 요소: 연도, 월, 요일, 공휴일, 시간대, 개막전 여부
- 날씨 요소: 평균 기온, 평균 습도, 평균 강수량, 미세먼지
- 팀 요소: 상대 팀, 상대 팀 순위, 홈 팀 순위
- 일일 관중 수

3.2 데이터 살펴보기

df.head() 함수를 사용하여 데이터를 확인합니다. head는 데이터의 제일 윗부분부터 확인한다는 의미입니다. 괄호 안에 숫자를 입력하지 않으면 default 값으로 5개의 값을 출력해 줍니다.

```
# 데이터셋 구성 살펴보기
df.head() # 숫자를 입력하지 않으면 맨 처음 행부터 5개의 행이 출력됨
```

	날짜	연도	월	요일	공휴일	시간대	개막전	평균기온(°C)	강수량(mm)	평균습도(%rh)	미세먼지(PM2.5)	상대팀	상대팀 순위	홈팀 순위	관중수
0	2018-03-24	2018	3	토	1	0	1	9.8	0.0	65.0	66	KT	10	1	20500
1	2018-03-25	2018	3	일	1	0	1	12.0	0.0	75.1	84	KT	1	6	20500
2	2018-03-27	2018	3	화	0	1	0	14.5	0.0	63.1	44	삼성	3	3	6892
3	2018-03-28	2018	3	수	0	1	0	15.6	0.0	70.1	33	삼성	6	3	8347
4	2018-03-29	2018	3	목	0	1	0	17.0	0.0	71.8	29	삼성	4	4	7839

불필요한 컬럼을 제거합니다.

수집한 데이터를 확인하다 보니 모델링에 불필요한 '날짜' 컬럼이 포함되어 있습니다. 이것을 제거해 보겠습니다. 컬럼을 제거할 때는 drop을 사용할 수 있습니다. df.drop() 함수에 제거하고자 하는 컬럼명을 넣고, axis=1을 입력하면 원하는 컬럼을 제거할 수 있습니다. 원하는 행을 제거하고 싶다면 axis=0을 입력하면 제거할 수 있습니다.

```
# 불필요한 열(column) 제거
df = df.drop('날짜', axis=1)
df
```

	연도	월	요일	공휴일	시간대	개막전	평균기온(°C)	강수량(mm)	평균습도(%rh)	미세먼지(PM2.5)	상대팀	상대팀 순위	홈팀 순위	관중수
0	2018	3	토	1	0	1	9.8	0.0	65.0	66	KT	10	1	20500
1	2018	3	일	1	0	1	12.0	0.0	75.1	84	KT	1	6	20500
2	2018	3	화	0	1	0	14.5	0.0	63.1	44	삼성	3	3	6892
3	2018	3	수	0	1	0	15.6	0.0	70.1	33	삼성	6	3	8347
4	2018	3	목	0	1	0	17.0	0.0	71.8	29	삼성	4	4	7839
...	...	...	...	...	...	...	...	...	...	...	...	...	...	...
282	2023	10	화	0	1	0	18.0	0.0	79.8	11	SSG	3	6	8333
283	2023	10	수	0	1	0	18.6	0.0	72.9	10	키움	10	6	3656
284	2023	10	목	0	1	0	18.4	0.0	65.3	9	롯데	7	6	4767
285	2023	10	월	0	1	0	15.8	0.0	77.8	11	NC	4	6	5251
286	2023	10	화	0	1	0	14.9	0.0	75.1	7	NC	4	6	10175

변수에 변경된 데이터를 저장해 주지 않으면 작업을 기억하지 못합니다. 따라서 df에 원하는 컬럼을 제거한 다음 다시 저장해주는 작업을 진행합니다. 이렇게 수집된 데이터를 살펴봅시다.

① 연도: 경기 날짜의 연도

② 월: 경기 날짜의 월

③ 요일: 경기 날짜의 요일

④ 공휴일: 경기 날짜가 주말을 포함한 공휴일에 해당하면 1, 아닐 경우 0

⑤ 시간대: 경기 시작 시간이 6시 30분 이전일 경우 1, 아닌 경우 0

⑥ 개막전: 경기가 개막전 시리즈(토, 일)경기에 해당할 경우 1, 아닌 경우 0

⑦ 평균 기온: 해당 날짜의 일 평균 기온

⑧ 강수량: 해당 날짜의 일 평균 강수량

⑨ 평균 습도: 해당 날짜의 일 평균 습도

⑩ 미세먼지: 해당 날짜의 일 평균 PM2.5 미세먼지 농도

⑪ 상대팀: 해당 경기의 상대팀

⑫ 상대팀 순위: 해당 경기 상대팀의 당일 순위

⑬ 홈팀 순위: 해당 경기 기아 타이거즈의 당일 순위

⑭ 관중 수: 해당 경기 광주 – 기아 챔피언스 필드의 입장한 관중 수

4 데이터 탐색하기

수집한 데이터들을 살펴봅니다. 각 변수들의 기본 정보와 특성을 살펴봅시다.

4.1 데이터셋 기본정보 파악

데이터의 각 변수들의 기본 정보를 파악합니다.

df.shape()을 통해 데이터프레임(구조)의 형태를 알 수 있습니다. 287개의 행(row)과 14개의 열(column)으로 구성된 데이터임을 알 수 있습니다.

```
### 데이터 셋 구조 보기
df.shape
```

```
(287, 14)
```

데이터의 결측치를 살펴봅니다.

결측치는 데이터에 값이 존재하지 않는 것을 의미합니다. 숫자 0의 의미가 아닙니다. 결측치는 값(데이터)이 존재하지 않는 것을 의미합니다.

해당 데이터에서는 결측치가 관찰되지 않았기 때문에 결측치를 따로 처리할 필요 없이 바로 모델링을 진행하여도 괜찮습니다. 만약, 결측치가 발견되었다면 결측치를 대푯값으로 대체하거나 해당 행을 제거한 다음 모델링을 진행하는 것이 좋습니다.

isnull() 함수와 sum() 함수를 순서대로 이어 df에 저장된 데이터의 결측치의 개수를 파악합니다.

- isnull() 함수를 활용해 먼저 결측치를 찾습니다. isnull() 함수는 결측치가 있는 경

우 True를 반환합니다.

- 이후 sum() 함수를 활용해 True의 개수를 합산합니다. 컴퓨터는 True를 1로 인식하기 때문에 쉽게 결측치의 개수를 확인할 수 있습니다. 각 열의 결측치를 파악할 수 있습니다.

```
### 결측치: 데이터에 값이 없는 것을 의미 -> 0과는 다른 개념으로 값이 존재하지 않는 것
df.isnull().sum()
```

```
연도              0
월               0
요일              0
공휴일             0
시간대             0
개막전             0
평균기온(℃)          0
강수량(mm)          0
평균습도(%rh)        0
미세먼지(PM2.5)      0
상대팀             0
상대팀 순위           0
홈팀 순위           0
관중수             0
dtype: int64
```

각 변수(데이터)의 타입을 확인합니다.

df.info를 통해 데이터의 형태를 확인해 보겠습니다. int64는 소수점이 없는 정수형이고, float64는 소수점이 있는 실수형입니다. object는 문자형, 즉 텍스트를 의미합니다. 확인 결과 요일과 상대팀은 문자형 변수이고, 나머지는 숫자형 변수임을 알 수 있습니다.

```
### data type 확인
df.info()
```

```
<class 'pandas.core.frame.DataFrame'>
RangeIndex: 287 entries, 0 to 286
Data columns (total 14 columns):
 #   Column       Non-Null Count  Dtype
---  ------       --------------  -----
 0   연도          287 non-null    int64
 1   월           287 non-null    int64
 2   요일          287 non-null    object
 3   공휴일         287 non-null    int64
 4   시간대         287 non-null    int64
 5   개막전         287 non-null    int64
 6   평균기온(℃)      287 non-null    float64
 7   강수량(mm)      287 non-null    float64
```

```
 8   평균습도(%rh)     287 non-null     float64
 9   미세먼지(PM2.5)   287 non-null     int64
 10  상대팀            287 non-null     object
 11  상대팀 순위        287 non-null     int64
 12  홈팀 순위          287 non-null     int64
 13  관중수            287 non-null     int64
dtypes: float64(3), int64(9), object(2)
memory usage: 31.5+ KB
```

4.2 종속변수(y) 탐색

종속변수를 설정하고, 탐색합니다.

종속변수는 y로 예측할 값을 말합니다. 이번 사례에서는 야구장의 일일 관중 수를 예측하기 위한 모델을 설계할 것이기 때문에 y가 야구장 일일 관중 수가 됩니다. 설정한 종속변수의 기초 통계를 살펴보도록 하겠습니다.

```
### 기초 통계 살펴보기
df['관중수'].describe()
```

```
count      287.000000
mean     10018.944251
std       4334.363878
min       2216.000000
25%       6741.000000
50%       8916.000000
75%      12789.500000
max      20500.000000
Name: 관중수, dtype: float64
```

- count: 관중 수 데이터의 개수를 의미합니다.
- mean: 관중 수의 평균을 의미합니다.
- std: 관중 수 데이터의 표준편차를 의미합니다. 변수가 평균을 기준으로 얼마나 퍼져 있는지를 나타냅니다.
- min: 관중 수의 최솟값을 의미합니다.
- 25%: 관중 수 데이터의 25%에 해당하는 값을 의미합니다.
- 50%: 관중 수 데이터의 50%에 해당하는 값, 즉 중앙값을 의미합니다.
- 75%: 관중 수 데이터의 75%에 해당하는 값을 의미합니다.
- max: 관중 수의 최댓값을 의미합니다.

시각화를 통해 종속변수의 분포를 확인합니다.

종속변수의 분포를 파악하기 위해 히스토그램으로 데이터 시각화를 해보도록 하겠습니다. hist() 함수를 활용하여 종속변수의 히스토그램을 파악합니다. hist는 histogram의 약자입니다. bins 매개변수를 활용해 히스토그램에 표현될 막대의 개수를 조절할 수 있습니다.

```
### 히스토그램을 통한 데이터 시각화
### bins=를 통해 표현할 막대의 개수를 조절할 수 있습니다.

df['관중수'].hist(bins=30)
```

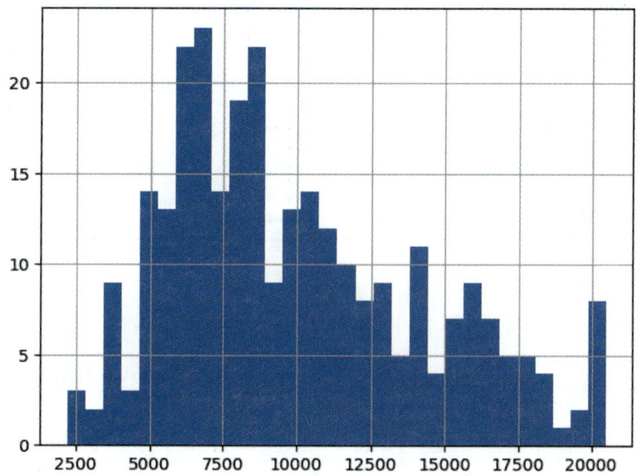

위 그림처럼 히스토그램을 통해 데이터의 분포를 알 수 있습니다. 히스토그램에서 x축은 관중 수이고, y축은 각 구간(bin) 내에 있는 데이터의 개수(빈도)입니다 히스토그램을 통해 관중수가 5,000명~10,000명 사이에 가장 많이 분포하는 것을 볼 수 있습니다.

다음은 box plot를 통해 데이터 시각화를 진행해보겠습니다.

box plot을 사용하기 위해 matplotlib 라이브러리의 pyplot 모듈을 활용합니다. 우리는 앞서 "라이브러리 불러오기(Libraries Setting)"에서 pyplot 모듈을 불러온 뒤, plt라고 부르기로 설정했습니다.

```
import matplotlib.pyplot as plt
```

pyplot 모듈의 boxplot() 함수를 활용해 box plot을 그립니다. 괄호 안에 시각화 할 종속변수를 지정해줍니다. show() 함수를 활용해 그린 box plot을 출력할 수 있습니다. box plot을 사용하면 데이터의 분포, 중앙값, 이상치(Outlier)를 확인할 수 있습니다.

```
### box plot을 통한 데이터 시각화
### 데이터의 분포, 중간값, 아웃라이어(outlier)를 보기 편리합니다.
plt.boxplot(df['관중수'])
plt.show()
```

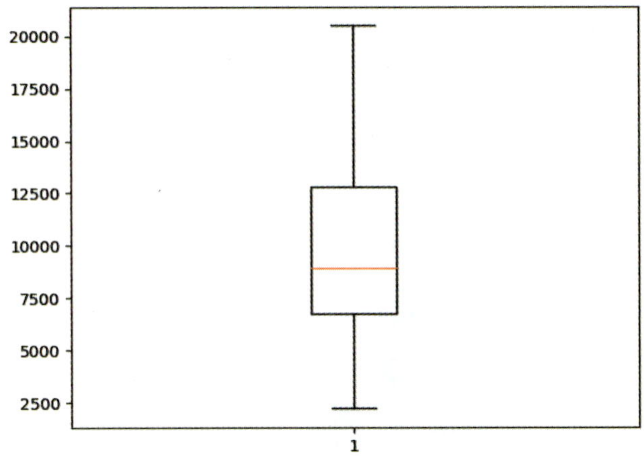

본 데이터가 이상치 없이 관중수가 고르게 분포하는 것을 알 수 있습니다. 이상치는 관측 데이터의 범위에서 많이 벗어난 아주 작은 값이나 큰 값을 의미합니다. 이런 값들은 분석이나 모델링에 영향을 미칠 수 있기 때문에 전처리해 주는 것이 좋습니다.

4.3 설명변수(X /독립변수 /특징변수 /속성) 탐색

y값(종속변수)을 설정하였으니 y값을 예측하기 위해 사용하는 독립변수(Xs)들을 살펴보도록 하겠습니다. 앞서 y값을 살펴볼 때와 마찬가지로 히스토그램을 통해 데이터의 분포를 살펴보도록 하겠습니다. 요일과 상대팀 변수는 문자형 변수이기에 제외합니다. 수치형 변수인 연도, 월, 공휴일, 시간대, 개막전, 평균기온, 강수량, 평균습도, 미세먼지, 상대팀 순위, 홈팀 순위를 활용하겠습니다.

```
### numerical features: 연도, 월, 공휴일, 시간대, 개막전, 평균기온,
###                     강수량, 평균 습도, 미세먼지, 상대팀 순위, 홈팀 순위
numerical_columns=['연도', '월', '공휴일', '시간대', '개막전',
                   '평균기온(℃)', '강수량(mm)', '평균습도(%rh)',
                   '미세먼지(PM2.5)', '상대팀 순위', '홈팀 순위']
```

> **리스트(list)**
>
> 리스트는 프로그래밍에서 여러 값을 순서대로 저장할 수 있는 데이터 구조를 의미합니다.

pyplot 모듈의 figure() 함수로 출력할 이미지의 크기를 설정합니다. figsize 매개변수를 활용해 가로, 세로의 크기를 지정해줄 수 있습니다. (가로 크기, 세로 크기)의 형태로 인자를 입력합니다. 크기의 단위는 인치(inch)입니다.

```
### figsize()로 plot의 기본 크기를 지정합니다.
fig = plt.figure(figsize = (20, 20))
### axes는 실제 표현하고자 하는 자료가 그려지는 장소를 의미합니다.
### figure(fig)가 액자의 크기를 지정하는 거라면
### axes는 액자 안에 캔버스를 지정하는 것 입니다.
ax = fig.gca() # gca()로 현재의 axes를 구할 수 있음

df[numerical_columns].hist(ax=ax)
plt.show()
```

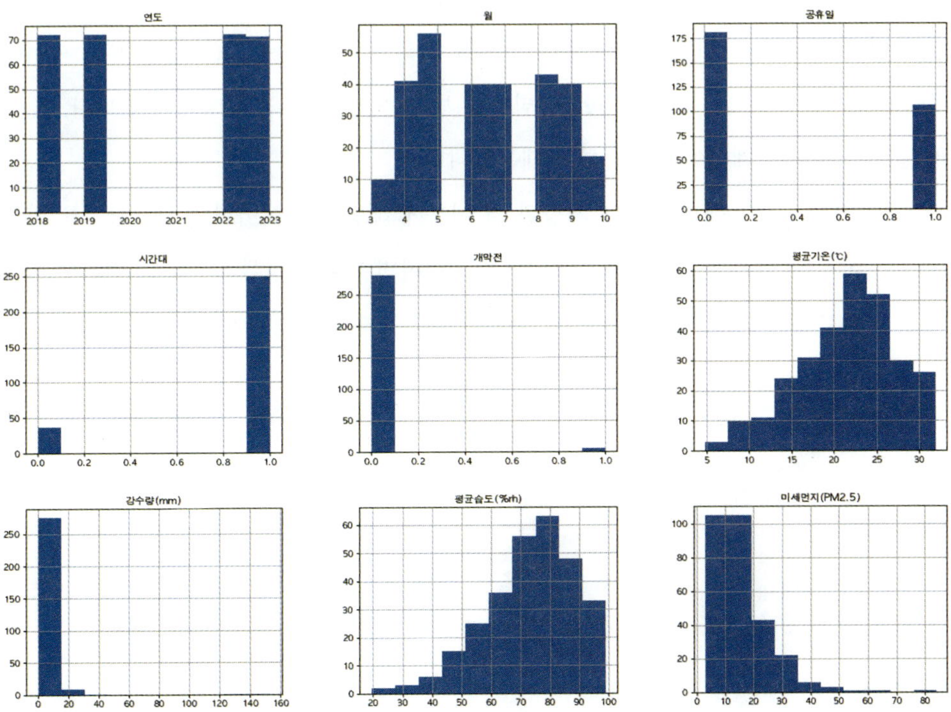

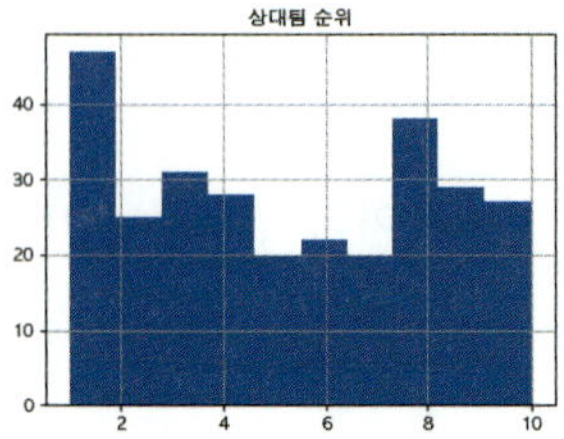

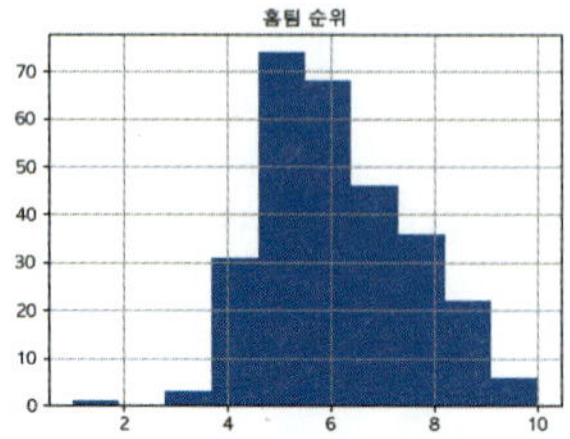

figsize=()로 내가 만들고자 하는 figure의 크기를 조정할 수 있습니다. ax는 axes를 의미합니다. figure(fig)가 벽의 크기를 지정하는 것이라면 axes는 벽에 달 액자들을 지정하는 것입니다. gca()로 현재의 axes를 구할 수 있습니다. 보다 자세한 설명은 4장의 설명변수 탐색을 참조하기 바랍니다.

4.4 독립변수(X)와 종속변수(y) 간의 관계 탐색

변수 간의 상관관계를 파악해보도록 하겠습니다.

피어슨(Pearson) 상관계수를 사용하여 상관관계를 살펴봅니다.

피어슨(Pearson) 상관계수는 상관관계 분석 시 대표적으로 사용하는 지표로 변수들 간의 상관관계를 −1~1 사이의 값으로 나타냅니다. 1에 가까울 수록 변수들 간의 양의 상관관계를 갖고 −1에 가까울수록 변수들 간의 음의 상관관계를 갖습니다. 피어슨(Pearson) 상관계수를 계산할 시에는 범주형 변수는 제외한 후 진행해야 합니다. 범주형 변수는 수학적 계산이 불가능하기 때문입니다.

corr() 함수를 활용해 리스트에 저장된 열 이름에 해당하는 데이터의 상관관계를 확인합니다. method 매개변수에 'pearson' 인자를 입력하면 피어슨 상관계수를 확인할 수 있습니다. corr 변수에 corr() 함수로 계산한 수치형 변수의 피어슨 상관계수를 저장합니다.

```
### Pearson 상관계수: 상관관계 분석 시 대표적으로 사용하는 지표
### -1 ~ 1 사이의 값으로 표현
### 1에 가까울 수록 양의 상관관계를
### -1에 가까울 수록 음의 상관관계를 갖습니다.
cols = ['관중수', '공휴일', '시간대', '개막전', '평균기온(℃)',
        '강수량(mm)', '평균습도(%rh)', '미세먼지(PM2.5)',
        '상대팀 순위', '홈팀 순위']
# 연도와 월은 범주형 변수이기 때문에 상관관계 파악이 불가능하므로 제외

corr = df[cols].corr(method = 'pearson')
corr
```

```
### Pearson 상관계수: 상관관계 분석 시 대표적으로 사용하는 지표
### -1 ~ 1 사이의 값을 가짐
### 1에 가까울 수록 양의 상관관계를 -1에 가까울 수록 음의 상관관계를 가진다고 할 수 있음
cols = ['관중수', '공휴일', '시간대', '개막전', '평균기온(℃)', '강수량(mm)', '평균습도(%rh)', '미세먼지(PM2.5)',
        '상대팀 순위', '홈팀 순위']
# 연도와 월은 범주형 변수이기 때문에 상관관계 파악이 불가능하므로 제외

corr = df[cols].corr(method = 'pearson')
corr
```

	관중수	공휴일	시간대	개막전	평균기온(°C)	강수량(mm)	평균습도(%rh)	미세먼지(PM2.5)	상대팀 순위	홈팀 순위
관중수	1.000000	0.651791	-0.374817	0.259938	-0.121887	-0.129783	-0.155173	0.148647	-0.156510	-0.122302
공휴일	0.651791	1.000000	-0.502710	0.190945	0.063846	-0.076818	0.013269	-0.024866	-0.102126	-0.065631
시간대	-0.374817	-0.502710	1.000000	-0.379832	0.237032	0.025597	0.072017	-0.037138	0.076509	0.016237
개막전	0.259938	0.190945	-0.379832	1.000000	-0.339091	-0.026592	-0.158459	0.252635	-0.060004	-0.064670
평균기온(°C)	-0.121887	0.063846	0.237032	-0.339091	1.000000	0.033576	0.478337	-0.186018	0.098862	-0.025803
강수량(mm)	-0.129783	-0.076818	0.025597	-0.026592	0.033576	1.000000	0.240753	-0.101113	0.013877	0.072148
평균습도(%rh)	-0.155173	0.013269	0.072017	-0.158459	0.478337	0.240753	1.000000	-0.301714	0.065682	-0.126587
미세먼지(PM2.5)	0.148647	-0.024866	-0.037138	0.252635	-0.186018	-0.101113	-0.301714	1.000000	-0.016203	0.229182
상대팀 순위	-0.156510	-0.102126	0.076509	-0.060004	0.098862	0.013877	0.065682	-0.016203	1.000000	0.069584
홈팀 순위	-0.122302	-0.065631	0.016237	-0.064670	-0.025803	0.072148	-0.126587	0.229182	0.069584	1.000000

히트맵(HeatMap)을 사용해서 시각화를 합니다.

데이터를 분석할 때, 시각화를 적절하게 활용하는 것은 매우 중요합니다. 같은 데이터라도 시각화를 통해 관찰하면 더 쉽고, 직관적으로 이해할 수 있기 때문입니다.

상관계수를 더 쉽게 파악할 수 있는 방법이 바로 히트맵으로 시각화하는 것입니다. 히트맵을 통해 시각화 하면 상관계수를 더 쉽게 파악할 수 있습니다.

먼저, pyplot 모듈의 figure() 함수로 출력할 이미지의 크기를 설정합니다. figsize 매개변수를 활용해 가로, 세로의 크기를 각각 20인치(inch)로 지정해 줍니다. 그다음 gca() 함수로 현재의 axes를 구해 ax 변수에 저장합니다.

```
### 상관관계를 히트맵(heatmap)으로 시각화
fig = plt.figure(figsize = (20, 20))
ax = fig.gca()
```

seabon 라이브러리를 활용하여 히트맵을 출력해 보겠습니다. 우리는 앞서 "라이브러리 불러오기(Libraries Setting)"에서 seabon 라이브러리를 불러온 뒤, sns라고 부르기로 설정 했습니다.

```
import seaborn as sns
```

seaborn 라이브러리의 set() 함수를 이용해 히트맵에 출력될 글자의 크기를 설정해 보겠습니다. font_scale 매개변수로 글자의 배율을 설정하는 방식으로 출력될 글자의 크기를 조절합니다. 기본 크기(배율: 1.0)는 12pt입니다. font_scale 매개변수에 1.5를 인자로 입력하면, 18pt의 크기로 글자가 출력됩니다.

```
sns.set(font_scale = 1.5)
```

heatmap() 함수를 이용해 corr 변수에 저장된 수치형 변수의 피어슨 상관계수를 시각화 하겠습니다. heatmap() 함수에 필수적으로 전달해야 하는 인자는 시각화할 데이터입니다. 우리는 corr 변수에 시각화할 데이터를 저장했습니다.

```
heatmap = sns.heatmap(corr.values, annot = True, fmt='.2f',
                      annot_kws={'size':15},
                      yticklabels = cols, xticklabels = cols,
                      ax=ax, cmap = "Reds")
```

히트맵을 통한 분석을 더 용이하게 하기 위한 매개변수를 추가하겠습니다.

- annot 매개변수는 annotation의 약자입니다. annot 매개변수에 True 인자를 입력하면 상관계수의 값을 표시할 수 있습니다.
- fmt 매개변수는 format의 약자입니다. 표시될 상관계수의 값 형식을 지정할 때 사용합니다. 만약, 소수점 둘째 자리까지 값을 표시하고 싶다면, '.2f'와 같이 형식을 지정하면 됩니다.
- annot_kws 매개변수는 annotation keywords arguments의 약자입니다. annot_kws를 활용해 표시될 상관계수 값의 글꼴 크기('size')를 지정할 수 있습니다. 이때 지정되는 글꼴 크기의 단위는 pt입니다.
- cmap 매개변수는 colormap의 약자로, 출력할 히트맵의 색상을 설정할 때 사용합니다.

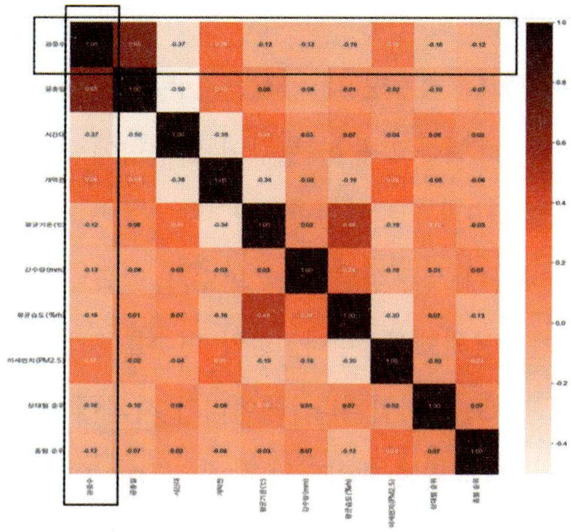

마지막으로, show() 함수를 활용해 그린 히트맵을 출력합니다.

```
plt.show()
```

종속변수(y)인 관중 수와 다른 변수 간의 상관관계를 살펴봅니다. 공휴일이 0.65로 강한 양의 상관관계를 보이고 있습니다.

상관관계를 볼 때 주의해야할 점이 있습니다. 상관관계가 높다고 무조건 인과관계가 있다고 할 수 없습니다. 인관관계를 분석할 경우는 선형회귀를 추천합니다. 선형회귀모델은 독립변수와 종속변수의 인과관계를 통해 변수를 예측하는 모델입니다.

5 데이터 전처리

모델링에 앞서 데이터 전처리 과정을 거쳐야 합니다. 데이터 전처리 과정은 모델링에서 가장 중요한 부분입니다. 전처리가 제대로 되지 않으면 모델에 입력되는 데이터에 오류가 발생하거나 편향되어서 정확한 모델링을 진행할 수 없기 때문입니다. 여기서는 원-핫 인코딩과 표준화를 통해 데이터를 전처리 합니다.

5.1 원-핫 인코딩(One-hot encoding)

수집한 데이터 중 문자형이나 범주형 변수들이 포함되어 있습니다. 컴퓨터가 이해할 수 있는 형태로 변경해 주어야 합니다. 대표적인 방법이 원-핫 인코딩입니다.

원-핫 인코딩은 문자형이나 범주형 데이터를 컴퓨터가 이해할 수 있는 형태로 표현하는 방법 중 하나입니다. 표현하고자 하는 값이 범주형에 해당하는 경우 범주의 개수만큼 열을 생성해서 각 열을 0과 1로 표현합니다.

예를 들어 사과, 배, 바나나로 구성된 과일 변수가 있습니다. 해당 데이터를 분석에 사용하기 위해 원-핫 인코딩해보겠습니다. 과일 변수를 3개의 변수로 나눕니다. 사과 변수, 배 변수, 바나나 변수로 열거합니다. 데이터가 사과에 해당한다면 과일변수의 값은 1 0 0으로 변환됩니다. 해당되는 데이터의 값에 1(True)이 할당됩니다.

	과일
0	사과
1	배
2	바나나

문자형 변수

	사과	배	바나나
0	1	0	0
1	0	1	0
2	0	0	1

원-핫 인코딩 후 변수

범주형 변수는 이미 컴퓨터가 이해할 수 있는 숫자로 구성되어 있는데도 원-핫 인코딩을 해야 하나요? 범주형 변수도 원-핫 인코딩을 해야 합니다. 범주형 데이터는 범주를 나타내기 위해 고윳값이나 범주를 숫자로 표현한 것이기 때문에 해당 변수값이 수학적 연산이 불가능하기 때문입니다.

적용 대상 컬럼은 연도, 월, 요일, 상대팀 총 4개입니다.

```
### 범주형, 문자형 데이터 One-hot encoding
# 연도 One-hot encoding
processed_data = pd.get_dummies(df, columns=['연도', '월', '요일', '상대팀'], dtype=int)
processed_data
```

get_dummies() 함수를 활용해 원-핫 인코딩을 해봅니다. 원-핫 인코딩을 하고 싶은 열을 columns=[] 안에 적어주면 한꺼번에 해당 컬럼들을 원-핫 인코딩한 데이터를 반환해줍니다.

5.2 표준화(Scaler)

변수 중에서 수치형 변수들에 대해 표준화를 진행합니다. 표준화를 진행하는 이유는 각 변수마다 단위와 범위가 다르기 때문입니다. 단위와 범위가 다른 변수 간의 공정한 비교가 불가능하기 때문입니다.

예를 들어, 상대팀과 홈팀 순위 같은 경우에는 범위가 1~10위지만 평균 기온은 4.8~32℃입니다. 표준화를 적용하지 않고 그대로 모델링에 사용할 경우 범위가 넓은 평균 기온이 순위보다 더 큰 영향을 미치게 됩니다. 따라서 변수가 같은 조건으로 비교되고 모델링에 반영하기 위해 표준화를 진행합니다.

표준화는 수치형 독립변수들을 대상으로 진행합니다. 원-핫 인코딩되거나 범주형 변수는 이미 0 또는 1로 표준화되어 있기 때문에 제외합니다. 종속변수는 표준화하지 않습니다.

먼저, 사이킷런(sklearn)의 preprocessing 모듈에 포함된 StandardScaler() 클래스를 호출해 scaler 변수에 저장합니다.

fit_transform() 함수를 활용해 학습 데이터의 수치형 독립변수를 표준화합니다. fit_transform() 함수는 데이터의 특성을 파악한 뒤 표준화를 수행합니다.

```
### 사이킷런은 머신러닝 분석에 유용한 라이브러리로
### 여러 머신러닝 모듈로 구성됨

from sklearn.preprocessing import StandardScaler

scaler = StandardScaler() # 평균 0, 분산 1
# y를 제거한 numerical columns
numerical_cols = ['평균기온(℃)', '강수량(mm)', '평균습도(%rh)',
                  '미세먼지(PM2.5)', '상대팀 순위', '홈팀 순위']
processed_data[numerical_cols] =
          scaler.fit_transform(processed_data[numerical_cols])
```

6.3 데이터 나누기(Data split - Train/Test set)

학습 데이터로 모델을 학습시키고, 테스트 데이터로 모델의 예측 성능을 평가합니다. 학습을 위한 Train set 과 성능 평가를 위한 Test set으로 데이터를 나눠줍니다.

```
from sklearn.model_selection import train_test_split

### 데이터 분리에 앞서 X와 y에 들어갈 변수들을 정리합니다.
### X는 y값을 제외한 모든 열 입니다.
cols = ['연도_2018', '연도_2019', '연도_2022', '연도_2023',
        '월_3', '월_4', '월_5', '월_6', '월_7', '월_8', '월_9', '월_10',
        '요일_월', '요일_화', '요일_수', '요일_목', '요일_금', '요일_토', '요일_일',
        '공휴일', '시간대', '개막전', '평균기온(℃)', '강수량(mm)',
        '평균습도(%rh)', '미세먼지(PM2.5)',
        '상대팀_KT', '상대팀_LG', '상대팀_NC','상대팀_SSG',
        '상대팀_두산', '상대팀_롯데', '상대팀_삼성', '상대팀_키움',
        '상대팀_한화',
        '상대팀 순위', '홈팀 순위']

X = processed_data[cols]
y = processed_data['관중수']

X_train, X_test, y_train, y_test = train_test_split(X, y, test_size=0.2, random_state=1)
# test_size로 테스트 데이터셋의 크기를 지정할 수 있습니다.
# 0.2는 전체 데이터의 20%를 테스트 데이터로 사용하겠다는 의미입니다.
```

Train set과 Test set을 분리할 때에는 X와 y를 나눠서 분리합니다. 데이터셋의 크기는 test_size 매개변수를 통해 Test set을 조절할 수 있습니다. 단, 비율은 원하는 대로 조절 가능하지만 Test set이 Train set 보다 커서는 안 됩니다. 최소 50% 이상은 Train set으로 활용되어야 합니다.

random_state 매개변수를 활용하면 동일한 코드와 데이터를 사용했을 때 항상 같은 결과를 얻을 수 있습니다. random_state 매개변수에 입력할 숫자를 변경하지 않는 한, 언제든지 같은 Train set과 Test set을 사용할 수 있다는 의미입니다.

실제 할당된 값들을 화면에 출력해서 확인합니다. 8:2의 비율로 데이터셋이 만들어집니다. 229 개의 학습 데이터와 58개의 테스트 데이터로 구성됩니다.

```
X_train.shape, y_train.shape
```

```
((229, 37), (229,))
```

```
X_test.shape, y_test.shape
```

```
((58, 37), (58,))
```

5.4 다중 공선성(VIF; Variance Inflation Factor)

회귀모델링에서 하나의 독립변수가 다른 독립변수와의 상관관계가 높으면(다중 공선성이 존재하면), 회귀모델링에 부정적인 영향을 미칠 수 있기 때문에 모델링을 진행하기 앞서 다중 공선성의 존재여부를 확인해야 합니다. 설명변수 간의 상관관계가 높으면 설명변수가 독립적이지 않기 때문입니다. 다른 변수들과 부딪치거나 특정변수의 중요도가 증폭될 수 있습니다.

보통 다중 공선성을 판단할 때 VIF(Variance Inflation Factor) 값을 통해 확인합니다. 일반적으로 VIF〉10인 변수들은 다른 변수와의 상관관계가 높음을 의미하며, 다중 공선성이 존재함을 의미합니다. 해당 변수는 모델링에서 고려하지 않는 것이 좋습니다.

우리는 앞서 "라이브러리 불러오기"에서 모델링 및 데이터 분석을 위한 라이브러리인 statsmodels의 stats 모듈 내 outliers_influence 서브 모듈에서 variance_inflation_factor 함수를 불러왔습니다.

```
from statsmodels.stats.outliers_influence import variance_inflation_factor
```

```
vif = pd.DataFrame()
vif['features'] = X_train.columns
vif["VIF Factor"] = [variance_inflation_factor(X_train.values, i)
                     for i in range(X_train.shape[1])]
vif.round(1)
```

첫째, 데이터프레임을 생성하는 판다스(pandas, pd)의 DataFrame() 함수를 불러와 vif 변수에 저장합니다.

둘째, vif 변수에 저장된 데이터프레임에 features라는 이름의 열을 생성하고, X_train의 독립변수들을 features 열에 저장합니다. columns 속성으로 X_train의 열에 저장된 정보인 독립변수들의 이름을 불러올 수 있습니다. 독립변수의 이름은 차례대로 각 행에 저장됩니다.

셋째, vif 변수에 저장된 데이터프레임에 VIF Factor라는 이름의 열을 생성하고, variance_inflation_factor() 함수를 활용해 계산한 독립변수들의 VIF 값을 VIF Factor 열에 저장합니다.

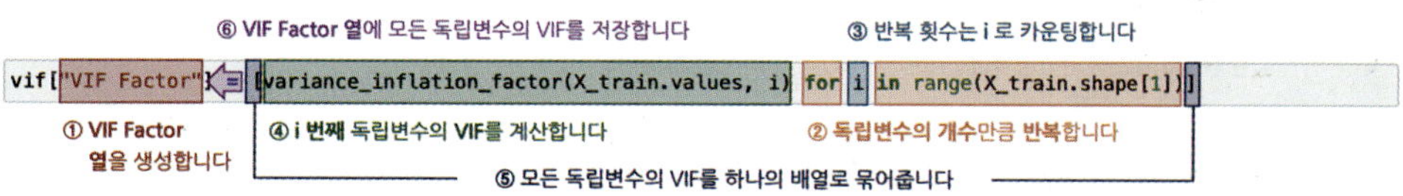

VIF가 inf가 나온 독립변수는 모두 범주형 변수인 경우입니다. VIF가 inf가 나온 독립변수는 원-핫 인코딩을 통해 독립적으로 변환한 값이므로 다중 공선성과 관련 없이 그대로 사용합니다.

	features	VIF Factor
0	연도_2018	inf
1	연도_2019	inf
2	연도_2022	inf
3	연도_2023	inf
4	월_3	inf
5	월_4	inf
6	월_5	inf
7	월_6	inf
8	월_7	inf
………		
28	상대팀_NC	inf
29	상대팀_SSG	inf
30	상대팀_두산	inf
31	상대팀_롯데	inf
32	상대팀_삼성	inf
33	상대팀_키움	inf
34	상대팀_한화	inf
35	상대팀 순위	2.3
36	홈팀 순위	2.5

그 외에 변수들은 VIF가 10 이하인 변수들만 사용합니다. 이번 예제에서는 모든 변수들의 VIF 값이 10 이하를 보여 10 이하의 변수들을 대상으로 다시한번 다중 공선성을 확인해 봅니다.

```
vif_cols = ['공휴일', '시간대', '개막전', '평균기온(℃)', '강수량(mm)',
            '평균습도(%rh)', '미세먼지(PM2.5)', '상대팀 순위', '홈팀 순위']

vif = pd.DataFrame()
vif['features'] = X_train[vif_cols].columns
vif["VIF Factor"] = [variance_inflation_factor(X_train[vif_cols].values, i)
                     for i in range(X_train[vif_cols].shape[1])]
vif.round(1)
```

	features	VIF Factor
0	공휴일	1.3
1	시간대	1.3
2	개막전	1.3
3	평균기온(°C)	1.5
4	강수량(mm)	1.1
5	평균습도(%rh)	1.5
6	미세먼지(PM2.5)	1.3
7	상대팀 순위	1.0
8	홈팀 순위	1.1

모든 변수가 10 이하의 값을 갖습니다. 모두 모델링에 사용합니다.

6 모델링하기

지금까지 데이터 탐색 및 전처리 과정을 수행하였습니다. 이제 본격적으로 야구장의 일일 관중 수를 예측하는 선형회귀모델을 만들어 보겠습니다.

6.1 회귀모델링(Regression Modeling)

Train set을 통해 선형회귀모델을 학습시킵니다. 그 다음으로 도출된 모델에 Test set에 적용하여 관중 수를 예측합니다. 실제 관중 수와 비교하여 예측 성능을 평가합니다.

```
from sklearn import linear_model

# fit regression model in training set
lr = linear_model.LinearRegression()
model = lr.fit(X_train, y_train)

# predict in test set
pred_test = lr.predict(X_test)
```

sklearn(싸이킷런 라이브러리)에서 linear_model(선형모델) 라이브러리를 불러옵니다. lr변수에 linear_model라이브러리의 LinearRegression(선형회귀) 함수를 호출해서 저장합니다. model 변수에 lr(linear_model.LiearnRegression) 함수를 가지고 학습데이터 (X_train, y_train)을 학습한(fit) 모델을 넣습니다. pred_test변수에 lr(linear_model. LiearnRegression) 함수의 예측 모듈(predict)를 사용하여 테스트 데이터(X_test)를 테스트합니다.

6.2 회귀계수 확인

각 독립변수의 회귀계수를 통해 주요 변수를 확인합니다.

각 설명변수(특징변수, 속성, 독립변수, x, 열)에 대한 회귀계수를 lr.coef_ 함수로 확인할 수있습니다. 각 변수에 대한 회귀계수를 확인합니다. 회귀계수는 각 독립변수의 계수이자 모델에서는 가중치로 불리웁니다. 또 수식에서는 기울기라고 생각하시면 이해하기 쉽습니다. 가중치가 크다는 것은 그만큼 종속변수의 변화에 큰 영향력을 미친다는 의미를 가집니다.

```
### print coef
### 계수를 출력합니다.
print(lr.coef_)
```

```
[ 1592.30714155    68.30229314 -1836.31399651   175.70456182
 -2650.01054716 -2074.51348084  2237.1601158   2912.51525074
   362.04652972   -33.33844898  -466.36487847  -287.49454082
 -2470.27899265   366.6837009   -346.5224708   -303.56172678
  2989.5724878   1760.44785031 -1996.34084878  5982.83602382
 -1531.1821057   2497.09115755  -954.61021     -378.08439922
   -19.65378213   354.75977789  -623.81821114   219.65974967
   327.69107006  -852.48194012   877.74676792   466.9018653
  -427.91899313  -540.41532585   552.63501729    -8.85762748
  -429.68932495]
```

각 독립변수에 대한 회귀계수를 테이블(data frame) 형태로 출력합니다.

zip은 특징변수(columns) 와 회귀계수(lr.coef)를 하나로 묶어서 출력합니다. columns=['features', 'coefficients']는 각 열의 이름을 지정해 줍니다.

```
### 보기 쉬운 data frame 형태로 변환합니다.
coefs = pd.DataFrame(zip(processed_data[cols].columns, lr.coef_),
                     columns = ['feature', 'coefficients'])
coefs
```

	feature	coefficients
0	연도_2018	1592.307142
1	연도_2019	68.302293
2	연도_2022	-1836.313997
3	연도_2023	175.704562
4	월_3	-2650.010547
5	월_4	-2074.513481
6	월_5	2237.160116
7	월_6	2912.515251
8	월_7	362.046530
9	월_8	-33.338449
10	월_9	-466.364878
11	월_10	-287.494541
12	요일_월	-2470.278993
………		
24	평균습도(%rh)	-19.653782
25	미세먼지(PM2.5)	354.759778
26	상대팀_KT	-623.818211
27	상대팀_LG	219.659750
28	상대팀_NC	327.691070
29	상대팀_SSG	-852.481940
30	상대팀_두산	877.746768
31	상대팀_롯데	466.901865
32	상대팀_삼성	-427.918993
33	상대팀_키움	-540.415326
34	상대팀_한화	552.635017
35	상대팀 순위	-8.857627
36	홈팀 순위	-429.689325

회귀계수를 sort_values() 함수를 사용하여 내림차순(ascending=False)으로 정렬합니다. 오름차순으로 열거할 경우는 ascending을 True로 설정하고, 절댓값(abs())을 기준으로 출력합니다. 종속변수의 변화에 가장 큰 영향을 미치는 변수 순으로 살펴볼 수 있습니다. 양의 관계, 음의 관계를 가리지 않고, 절댓값이 가장 순서로 나열합니다.

```
### 크기 순서대로 나열합니다.
### 크기 순서로 나열 : 내림차순으로 합니다. 다만 양, 음을 가리지 않습니다.
### 절대값 기준 함수: coefficients.abs().sort_values

coefs_new = coefs.reindex(coefs.coefficients.abs().sort_values(ascending=False).index)
coefs_new
```

	feature	coefficients
19	공휴일	5982.836024
16	요일_금	2989.572488
7	월_6	2912.515251
4	월_3	-2650.010547
21	개막전	2497.091158
12	요일_월	-2470.278993

....

계수가 높은 상위 10개 독립변수(공휴일, 요일_금, 월_6, 월_3, 개막전, 요일_월, 월_5, 월_4, 요일_일, 연도_2022) 모두 날짜 요소에 해당하는 변수들입니다. 이를 통해, 야구장 일일 관중 수 예측에 날짜와 관련된 요소들이 큰 영향을 미치는 것을 알 수 있습니다.

시각화를 통해 한 번 더 살펴봅니다.

종속변수의 값을 증가시키는 데(야구장 일일 관중 수를 증가시키는 데) 양의 회귀관계를 갖는 변수와 음의 회귀관계를 갖는 변수들을 시각화합니다. 시각화는 변수에 대한 회귀계수를 막대 그래프로 보여줌으로써 종속변수에 대한 독립변수의 해석을 도와줍니다.

```
### 회귀 계수(regression coefficients)를 막대그래프(bar graph)로 시각화합니다.

### 그림 사이즈를 설정합니다.
plt.figure(figsize = (15, 15))

### bar plot : matplotlib.pyplot 모듈의 barh() 함수를 사용해서
### 수평 막대 그래프를 그릴 수 있습니다.
plt.barh(coefs_new['feature'], coefs_new['coefficients'])
plt.title('"feature - coefficient" Graph')
plt.xlabel('coefficients')
plt.ylabel('features')
plt.show()
```

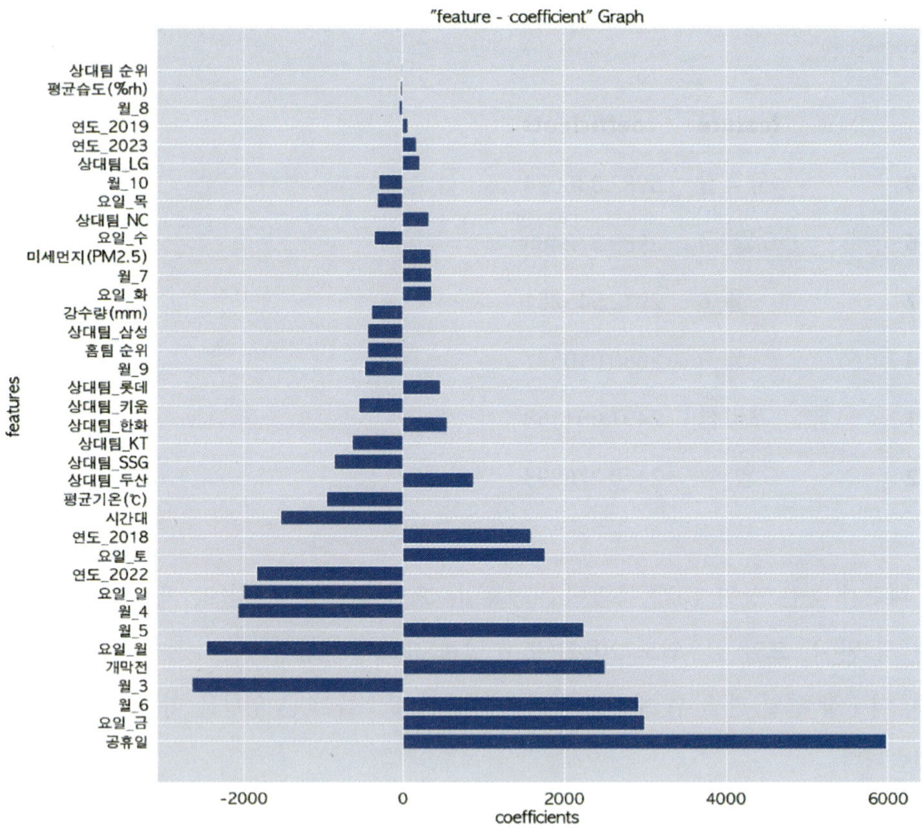

6.3 유의성 검정

통계에서 변수가 유의미한지 파악합니다. 유의성 검정은 통계학적으로 변수가 유의하다는 것을 검정하는 것입니다. 파이썬에서 제공하는 statsmodels.api 라이브러리를 가져와서 구합니다.

해당 부분은 통계 부분이기에 코드의 주석으로 설명을 대체합니다.

```
import statsmodels.api as sm

X_train2 = sm.add_constant(X_train)
### 회귀분석모형 수식을 간단하게 만들기 위해 상수항을 독립변수 데이터에 추가하는 것을 상수항 결합(bias augmentation)작업이라고 합니다.

### ordinary least square 의 약자로, 거리의 최소값을 기준으로 구하는 함수입니다.
model2 = sm.OLS(y_train, X_train2).fit()
model2.summary()
```

OLS Regression Results

Dep. Variable:	관중수	**R-squared:**	0.789
Model:	OLS	**Adj. R-squared:**	0.754
Method:	Least Squares	**F-statistic:**	22.12
Date:	Fri, 12 Jan 2024	**Prob (F-statistic):**	1.43e-49
Time:	15:01:04	**Log-Likelihood:**	-2072.1
No. Observations:	229	**AIC:**	4212.
Df Residuals:	195	**BIC:**	4329.
Df Model:	33		
Covariance Type:	nonrobust		

	coef	std err	t	P>|t|	[0.025	0.975]
const	5168.9992	523.167	9.880	0.000	4137.208	6200.791
연도_2018	2884.5569	319.049	9.041	0.000	2255.328	3513.786
연도_2019	1360.5521	411.324	3.308	0.001	549.337	2171.767
연도_2022	-544.0642	346.042	-1.572	0.118	-1226.529	138.401
연도_2023	1467.9544	299.083	4.908	0.000	878.102	2057.807
월_3	-2003.8856	1094.824	-1.830	0.069	-4163.102	155.331
월_4	-1428.3886	631.879	-2.261	0.025	-2674.583	-182.194
월_5	2883.2850	422.685	6.821	0.000	2049.663	3716.907
월_6	3558.6401	471.368	7.550	0.000	2629.007	4488.274
월_7	1008.1714	589.921	1.709	0.089	-155.273	2171.616
월_8	612.7865	689.866	0.888	0.375	-747.771	1973.344
월_9	179.7600	463.846	0.388	0.699	-735.039	1094.559
월_10	358.6304	663.214	0.541	0.589	-949.363	1666.624

요일_월	-1731.8505	1246.694	-1.389	0.166	-4190.585	726.884
요일_화	1105.1122	451.209	2.449	0.015	215.236	1994.988
요일_수	391.9060	457.520	0.857	0.393	-510.416	1294.228
요일_목	434.8667	440.089	0.988	0.324	-433.079	1302.812
요일_금	3728.0009	489.204	7.621	0.000	2763.191	4692.811
요일_토	2498.8763	747.680	3.342	0.001	1024.299	3973.453
요일_일	-1257.9124	696.530	-1.806	0.072	-2631.611	115.787
공휴일	5982.8360	933.364	6.410	0.000	4142.052	7823.620
시간대	-1531.1821	688.937	-2.223	0.027	-2889.907	-172.457
개막전	2497.0912	1448.302	1.724	0.086	-359.256	5353.438
평균기온(℃)	-954.6102	374.927	-2.546	0.012	-1694.043	-215.178
강수량(mm)	-378.0844	154.717	-2.444	0.015	-683.218	-72.950
평균습도(%rh)	-19.6538	199.286	-0.099	0.922	-412.687	373.379
미세먼지(PM2.5)	354.7598	202.831	1.749	0.082	-45.265	754.784
상대팀_KT	-49.4850	477.145	-0.104	0.918	-990.512	891.542
상대팀_LG	793.9930	471.577	1.684	0.094	-136.052	1724.038
상대팀_NC	902.0243	464.349	1.943	0.054	-13.766	1817.815
상대팀_SSG	-278.1487	573.409	-0.485	0.628	-1409.029	852.731
상대팀_두산	1452.0800	486.136	2.987	0.003	493.321	2410.839
상대팀_롯데	1041.2351	486.223	2.141	0.033	82.304	2000.166
상대팀_삼성	146.4143	487.703	0.300	0.764	-815.436	1108.264
상대팀_키움	33.9179	454.542	0.075	0.941	-862.532	930.368
상대팀_한화	1126.9683	459.089	2.455	0.015	221.550	2032.386
상대팀 순위	-8.8576	222.357	-0.040	0.968	-447.391	429.675
홈팀 순위	-429.6893	237.053	-1.813	0.071	-897.205	37.827

- R-squared는 설명력을 의미합니다. 설명력이 1에 가까울수록 모델의 설명력이 높습니다. 즉 독립변수가 종속변수를 잘 설명하고 있다는 것을 의미합니다.
- coef는 앞서 진행했던 계수(coefficient)를 의미합니다. 계수를 통해 양의 영향, 음의 영향을 주는지 파악할 수 있습니다. 또한 어떤 변수가 관중 수 예측에 큰 영향

을 주는지 알 수 있습니다.

- P>|t|는 p-value를 의미합니다. 값이 0.05보다 작으면 통계적으로 유의합니다.

이 내용을 모델의 적용시키면 다음과 같습니다.

- 모델의 R-squared가 0.789로 해당 회귀모델은 야구장 일일 관중 수에 대해서 0.789만큼 설명할 수 있습니다.
- coefficients가 양수인 변수 중 상위 5개: 관중 수를 늘리는데 양(Positive)의 영향을 미칩니다. 해당 변수값이 클수록 관중 수가 증가할 것입니다.
  ① 공휴일: 경기 날이 공휴일인지 아닌지
  ② 요일_금: 경기 날이 금요일인지 아닌지
  ③ 월_6: 경기 날이 6월인지 아닌지
  ④ 개막전: 경기 날이 개막전 시리즈 인지 아닌지
  ⑤ 월_5: 경기 날이 5월인지 아닌지
- coefficients가 음수인 변수 중 상위 5개: 관중 수 증가에 음(Negative)의 영향을 미칩니다. 해당 변수값이 작을수록 관중 수가 증가할 것입니다.
  ① 월_3: 경기 날이 3월인지 아닌지
  ② 요일_월: 경기 날이 월요일인지 아닌지
  ③ 월_4: 경기 날이 4월인지 아닌지
  ④ 요일_일: 경기 날이 일요일인지 아닌지
  ⑤ 연도_2022: 경기 날이 2022년인지 아닌지
- 연도_2022, 월_3, 월_7, 월_8, 월_9, 월_10, 요일_월, 요일_수, 요일_목, 요일_일, 개막전, 평균습도, 미세먼지, 상대팀_KT, 상대팀_LG, 상대팀_NC, 상대팀_SSG, 상대팀_삼성, 상대팀_키움, 상대팀 순위, 홈팀 순위는 p-value가 0.05를 넘기 때문에 유의하지 않습니다.

7 모델 예측 결과 및 성능 평가

7.1 예측 결과 시각화

실제값과 예측값을 데이터프레임으로 확인하고 Scatter plot으로 시각화해 봅시다.

```
### 예측 결과 데이터프레임 - test set
df = pd.DataFrame({'actual': y_test, 'prediction': pred_test})
df = df.sort_values(by='actual').reset_index(drop=True)
df.head()
```

	actual	prediction
0	2216	6836.406389
1	2840	5406.899431
2	3117	4851.794588
3	3838	4013.274521
4	5352	8682.180156

```
plt.figure(figsize=(12, 9))
plt.scatter(df.index, df['prediction'], marker='x', color='r')
plt.scatter(df.index, df['actual'], alpha=0.3, marker='o', color='black')
plt.title("실제값과 예측값", fontsize=20)
plt.legend(['prediction', 'actual'], fontsize=12)
plt.show()
```

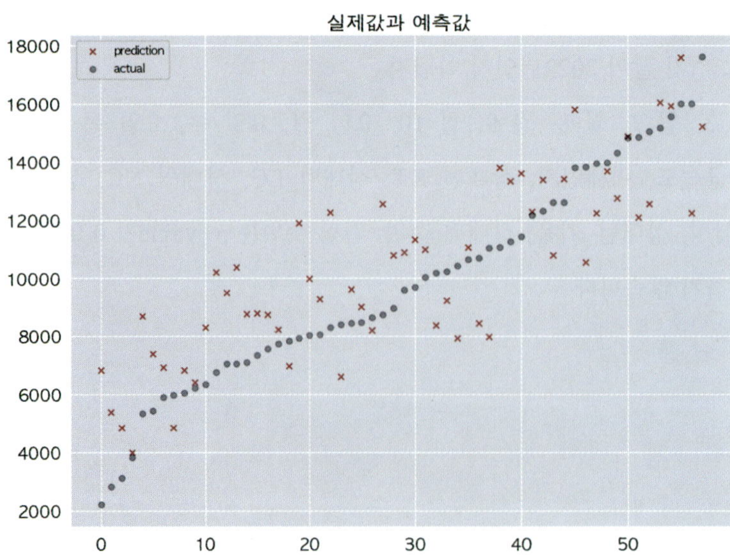

검은 점이 실제값이고, 붉은 엑스가 모델링을 통해 예측한 값입니다.

7.2 모델의 성능 평가

만든 모델의 성능을 평가해봅시다. 모델의 성능은 R-squared, RMSE(Root Mean Square Error), Accuracy로 평가할 수 있습니다. R-squared는 모델의 설명력을 의미합니다. 1에 가까울수록 설명력이 좋다고 해석할 수 있습니다. RMSE는 평균 제곱근 오차입니다. 예측 모델에서 예측 값과 실제 값 사이의 차이를 평균 낸 값으로 숫자가 작을수록 좋습니다. Accuracy는 모델이 얼마나 정확하게 예측하는지를 나타내는 정확도입니다.

```
from sklearn.metrics import mean_squared_error, r2_score
from math import sqrt

# prediction
pred_train = lr.predict(X_train)
pred_test = lr.predict(X_test)

print("R-squared train: ", model.score(X_train, y_train))
print("R-squared test: ", model.score(X_test, y_test))

print("RMSE train: ", sqrt(mean_squared_error(y_train, pred_train)))
print("RMSE test: ", sqrt(mean_squared_error(y_test, pred_test)))

print("Accuracy train: ", sqrt(r2_score(y_train, pred_train))*100)
print("Accuracy test: ", sqrt(r2_score(y_test, pred_test))*100)
```

```
R-squared train:  0.789209694005411
R-squared test:  0.6646860018394157
RMSE train:  2057.993401413087
RMSE test:  2106.0763873727856
Accuracy train:  88.83747486311229
Accuracy test:  81.52827741583994
```

Test set의 R sqaured는 0.664이고, RMSE는 2106.076입니다. accuracy는 81.528%입니다.

Case Study 2 전기 에너지 소비량 예측

이번 사례에서는 전기 에너지 소비량을 예측하는 모델링을 진행하도록 합니다.

예측을 위해 미국 일리노이 주 시카고 시에 전기를 공급하고 있는 커먼웰스 에디슨(Common wealth Edison, ComED)의 시간대별(hourly) 전기 에너지 소비량 데이터를 수집합니다. 이와 더불어 모델링에 필요하다고 생각되는 날씨 요소(기온, 상대습도, 기압)를 추가로 수집하여 데이터를 구성합니다. 데이터 수집이 완료되었다면 수집된 데이터를 바탕으로 전기 에너지 소비량을 예측하는 머신러닝 모델링을 진행해 보도록 하겠습니다.

1 문제 정의하기

모델링을 진행하기에 앞서 가장 중요한 것은 문제 정의입니다. 문제 정의 단계에서 모델링을 통해 도출할 값이 무엇인지를 정확하게 파악하는 것이 가장 중요합니다. 문제를 정확하게 정의하지 않고 모델링을 진행하면 문제를 어떻게 해결해야 할지 몰라 적절한 머신러닝 모델을 선택하지 못하거나 문제 해결을 위해 선택해야 하는 변수들을 착각하는 일이 발생합니다. 따라서 문제 정의는 무엇보다 중요합니다.

이번 사례에서는 전기 에너지 소비량을 예측하고자 합니다. 전기 에너지 소비량은 연속형 변수입니다. 연속형 변수의 값을 예측하는데 주로 사용하는 회귀(Regression) 모델을 사용합니다. 전기 에너지 소비량 데이터에는 카테고리(Category)형 독립변수가 많이 포함되어 있어 트리(Tree) 기반의 회귀모델을 사용합니다. 트리 기반 회귀모델 중 속도가 빠르고 정확도가 우수한 LightGBM 회귀(Light Gradient Boosting Machine Regression) 모델을 활용하여 전기 에너지 소비량을 예측하는 모델을 만들어 보도록 하겠습니다.

문제를 정의합니다. 머신러닝 문제는 y=f(X)에서 함수인 f(function)를 만드는 것입니다. 미국의 전기 회사인 커먼웰스 에디슨(Commonwealth Edison; ComED)의 시간대별 전기 에너지 소비량 데이터를 활용해 미국 일리노이 주의 시카고 시 전기 에너지 소비량을 예측하는 모델을 만들어 봅시다.

y=f(X)를 다음과 같이 정의합니다.

- f는 x와 y의 관계식으로 머신러닝에서는 모델을 의미
- y는 시카고 시의 전기 에너지 소비량
- x는 전기 에너지 소비량에 영향을 주는 요인

LightGBM 회귀(Light Gradient Boosting Machine Regression)

여러 개의 의사결정나무(Decision Tree)를 순차적으로 학습하여 종속변수(y)의 값을 예측하는 앙상블 모델로 여러 개의 트리를 만들 때 이전 트리의 예측 오류를 고려합니다.

예측 오류에 따라 변수의 가중치를 조절하여 모델의 예측 정확도를 점진적으로 개선하는 그래디언트 부스팅 방식을 사용합니다.

오차가 큰 리프 노드를 우선적으로 분할하는 Leaf-wise 분할 방식을 사용해 학습 시간과 메모리 사용량을 줄입니다.

2 라이브러리 불러오기

문제를 정의하고, 문제에 적합한 모델을 설정했다면 다음으로 본격적인 모델링에 앞서 기본환경을 설정해야 합니다. 모델링에 필요한 라이브러리를 불러옵니다. 라이브러리는 일반적으로 파이썬이 설치된 경로의 site-packages 폴더에 저장되어 있습니다.

```
### 모델링에 필요한 라이브러리를 가져옵니다.
### import는 불러오겠다는 의미이고 as는 '나는 이렇게 부를거야'라는 의미입니다.
import numpy as np
import pandas as pd
from pandas.tseries.holiday import USFederalHolidayCalendar

from sklearn.preprocessing import StandardScaler
import matplotlib.pyplot as plt
import seaborn as sns

from sklearn.model_selection import train_test_split
from statsmodels.stats.outliers_influence import variance_inflation_factor

import lightgbm as lgb

from sklearn.metrics import mean_squared_error
from math import sqrt

import statsmodels.api as sm
```

본 예제에서 사용하고 있는 라이브러리, 모듈, 클래스, 함수에 대한 간단한 설명입니다. 라이브러리는 함수(= 모듈 = 클래스)들의 집합니다. 모듈, 클래스, 함수를 같은 의미로 해석하셔도 됩니다.

- numpy: 수학적 연산을 위한 라이브러리
- pandas: 데이터 분석을 위한 라이브러리
- USFederalHolidayCalendar:
  - 미국 연방 공휴일을 처리할 수 있는 클래스
  - 판다스(pandas) 라이브러리의 tseries 모듈의 holiday 서브 모듈 내에 있는 클래스
- StandardScaler: 데이터 정규화를 위한 클래스
  - 사이킷런(sklearn) 라이브러리의 preprocess 모듈 내에 있는 클래스
- matplotlib.pyplot: 시각화를 위한 모듈, matplotlib 라이브러리 내에 있는 모듈
- seaborn: 시각화를 위한 라이브러리
- train_test_split: 데이터셋 분리(훈련 셋, 테스트 셋)를 위한 함수
  - 사이킷런(sklearn) 라이브러리의 model_selection 모듈 내에 있는 함수
- variance_inflation_factor: VIF 확인을 위한 함수
  - statsmodels 라이브러리의 stat 모듈의 outliers_influences 서브 모듈 내에 있는 함수
- lightgbm: LightGBM(Light Gradient Boosting Machine) 모델을 사용하기 위한 라이브러리
- mean_squared_error: 모델의 성능 평가를 위한 지표(MSE)를 구하는 함수
  - 사이킷런(sklearn) 라이브러리의 metrics 모듈 내에 있는 함수
- sqrt: 제곱근을 구하는 함수
  - math 라이브러리 내에 있는 함수
- statsmodels.api: 모델의 정보 출력을 위한 모듈
  - statmodel 라이브러리 내에 있는 모듈

시카고 시 전기 에너지 소비량을 예측하는 모델을 만드는데 사용되는 라이브러리들의 전체 구조는 다음과 같습니다. 그림으로 도식화해 보면 전체 구조를 파악할 수 있습니다.

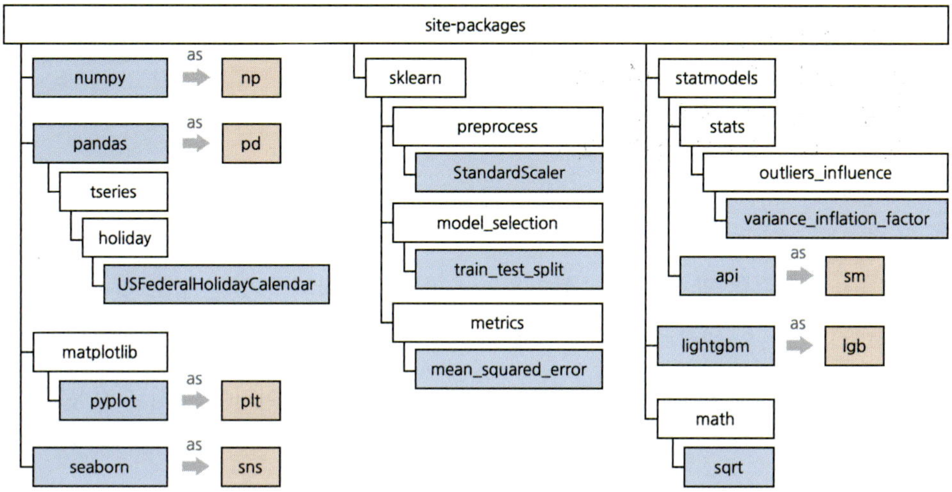

3 데이터 수집하기

정의한 문제를 풀기 위한 데이터를 수집합니다. 우리는 미리 수집된 데이터(미국의 전기 회사인 커먼웰스 에디슨(Commonwealth Edison, ComED)의 시간대별 전기 에너지 소비량 데이터)를 사용합니다.

3.1 데이터 불러오기

판다스(pandas) 라이브러리를 활용해 데이터를 불러옵니다. read_csv() 함수를 이용해서 csv(comma-separated values) 파일을 불러옵니다. .은 판다스 라이브러리에 포함된 속성이나 함수를 사용하겠다는 의미입니다.

csv(comma-separated values) 파일

csv는 쉼표(comma)로 분리된 텍스트 파일을 의미합니다. 예를 들면, 아래와 같이 데이터가 저장되어 있는 파일을 말합니다.

```
이름, 성별, 학과
김슈니, 여, 데이터사이언스학과
이슈니, 여, 컴퓨터학과
박슈니, 여, 소프트웨어융합학과
```

read_csv() 함수의 괄호 안에는 불러올 csv 파일이 저장되어 있는 경로 및 파일명을 작성합니다. 불러온 데이터를 df 변수에 저장해 줍니다. 변수를 만들어 저장하는 것을 추천합니다. 변수에 저장하면 모델링을 수행할 때 불러온 데이터를 수시로 사용할 수 있습니다.

```
### csv 데이터 불러오기
df = pd.read_csv('./electric_data.csv')
```

데이터 셋의 구성은 4개의 독립변수(datetime, humidity, pressure, temperature)와 1개의 종속변수(COMED_MW)로 구성되어 있습니다.

- datetime: 전기 에너지 소비량 측정 시각
- humidity: 전기 에너지 소비량 측정 시각 기준 4일 전 상대습도
- pressure: 전기 에너지 소비량 측정 시각 기준 4일 전 기압
- temperature: 전기 에너지 소비량 측정 시각 기준 4일 전 기온
- COMED_MW: 전기 에너지 소비량(CommonWealth Edison, 단위: 메가와트(MW))

파일 경로 작성하는 방법

파일의 경로를 작성하는 방법에는 크게 두 가지 방법이 있습니다. 상대경로(Relative Path)와 절대경로(Absolute Path)가 있습니다.

상대경로

실습코드가 저장된 현재 위치를 기준으로 파일의 경로를 탐색하는 방법을 상대경로(Relative Path)라 합니다. 상대경로를 사용해 파일의 위치를 지정해줄 수 있습니다.

- 현재 위치를 기준으로 하위 폴더로 이동해야 할 때는 './하위 폴더명/파일명'(예시: './folder/data.csv')로 표현합니다. .는 현재 파일이 있는 디렉토리를 위치를 의미합니다.
- 현재 위치를 기준으로 상위 폴더로 이동해야 할 때는 '../파일명'(예시: '../data.csv')과 같이 ..를 사용해 경로를 지정해 줍니다.
- 실습코드와 데이터 파일이 같은 경로에 저장되어 있다면 파일명만 기재해도 됩니다.

절대경로

파일이 저장된 전체 경로를 명시해 주는 방법을 절대경로(Absolute Path)라 합니다. 절대경로를 사용해 파일의 위치를 지정해줄 수도 있습니다. 폴더 및 파일의 경로를 구분할 때 Windows OS는 ₩를, Mac 혹은 Linux OS는 /를 사용한다는 차이가 있습니다.

상대경로는 데이터파일과 실습코드를 같은 폴더에 저장하는 경우 간단하게 경로를 작성할 수 있어 편리합니다. 만약 실습코드의 저장 위치를 자주 변경하는 경우에는 절대경로를 사용을 추천드립니다. 상대경로는 실습코드의 저장 위치에 맞춰 경로를 변경해야 하기 때문입니다.

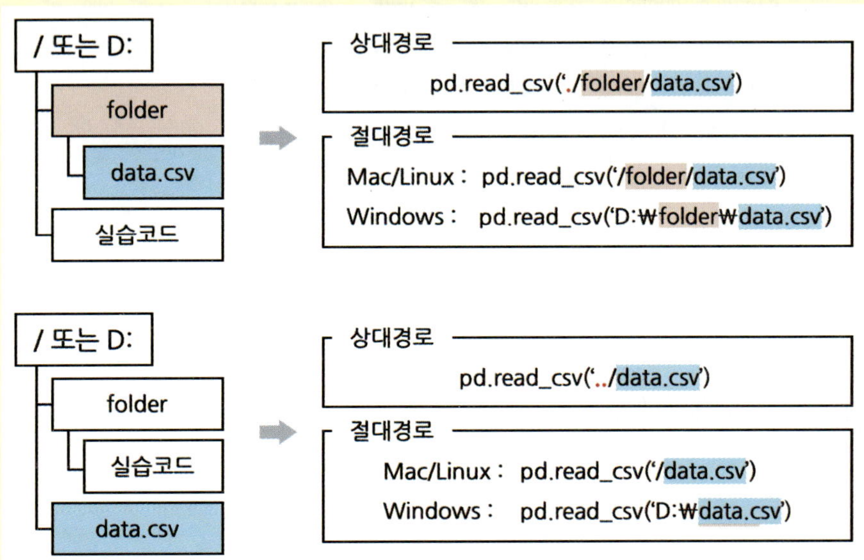

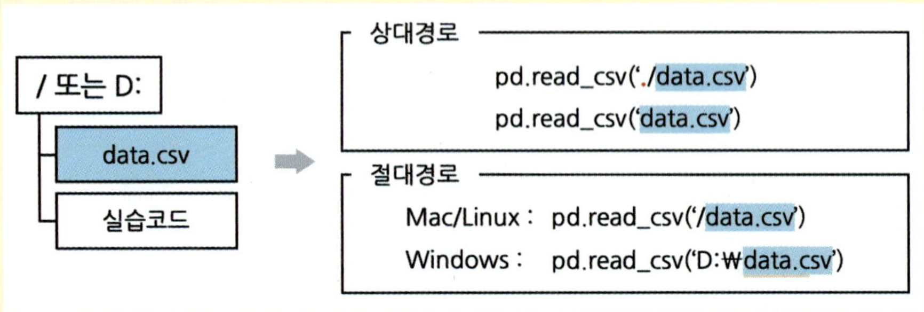

3.2 데이터 살펴보기

df 변수에 저장된 데이터는 행과 열로 구성된 2차원 구조의 데이터프레임의 형태를 가지게 됩니다. df 변수에 저장된 데이터의 세부 구성을 살펴보겠습니다.

head() 함수를 사용하여 데이터를 확인합니다. head() 함수는 데이터의 제일 윗부분부터 확인한다는 의미입니다. 괄호 안에 숫자를 입력하지 않으면 default 값으로 5개 행의 값을 출력해 줍니다.

```
#데이터셋 구성 살펴보기
df.head() # 숫자를 입력하지 않으면 맨 처음 행부터 5개의 행이 출력됨
```

	datetime	humidity	pressure	temperature	COMED_MW
0	2012-10-01 12:00:00	NaN	NaN	NaN	11302.0
1	2012-10-01 13:00:00	71.0	1014.0	284.010000	11426.0
2	2012-10-01 14:00:00	70.0	1014.0	284.054691	11522.0
3	2012-10-01 15:00:00	70.0	1014.0	284.177412	11574.0
4	2012-10-01 16:00:00	70.0	1014.0	284.300133	11489.0

tail() 함수를 사용하여 데이터를 확인합니다. tail()은 데이터의 제일 아랫부분부터 확인한다는 의미입니다. 괄호 안에 숫자를 입력하여 출력할 행의 개수를 설정할 수도 있습니다. 괄호 안에 숫자 3을 입력하면 맨 마지막 3개 행의 데이터를 출력해 줍니다.

```
### 데이터셋 구성 살펴보기
df.tail(3) # 숫자 3을 입력하면 맨 뒤 3개의 행이 출력됨
```

	datetime	humidity	pressure	temperature	COMED_MW
45247	2017-11-29 22:00:00	96.0	1024.0	281.07	11681.0
45248	2017-11-29 23:00:00	75.0	1023.0	280.06	11148.0
45249	2017-11-30 00:00:00	86.0	1023.0	278.46	10391.0

전기에너지 소비량(COMED_MW)을 기준으로 정렬해 봅니다.

sort_values() 함수를 사용하여 오름차순으로 정렬합니다. 정렬할 열의 기준을 by 매개변수를 활용해 지정해줄 수 있습니다. by 매개변수에 'COMED_MW' 인자를 입력합니다.

매개변수(Parameter) 와 인자(Augmentation)

- 매개변수(Parameter)는 함수가 호출될 때 필요한 값을 외부에서 전달받기 위해 함수의 괄호 안에 정의한 변수입니다.
- 인자(Argument)는 함수가 호출될 때 실제로 전달되는 값을 의미합니다.

```
### 오름차순으로 나열합니다.
df.sort_values(by='COMED_MW')
```

	datetime	humidity	pressure	temperature	COMED_MW
14415	2014-05-25 07:00:00	71.0	1018.0	284.72	7237.0
43310	2017-09-10 06:00:00	76.0	1029.0	285.79	7263.0
14416	2014-05-25 08:00:00	81.0	1018.0	284.10	7269.0
39804	2017-04-17 04:00:00	58.0	1019.0	287.23	7275.0
39805	2017-04-17 05:00:00	43.0	1020.0	286.37	7286.0
...	...	...	...	...	...
6964	2013-07-18 18:00:00	56.0	1022.0	305.60	21989.0
6986	2013-07-19 16:00:00	57.0	1018.0	304.95	22032.0
6987	2013-07-19 17:00:00	56.0	1017.0	305.74	22038.0
6962	2013-07-18 16:00:00	62.0	1024.0	304.87	22208.0
6963	2013-07-18 17:00:00	58.0	1023.0	305.20	22269.0

45250 rows × 5 columns

데이터를 확인합니다.

iloc() 함수를 이용해 원하는 행의 데이터를 확인할 수 있습니다. iloc는 index location의 약자입니다. 즉, 지정한 행 번호(index)에 위치하는 데이터의 정보를 출력하라는 의미입니다.

```
### 인덱스 번호에 해당하는 행 하나만 추출하기
df.iloc[df.index==14981]
```

	datetime	humidity	pressure	temperature	COMED_MW
14981	2014-06-17 21:00:00	63.0	1024.0	295.7225	18032.0

4 데이터 탐색하기

수집한 데이터들을 살펴봅니다. 각 변수들의 기본 정보와 특성을 살펴봅시다.

4.1 데이터 셋 기본 정보 파악

데이터의 각 변수들의 기본 정보를 파악합니다.

df.shape()을 통해 데이터프레임(구조)의 형태를 알 수 있습니다. shape 속성을 통해 df에 저장된 데이터의 형태를 알 수 있습니다. 실습에 사용할 데이터는 45,250개의 행(row) 과 5개의 열(column)로 구성된 데이터임을 알 수 있습니다.

```
### 데이터 셋 구조 보기
df.shape
```

```
(45250, 5)
```

데이터의 결측치를 살펴봅니다.

결측치는 데이터에 값이 존재하지 않는 것을 의미합니다. 숫자 0의 의미가 아닙니다. 결측치는 값(데이터)이 존재하지 않는 것을 의미합니다. 만약, 결측치가 발견되었다면, 결측치를 대푯값으로 대체하거나 해당 행을 제거한 다음 모델링을 진행하는 것이 좋습니다.

대푯값

대푯값은 데이터 셋을 대표하는 통계값을 의미합니다. 데이터의 특성에 따라 다르게 지정해 주어야 합니다. 일반적으로는 데이터의 중앙값이나 평균값을 대푯값으로 사용합니다.

isnull() 함수와 sum() 함수를 순서대로 이어 df에 저장된 데이터의 결측치의 개수를 파악합니다.

- isnull() 함수를 활용해 먼저 결측치를 찾습니다. isnull() 함수는 결측치가 있는 경우 True를 반환합니다.
- 이후 sum() 함수를 활용해 True의 개수를 합산합니다. 컴퓨터는 True를 1로 인식하기 때문에 쉽게 결측치의 개수를 확인할 수 있습니다. 각 열의 결측치를 파악할 수 있습니다.

```
### 결측치: 데이터에 값이 없는 것을 의미
### 0과는 다른 개념으로 값이 존재하지 않는 것
df.isnull().sum()
```

```
datetime          0
humidity       1109
pressure        725
temperature       3
COMED_MW          0
dtype: int64
```

결측치를 제거합니다.

결측치가 발견되었으므로, dropna() 함수를 통해 결측치를 처리한 다음 모델링을 진행합니다. dropna는 drop not available의 약자입니다. 즉, 결측치가 포함된 행을 삭제하겠다는 의미입니다.

```
### 결측치 제거
df=df.dropna()
```

결측치가 다 제거되었음을 알 수 있습니다.

```
df.isnull().sum()
```

```
datetime       0
humidity       0
pressure       0
temperature    0
COMED_MW       0
dtype: int64
```

각 변수 데이터의 타입을 확인합니다.

info() 함수를 통해 df 변수에 저장된 데이터의 형태를 확인해 보겠습니다. float64는 소수점이 있는 실수형을 의미합니다. object는 문자형, 즉 텍스트를 의미합니다. 확인 결과 datetime만 문자형 변수이고, 나머지는 실수형 변수임을 알 수 있습니다.

```
### data type 확인
df.info()
```

```
<class 'pandas.core.frame.DataFrame'>
Index: 44085 entries, 1 to 45249
Data columns (total 5 columns):
 #   Column       Non-Null Count  Dtype
---  ------       --------------  -----
 0   datetime     44085 non-null  object
 1   humidity     44085 non-null  float64
 2   pressure     44085 non-null  float64
 3   temperature  44085 non-null  float64
 4   COMED_MW     44085 non-null  float64
dtypes: float64(4), object(1)
memory usage: 2.0+ MB
```

4.2 종속변수 탐색

종속변수를 설정하고 탐색합니다.

종속변수는 y로 예측할 값을 말합니다. 이번 사례에서는 미국 일리노이 주(State of Illinois)의 시카고 시(City of Chicago) 전기 에너지 소비량을 예측하기 위한 모델을 설계할 것이기 때문에 전기 에너지 소비량(COMED_MW)이 y가 됩니다.

df 변수에 저장된 데이터 중 확인할 열의 이름을 지정해줍니다. 대괄호 안에 'COMED_MW'를 작성하여 종속변수가 저장된 열에 접근합니다. 그 다음, describe() 함수를 활용해 종속변수의 기초 통계를 살펴봅니다.

```
### 기초 통계 살펴보기
df['COMED_MW'].describe()
```

```
count    44085.000000
mean     11306.019757
std       2194.190972
min       7237.000000
25%       9717.000000
50%      11070.000000
75%      12439.000000
max      22269.000000
Name: COMED_MW, dtype: float64
```

- count: 전기 에너지 소비량 데이터의 개수를 의미합니다.
- mean: 전기 에너지 소비량 평균을 의미합니다.
- std: 전기 에너지 소비량 데이터의 표준편차를 의미합니다. 변수가 평균을 기준으로 얼마나 퍼져 있는지를 나타냅니다.
- min: 전기 에너지 소비량의 최솟값을 의미합니다.
- 25%: 전기 에너지 소비량 데이터의 25%에 해당하는 값을 의미합니다.
- 50%: 전기 에너지 소비량 데이터의 50%에 해당하는 값, 즉 중앙값을 의미합니다.
- 75%: 전기 에너지 소비량 데이터의 75%에 해당하는 값을 의미합니다.
- max: 전기 에너지 소비량 최대값을 의미합니다.

시각화를 통해 종속변수의 분포를 확인합니다.

종속변수의 분포를 파악하기 위해 히스토그램으로 데이터 시각화를 해보도록 하겠습니다. hist() 함수를 활용하여 종속변수의 히스토그램을 파악합니다. hist는 histogram의 약자입니다. bins 매개변수를 활용해 히스토그램에 표현될 막대의 개수를 조절할 수 있습니다.

```
### 히스토그램을 통한 데이터 시각화
### bins=를 통해 표현할 막대의 개수를 조절할 수 있습니다.
df['COMED_MW'].hist(bins=30)
```

<Axes: >

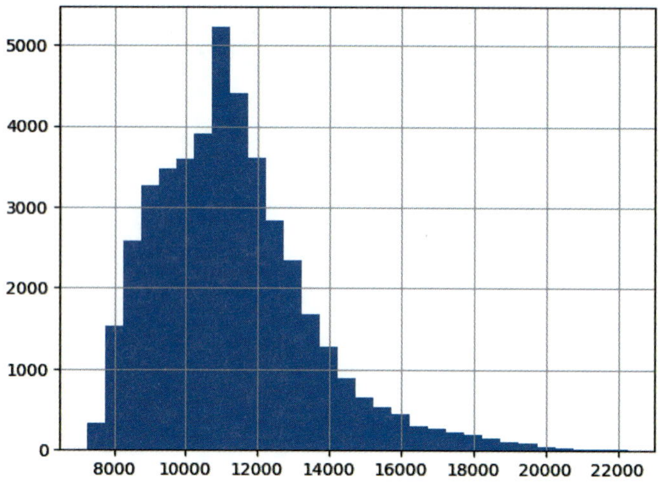

위 그림처럼 히스토그램을 통해 데이터의 분포를 알 수 있습니다. 히스토그램에서 x축은 전기 에너지 소비량이고, y축은 각 구간(bin) 내에 있는 데이터의 개수(빈도)입니다. 히스토그램을 통해 전기 에너지 소비량(COMED_MW)이 10,000MW(메가와트)에서 12,000MW(메가와트) 사이에 가장 많이 분포하는 것을 볼 수 있습니다.

다음은 box plot을 통해 데이터 시각화를 진행해 보겠습니다.

box plot을 사용하면 데이터의 분포, 중앙값, 이상치(outlier)를 확인할 수 있습니다. box plot을 사용하기 위해 matplotlib 라이브러리의 pyplot 모듈을 활용합니다. 우리는 앞서 "라이브러리 불러오기(Libraries Setting)"에서 pyplot 모듈을 불러온 뒤 plt라고 부르기로 설정 했습니다.

```
import matplotlib.pyplot as plt
```

pyplot 모듈의 boxplot() 함수를 활용해 box plot을 그립니다. 괄호 안에 시각화 할 종속변수를 지정해줍니다. show() 함수를 활용해 그린 box plot을 출력할 수 있습니다. box plot을 사용하면 데이터의 분포, 중앙값, 이상치(Outlier)를 확인할 수 있습니다.

```
### box plot을 통한 데이터 시각화
### 데이터의 분포, 중간값, 아웃라이어(outlier)를 보기 편리합니다.
plt.boxplot(df['COMED_MW'])
plt.show()
```

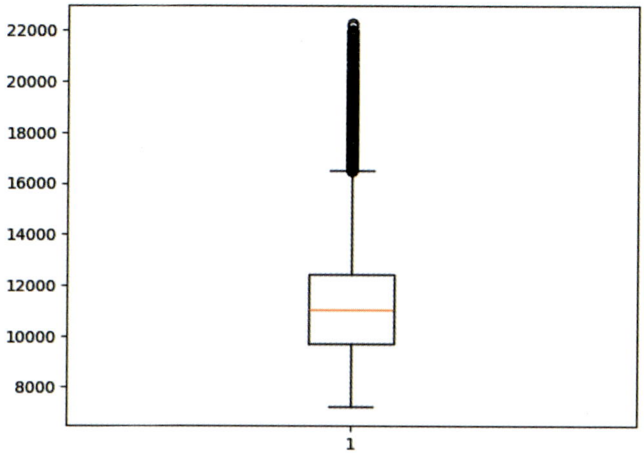

본 데이터에는 대략 16,000부터 22,000 사이에 이상치가 약간 존재하지만, 전기 에너지의 소비량이 대체로 고르게 분포하는 것을 알 수 있습니다. 이상치는 관측 데이터의 범위에서 많이 벗어난 아주 작은 값이나 큰 값을 의미합니다. 이런 값들은 분석이나 모델링에 영향을 미칠 수 있기 때문에 전처리해주는 것이 좋습니다.

4.3 설명변수(독립변수 / 특징변수 / 속성) 탐색

y값(종속변수)을 설정하였으니 y값을 예측하기 위해 사용하는 독립변수(X)들을 살펴보도록 하겠습니다. 앞서 y값을 살펴볼 때와 마찬가지로 히스토그램을 통해 데이터의 분포를 살펴보도록 하겠습니다. 수치형 변수인 상대습도(humidity)와 기온(temperature)을 활용하겠습니다.

numerical_columns 변수에 리스트 형태로 상대습도와 기온을 나타내는 열의 이름을 저장합니다.

```
### numerical features: 습도, 온도
numerical_columns=['humidity','temperature']
```

리스트(list)

리스트는 프로그래밍에서 여러 값을 순서대로 저장할 수 있는 데이터 구조를 의미합니다.

pyplot 모듈의 figure() 함수로 출력할 이미지의 크기를 설정합니다. figsize 매개변수를 활용해 가로, 세로의 크기를 지정해줄 수 있습니다. (가로 크기, 세로 크기)의 형태로 인자를 입력합니다. 크기의 단위는 인치(inch)입니다.

figure(fig)가 벽의 크기를 지정하는 것이라면 axes는 벽에 달 액자들을 지정하는 것입니다. gca() 함수로 현재의 axes를 구할 수 있습니다. 보다 자세한 설명은 4장의 설명변수 탐색을 참조하기 바랍니다.

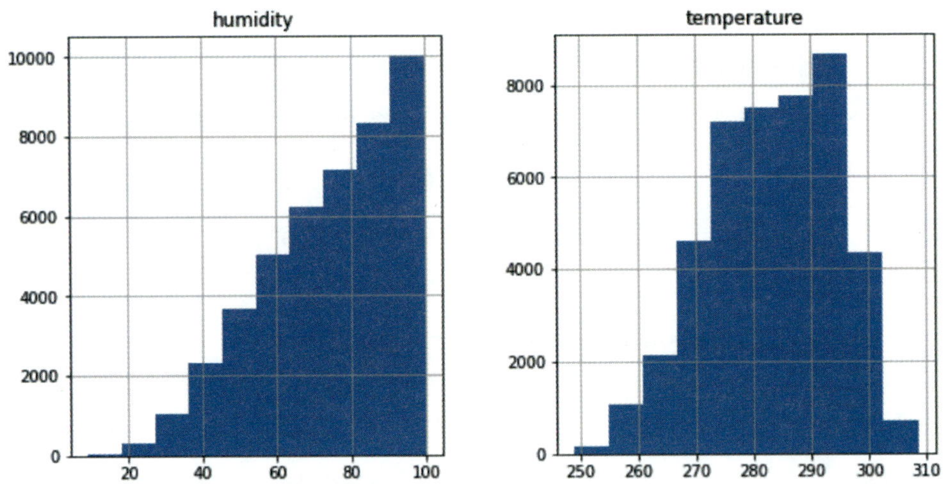

4.4 독립변수와 종속변수 간의 관계 탐색

변수 간의 상관관계를 파악해보도록 하겠습니다.

피어슨(Pearson) 상관계수를 사용하여 상관관계를 살펴봅니다.

corr() 함수를 활용해 리스트에 저장된 열 이름에 해당하는 데이터의 상관관계를 확인합니다. method 매개변수에 'pearson' 인자를 입력하면 피어슨 상관계수를 확인할 수 있습니다. corr 변수에 corr() 함수로 계산한 수치형 변수의 피어슨 상관계수를 저장합니다.

```
### Pearson 상관계수: 상관관계 분석 시 대표적으로 사용하는 지표
### -1 ~ 1 사이의 값으로 표현
### 1에 가까울 수록 양의 상관관계를
### -1에 가까울 수록 음의 상관관계를 갖습니다.
cols = ['COMED_MW', 'humidity', 'temperature']

# 범주형 변수는 상관관계 파악이 불가능하므로 제외
corr = df[cols].corr(method = 'pearson')
corr
```

	COMED_MW	humidity	temperature
COMED_MW	1.000000	-0.113758	0.183421
humidity	-0.113758	1.000000	-0.247976
temperature	0.183421	-0.247976	1.000000

히트맵(HeatMap)을 사용해서 시각화를 합니다.

수치형 변수의 피어슨 상관계수를 시각화 합니다. 데이터를 분석할 때, 시각화를 적절하게 활용하는 것은 매우 중요합니다. 같은 데이터라도 시각화를 통해 관찰하면 더 쉽고, 직관적으로 이해할 수 있기 때문입니다.

상관계수를 더 쉽게 파악할 수 있는 방법이 바로 히트맵으로 시각화하는 것입니다. 히트맵을 통해 시각화 하면 상관계수를 더 쉽게 파악할 수 있습니다.

먼저, pyplot 모듈의 figure() 함수로 출력할 이미지의 크기를 설정합니다. figsize 매개변수를 활용해 가로, 세로의 크기를 각각 10인치(inch)로 지정해줍니다. 그 다음, gca() 함수로 현재의 axes를 구해 ax 변수에 저장합니다.

```
### 상관관계를 heatmap으로 시각화
fig=plt.figure(figsize = (10,10))
ax = fig.gca()
```

seabon 라이브러리를 활용하여 히트맵을 출력해보겠습니다. 우리는 앞서 "라이브러리 불러오기(Libraries Setting)"에서 seabon 라이브러리를 불러온 뒤 sns라고 부르기로 설정했습니다.

```
import seaborn as sns
```

seaborn 라이브러리의 set() 함수를 이용해 히트맵에 출력될 글자의 크기를 설정해 보겠습니다. font_scale 매개변수로 글자의 배율을 설정하는 방식으로 출력될 글자의 크기를 조절합니다. 기본 크기(배율: 1.0)는 12pt입니다. font_scale 매개변수에 1.5를 인자로 입력하면, 18pt의 크기로 글자가 출력됩니다.

```
sns.set(font_scale = 1.5)
```

heatmap() 함수를 이용해 corr 변수에 저장된 수치형 변수의 피어슨 상관계수를 시각화 하겠습니다. heatmap() 함수에 필수적으로 전달해야 하는 인자는 시각화 할 데이터입니다. 우리는 corr 변수에 시각화할 데이터를 저장했습니다.

```
sns.set(font_scale = 1.5)
heartmap = sns.heatmap(corr, annot=True, fmt='.2f',
                       annot_kws={'size':15},
                       ax=ax, cmap='Reds')
plt.show()
```

히트맵을 통한 분석을 더 용이하게 하기 위한 매개변수를 추가하겠습니다.

- annot 매개변수는 annotation의 약자입니다. annot 매개변수에 True 인자를 입력하면 상관계수의 값을 표시할 수 있습니다.
- fmt 매개변수는 format의 약자입니다. 표시될 상관계수의 값 형식을 지정할 때 사용합니다. 만약, 소수점 둘째자리까지 값을 표시하고 싶다면, '.2f'와 같이 형식을 지정하면 됩니다.
- annot_kws 매개변수는 annotation keywords arguments의 약자입니다. annot_kws를 활용해 표시될 상관계수 값의 글꼴 크기('size')를 지정할 수 있습니다. 이때 지정되는 글꼴 크기의 단위는 pt입니다.
- cmap 매개변수는 colormap의 약자로, 출력할 히트맵의 색상을 설정할 때 사용합니다.

마지막으로, show() 함수를 활용해 그린 히트맵을 출력합니다.

colomap

seaborn 라이브러리는 matplotlib 라이브러리의 색상 맵을 지원합니다. matplotlib 라이브러리의 pyplot 모듈 내에 있는 colormaps() 함수를 활용해 사용 가능한 색상 맵의 종류를 확인할 수 있습니다.

```
plt.colormaps()
```

```
['magma', 'inferno', 'plasma', 'viridis', 'cividis', 'twilight', 'twilight_shifted', 'turb
o', 'Blues', 'BrBG', 'BuGn', 'BuPu', 'CMRmap', 'GnBu', 'Greens', 'Greys', 'OrRd', 'Orange
s', 'PRGn', 'PiYG', 'PuBu', 'PuBuGn', 'PuOr', 'PuRd', 'Purples', 'RdBu', 'RdGy', 'RdPu', 'R
dYlBu', 'RdYlGn', 'Reds', 'Spectral', 'Wistia', 'YlGn', 'YlGnBu', 'YlOrBr', 'YlOrRd', 'afmh
ot', 'autumn', 'binary', 'bone', 'brg', 'bwr', 'cool', 'coolwarm', 'copper', 'cubehelix', '
flag', 'gist_earth', 'gist_gray', 'gist_heat', 'gist_ncar', 'gist_rainbow', 'gist_stern', '
gist_yarg', 'gnuplot', 'gnuplot2', 'gray', 'hot', 'hsv', 'jet', 'nipy_spectral', 'ocean', '
pink', 'prism', 'rainbow', 'seismic', 'spring', 'summer', 'terrain', 'winter', 'Accent', 'D
ark2', 'Paired', 'Pastel1', 'Pastel2', 'Set1', 'Set2', 'Set3', 'tab10', 'tab20', 'tab20b',
'tab20c', 'magma_r', 'inferno_r', 'plasma_r', 'viridis_r', 'cividis_r', 'twilight_r', 'twil
ight_shifted_r', 'turbo_r', 'Blues_r', 'BrBG_r', 'BuGn_r', 'BuPu_r', 'CMRmap_r', 'GnBu_r',
'Greens_r', 'Greys_r', 'OrRd_r', 'Oranges_r', 'PRGn_r', 'PiYG_r', 'PuBu_r', 'PuBuGn_r', 'Pu
Or_r', 'PuRd_r', 'Purples_r', 'RdBu_r', 'RdGy_r', 'RdPu_r', 'RdYlBu_r', 'RdYlGn_r', 'Reds_
r', 'Spectral_r', 'Wistia_r', 'YlGn_r', 'YlGnBu_r', 'YlOrBr_r', 'YlOrRd_r', 'afmhot_r', 'au
tumn_r', 'binary_r', 'bone_r', 'brg_r', 'bwr_r', 'cool_r', 'coolwarm_r', 'copper_r', 'cubeh
elix_r', 'flag_r', 'gist_earth_r', 'gist_gray_r', 'gist_heat_r', 'gist_ncar_r', 'gist_rainb
ow_r', 'gist_stern_r', 'gist_yarg_r', 'gnuplot_r', 'gnuplot2_r', 'gray_r', 'hot_r', 'hsv_
r', 'jet_r', 'nipy_spectral_r', 'ocean_r', 'pink_r', 'prism_r', 'rainbow_r', 'seismic_r', '
spring_r', 'summer_r', 'terrain_r', 'winter_r', 'Accent_r', 'Dark2_r', 'Paired_r', 'Pastel1
_r', 'Pastel2_r', 'Set1_r', 'Set2_r', 'Set3_r', 'tab10_r', 'tab20_r', 'tab20b_r', 'tab20c_
r', 'rocket', 'rocket_r', 'mako', 'mako_r', 'icefire', 'icefire_r', 'vlag', 'vlag_r', 'flar
e', 'flare_r', 'crest', 'crest_r']
```

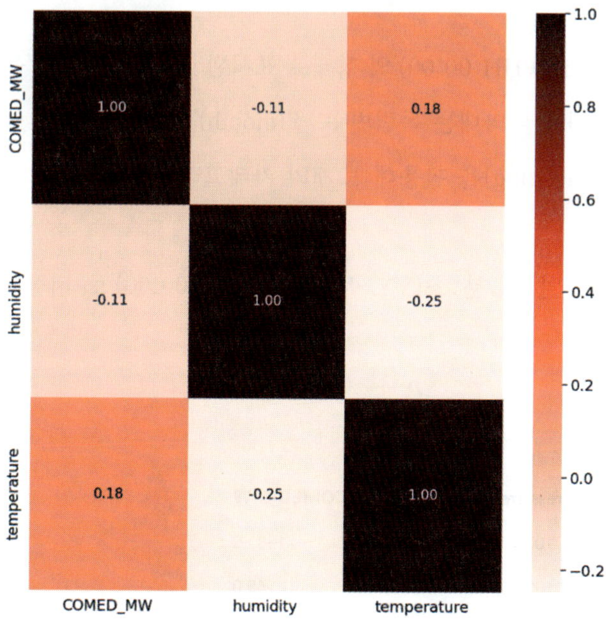

종속변수(y)인 전기 에너지 소비량과 다른 변수 간의 상관관계를 살펴봅니다. temperature가 0.18로 양의 상관관계, humidity가 −0.11로 음의 상관관계를 보이고 있습니다.

상관관계를 볼 때 주의해야 할 점이 있습니다. 상관관계가 높다고 무조건 인과관계가 있다고 할 수 없습니다. 인과관계를 분석할 경우는 선형회귀를 추천합니다. 선형회귀 모델은 독립변수와 종속변수의 인과관계를 통해 변수를 예측하는 모델입니다.

5 데이터 전처리

모델링에 앞서 데이터 전처리 과정을 거쳐야 합니다. 데이터 전처리 과정은 모델링에서 가장 중요한 부분입니다. 전처리가 제대로 되지 않으면 모델에 입력되는 데이터에 오류가 발생하거나 편향되어서 정확한 모델링을 진행할 수 없기 때문입니다. 여기서는 다양한 방법으로 데이터를 전처리 합니다.

5.1 파생변수 생성

시간(datetime)변수를 전처리 합니다.

'년−월−일 시:분:초(YY−MM−DD HH:00:00)'의 형태로 표시된 '시각(datetime)'을 기준으로, 01월부터 12월까지의 월을 나타내는 독립변수 '월(month)'을 파생변수로 생성한 후 원−핫 인코딩(One-hot Encoding)을 활용해 12개의 카테고리(Category)로 구분합니다.

주어진 datetime 함수는 '년−월−일 시:분:초(YY−MM−DD HH:00:00)'로 저장되어 있습니다.

```
df.tail(3)
```

	datetime	humidity	pressure	temperature	COMED_MW
45247	2017-11-29 22:00:00	96.0	1024.0	281.07	11681.0
45248	2017-11-29 23:00:00	75.0	1023.0	280.06	11148.0
45249	2017-11-30 00:00:00	86.0	1023.0	278.46	10391.0

시간(datetime)을 년(year), 월(month), 일(day), 시간(hour)의 파생변수로 변경하여 저장해 보겠습니다. pandas 라이브러리의 to_datetime() 함수를 활용해 '년-월-일 시:분:초(YY-MM-DD HH:00:00)'의 형태로 저장된 문자형 데이터를 datetime 형태로 변환합니다. datetime 형태로 변환한 데이터는 날짜와 시간에 대한 다양한 작업을 수행할 수 있는 기능을 갖게 됩니다.

```
# datetime 변수 쪼개기
# 날짜 변수를 어떻게 사용할까?
# 어떻게 사용해야 인과관계로 작용해서 전력 소비량 예측을 할 수 있을까?
df['datetime'] = pd.to_datetime(df['datetime'])
```

년, 월, 일, 시간을 나타내는 독립변수를 생성해 데이터프레임으로 저장하는 함수 create_features()를 생성해보겠습니다. 함수를 정의할 때는 def 함수명(인자): 과 같이 작성합니다. def는 define의 약자입니다. '나는 이 함수를 정의할거야'의 의미입니다. create_features() 함수는 datetime 형태로 변환한 'datetime'행이 포함된 데이터프레임(df)를 필요로 합니다.

함수 내부를 살펴보겠습니다. dt 속성을 활용하면 dataframe 형태의 데이터를 다룰 수 있습니다. dt 속성 내의 year 속성을 활용하면 datetime 형태의 데이터에서 년을 추출할 수 있습니다. df 데이터프레임에 'year' 열을 생성하고, 추출한 년 정보를 저장합니다. dt 속성 내의 month, day, hour 속성을 활용하면 각각 월, 일, 시간을 추출할 수 있습니다.

create_features() 함수는 'year', 'month', 'day', 'hour' 행이 추가된 df 데이터프레임 정보를 반환합니다. 즉, 해당 함수를 호출하면, 'year', 'month', 'day', 'hour' 행이 추가된 df 데이터프레임 정보를 얻을 수 있다는 의미입니다.

```
def create_features(df):
    df["year"] = df['datetime'].dt.year
    df['month'] = df['datetime'].dt.month
    df['day'] = df['datetime'].dt.day
    df['hour'] = df['datetime'].dt.hour
    return df

df = create_features(df)
```

그 결과, 시간(datetime)변수의 파생변수 4개(year, month, day, hour)가 생긴 것을 확인할 수 있습니다.

```
### 데이터셋 구성 살펴보기
df.tail(3)
```

	datetime	humidity	pressure	temperature	COMED_MW	year	month	day	hour
45247	2017-11-29 22:00:00	96.0	1024.0	281.07	11681.0	2017	11	29	22
45248	2017-11-29 23:00:00	75.0	1023.0	280.06	11148.0	2017	11	29	23
45249	2017-11-30 00:00:00	86.0	1023.0	278.46	10391.0	2017	11	30	0

휴일 여부를 고려합니다.

주말과 미국의 공휴일을 기준으로 휴일 여부를 나타내는 카테고리형 변수 '휴일(is_holiday)'을 파생변수로 사용합니다.

미국 연방 공휴일을 처리할 수 있는 클래스 USFederalHolidayCalendar()를 호출하고 변수 cal에 저장합니다.

```
### 미국 공휴일 (시카고 기준) 여부 변수 생성하기
### 공휴일에 주말도 포함
### 미국 공휴일 캘린더 생성
cal = USFederalHolidayCalendar()
```

우리는 앞서 "라이브러리 불러오기(Libraries Setting")에서 pandas 라이브러리 내 tseries 모듈 내 holiday 서브 모듈에 포함된 USFederalHolidayCalendar 클래스를 불러왔습니다. holidays() 함수를 활용해 각 행의 공휴일 여부를 저장한 변수 holidays를 생성해 봅니다. 공휴일일 경우 True(1), 공휴일이 아닐 경우 False(0)을 출력합니다. start, end 매개변수를 활용하면 holidays() 함수가 원하는 기간만큼만 휴일 여부를 연산하도록 지정해줄 수 있습니다. min() 함수와 max() 함수로 기간을 지정합니다. df 데이터프레임의 'datetime' 행의 최소값은 데이터의 가장 빠른 시점을, 최대값은 가장 늦은 시점을 의미합니다.

```
holidays = cal.holidays(start=df['datetime'].min(),
                        end=df['datetime'].max())
```

휴일(공휴일, 주말) 여부를 확인하는 함수 is_holiday()를 정의합니다. is_holiday() 함수는 row와 holidays 인자를 입력으로 받습니다. 해당 함수는 데이터프레임에 실제 적용되는 부분인 apply() 함수를 함께 살펴보면 쉽게 이해할 수 있습니다.

apply() 함수는 데이터프레임의 행의 값을 직접 채워 넣을 때 사용하는 함수입니다. 각 행에 지정할 함수(is_holiday)를 필수 인자로 추가합니다. 함수에서 추가적으로 요구하는 매개변수가 있을 경우, 추가할 수 있습니다. 만약 apply() 함수로 데이터프레임의 열의 값을 직접 채워 넣으려면, axis 매개변수의 인자를 0으로 설정하면 됩니다.

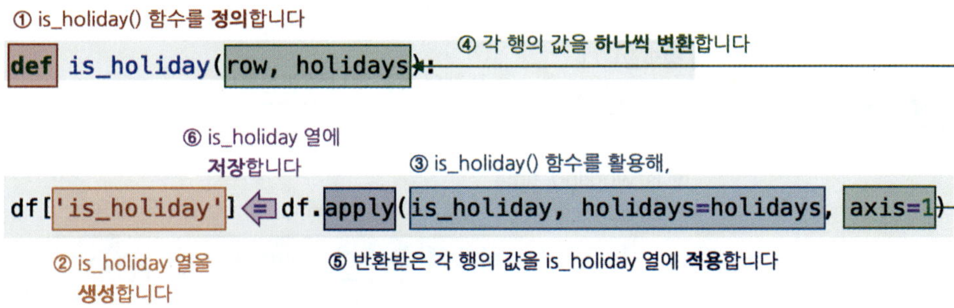

is_holiday() 함수를 살펴보겠습니다.

각 행의 'datetime' 값이 holidays 변수에 있거나(holidays 변수가 True(1)) weekday() 함수의 결과가 5 이상일 때(토요일: 5, 일요일: 6), True를 반환합니다. 반대로, 각 행의 'datetime' 값이 holidays 변수에 없고(holidays 변수가 False(0)) weekday() 함수의 결과가 4 이하일 때(월요일: 0, 화요일: 1, 수요일: 2, 목요일: 3, 금요일: 4) False를 반환합니다.

```
### 시카고(미국) 공휴일 및 주말을 확인하는 함수
def is_holiday(row, holidays):
    return row['datetime'] in holidays or
           row['datetime'].weekday() >= 5

df['is_holiday'] = df.apply(is_holiday, holidays=holidays, axis=1)
```

마지막으로 'is_holiday' 열에 저장된 데이터를 astype() 함수를 활용해 1, 0의 정수(int)로 변환합니다.

```
### True는 1로, False는 0으로 변환
df['is_holiday'] = df['is_holiday'].astype(int)
```

업무시간을 고려합니다.

시카고 시(https://www.chicago.gov)에서 고시하고 있는 요일 별 평균 업무시간을 기준으로 업무시간 여부를 나타내는 카테고리형 변수 '업무시간(is_working_time)'을 파생변수로 사용합니다. 업무시간을 나타내는 변수를 추가하는 함수 is_working_time() 함수를 정의합니다.

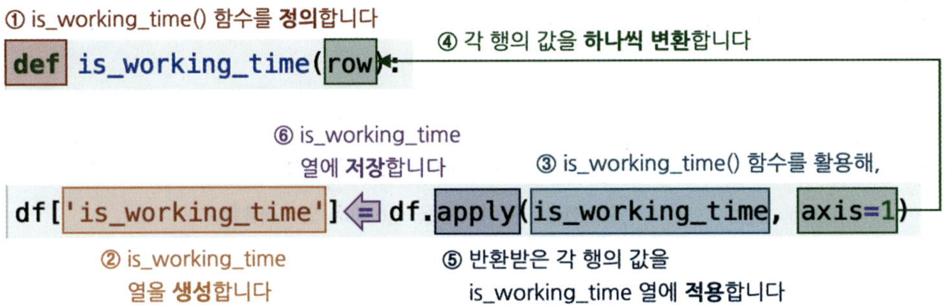

is_working_time() 함수를 살펴보겠습니다.

먼저, if 조건문을 활용해 공휴일 여부를 확인합니다. 만약 is_holiday 열의 데이터가 True라면 이후 코드를 진행하지 않고 False를 반환하며 함수를 종료합니다.

```
### 일하는 시간 여부 변수 추가 (공휴일 및 주말 제외)
def is_working_time(row):
    if row['is_holiday']:  # 공휴일이나 주말이면 False
        return False
```

is_holiday 열의 데이터가 False라면, 다음 코드를 진행합니다. datetime 행에 weekday() 함수와 hour 속성을 활용해 요일과 시간 정보를 weekday, hour 변수에 저장합니다.

```
### 일하는 시간 여부 변수 추가 (공휴일 및 주말 제외)
def is_working_time(row):
    if row['is_holiday']:  # 공휴일이나 주말이면 False
        return False

    weekday = row['datetime'].weekday()
    hour = row['datetime'].hour
```

weekday가 월요일(0), 화요일(1), 목요일(3)인 경우, 9시에서 18시까지 업무 시간입니다. 수요일(2)은 9시에서 17시까지 업무 시간입니다. 금요일은 9시에서 16시까지 업무 시간입니다. hour 변수의 값이 업무 시간에 해당하면 True를 반환합니다.

```
### 일하는 시간 여부 변수 추가 (공휴일 및 주말 제외)
def is_working_time(row):
    if row['is_holiday']:  # 공휴일이나 주말이면 False
        return False

    weekday = row['datetime'].weekday()
    hour = row['datetime'].hour

    if weekday in [0, 1, 3]:  # 월, 화, 목: 9시 ~ 18시
        return 9 <= hour < 18
    elif weekday == 2:  # 수요일: 9시 ~ 17시
        return 9 <= hour < 17
    elif weekday == 4:  # 금요일: 9시 ~ 16시
        return 9 <= hour < 16
    else:
        return False  # 주말은 이미 필터링됨

### 일하는 시간 여부를 데이터프레임에 추가
df['is_working_time'] = df.apply(is_working_time, axis=1)
```

마지막으로 'is_working_time' 열에 저장된 데이터를 astype() 함수를 활용해 1, 0의 정수(int)로 변환합니다.

```
### True는 1로, False는 0으로 변환
df['is_working_time'] = df['is_working_time'].astype(int)
```

그 결과, 공휴일 유무(is_holiday)와 일하는 시간(is_working_time)을 확인할 수 있습니다.

```
### 데이터셋 구성 살펴보기
df.tail(3)
```

	datetime	humidity	pressure	temperature	COMED_MW	year	month	day	hour	is_holiday	is_working_time
45247	2017-11-29 22:00:00	96.0	1024.0	281.07	11681.0	2017	11	29	22	0	0
45248	2017-11-29 23:00:00	75.0	1023.0	280.06	11148.0	2017	11	29	23	0	0
45249	2017-11-30 00:00:00	86.0	1023.0	278.46	10391.0	2017	11	30	0	0	0

원-핫 인코딩을 수행합니다.

수집한 데이터 중 문자형이나 범주형 변수들이 포함되어 있습니다. 컴퓨터가 이해할 수 있는 형태로 변경해 주어야 합니다.

적용 대상 컬럼은 월(month) 총 12개입니다. 월을 숫자형 변수로 가져갈 경우, 12월은 1월보다 최대 12배 중요한 변수로 컴퓨터가 이해할 수 있습니다. 각 월은 동일한 중요도를 가진 변수이기 때문에 이를 파생변수로 생성합니다. 1월부터 12월까지 월을 나타낼 수 있도록 변수를 열거합니다. 원-핫 인코딩을 통해 1월일 경우 1 0 0 0 0 0 0 0 0 0 0 0으로 변환하고, 12월의 경우 0 0 0 0 0 0 0 0 0 0 0 1로 변환합니다.

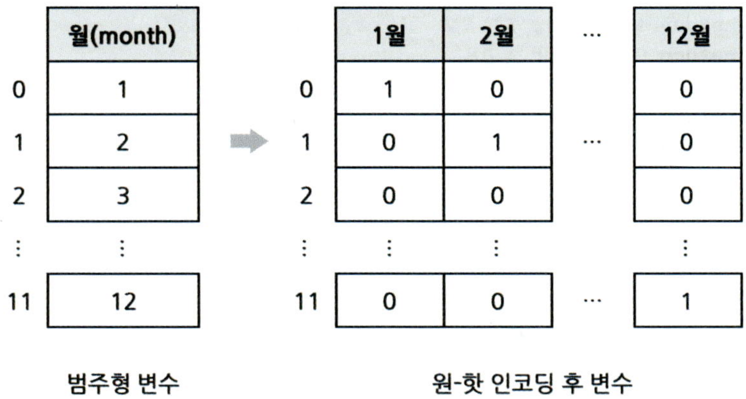

get_dummies() 함수를 활용해 원-핫 인코딩을 해봅니다. columns=[] 안에 원-핫 인코딩을 하고 싶은 열을 적어주면 해당 열을 원-핫 인코딩한 데이터를 반환해 줍니다. 반환되는 열은 'month_숫자'의 이름으로 df 데이터프레임에 저장됩니다.

```
### 월에 대한 One-hot encoding
df = pd.get_dummies(df, columns=['month'], dtype=int)
```

```
### 데이터셋 구성 살펴보기
df.tail(3)
```


```
### 데이터셋 구성 살펴보기
df.tail(3)
```


	datetime	humidity	pressure	...	month_3	month_4	month_5	month_6	month_7	month_8	month_9	month_10	month_11	month_12
45247	2017-11-29 22:00:00	96.0	1024.0	...	0	0	0	0	0	0	0	0	1	0
45248	2017-11-29 23:00:00	75.0	1023.0	...	0	0	0	0	0	0	0	0	1	0
45249	2017-11-30 00:00:00	86.0	1023.0	...	0	0	0	0	0	0	0	0	1	0

불필요한 컬럼을 제거합니다.

수집한 데이터를 확인합니다. 모델링에 불필요한 시간(datetime), 기압(pressure), 년(year), 일(day), 시간(hour) 컬럼이 포함되어 있습니다. 이것을 제거해 보겠습니다.

불필요한 컬럼을 제거할 때는 drop() 함수를 사용할 수 있습니다. drop() 함수의 columns 매개변수에 제거하고자 하는 열을 입력하고, axis 매개변수에 1을 입력하면 원하는 열을 제거할 수 있습니다. 원하는 행을 제거하고 싶다면 axis=0을 입력하면 제거할 수 있습니다.

```
### 사용 안할 변수 제거
### 기압, 연도, 날짜 제거
### 수집한 변수가 시간 단위로 수집되어 있으므로 시간 변수 제거
df = df.drop(columns=['datetime','pressure','year','day','hour'], axis=1)
```

```
### 데이터셋 구성 살펴보기
df.tail(3)
```

	humidity	temperature	COMED_MW	is_holiday	is_working_time	month_1	month_2	month_3
45247	96.0	281.07	11681.0	0	0	0	0	0
45248	75.0	280.06	11148.0	0	0	0	0	0
45249	86.0	278.46	10391.0	0	0	0	0	0

month_4	month_5	month_6	month_7	month_8	month_9	month_10	month_11	month_12
0	0	0	0	0	0	0	1	0
0	0	0	0	0	0	0	1	0
0	0	0	0	0	0	0	1	0

변수명을 수정합니다.

가독성을 위해 변수명을 변경하는 작업을 진행합니다. rename() 함수를 활용해 변수명을 변경할 수 있습니다. columns 매개변수에 {변경 전 변수 명: 변경 후 변수 명}의 형태로 입력합니다.

```
### 변수명 변경하기
df = df.rename(columns={"temperature": "Temperature", "humidity": "Humidity", "is_working_time": "Working Time",
                        "is_holiday": "Holiday", "month_1": "Month_January", "month_2": "Month_February",
                        "month_3": "Month_March", "month_4": "Month_April", "month_5": "Month_May",
                        "month_6": "Month_June", "month_7": "Month_July", "month_8": "Month_August",
                        "month_9": "Month_September", "month_10": "Month_October", "month_11": "Month_November",
                        "month_12": "Month_December"})
```

```
df.tail(3)
```

	Humidity	Temperature	COMED_MW	Holiday	Working Time	Month_January	Month_February	Month_March	Month_April	Month_
45247	96.0	281.07	11681.0	0	0	0	0	0	0	
45248	75.0	280.06	11148.0	0	0	0	0	0	0	
45249	86.0	278.46	10391.0	0	0	0	0	0	0	

데이터 표준화 작업을 위한 데이터 준비를 합니다.

데이터 표준화를 위해 숫자형 데이터(Humidity, Temperature)를 나눠서 저장해줍니다.

```
### 데이터 표준화 위해 데이터 나누기
all_columns=['Humidity', 'Temperature', 'Holiday', 'Working Time',
             'Month_January', 'Month_February', 'Month_March',
             'Month_April', 'Month_May', 'Month_June',
             'Month_July', 'Month_August', 'Month_September',
             'Month_October', 'Month_November', 'Month_December']

numerical_columns=['Humidity','Temperature']
```

5.2 데이터 나누기(Data split - train/test set)

학습 데이터로 모델을 학습시키고, 테스트 데이터로 모델의 예측 성능을 평가합니다. 학습을 위한 Train set 과 성능 평가를 위한 Test set으로 데이터를 나눠줍니다.

사이킷런(sklearn)의 model_selection 모듈에 포함된 train_test_split() 함수를 활용해 Train set과 Test set을 분리합니다. 우리는 앞서 "라이브러리 불러오기(Libraries

Setting)"에서 train_test_split 함수를 불러왔습니다.

```
from sklearn.model_selection import train_test_split
```

Train set과 Test set을 분리할 때는 X와 y를 나눠서 분리합니다. 데이터셋의 크기는 test_size 매개변수를 통해 Test set을 조절할 수 있습니다. 단, 비율은 원하는 대로 조절 가능하지만 Test set이 Train set 보다 커서는 안 됩니다. 최소 50% 이상은 Train set으로 활용되어야 합니다.

random_state 매개변수를 활용하면 동일한 코드와 데이터를 사용했을 때 항상 같은 결과를 얻을 수 있습니다. random_state 매개변수에 입력할 숫자를 변경하지 않는 한, 언제든지 같은 Train set과 Test set을 사용할 수 있다는 의미입니다.

```
### 훈련 및 테스트셋 분할하기
X = df[all_columns]
y = df['COMED_MW']
X_train, X_test, y_train, y_test =
            train_test_split(X, y, test_size=0.2, random_state=0)
```

shape 함수를 활용해 실제 할당된 값들을 화면에 출력해서 확인합니다. 80%, 20%의 비율로 Train set과 Test set이 만들어집니다. 35,268개의 학습 데이터와 8,817개의 테스트 데이터로 구성됩니다.

```
X_train.shape, y_train.shape
```

```
((35268, 16), (35268,))
```

```
X_test.shape, y_test.shape
```

```
((8817, 16), (8817,))
```

5.3 표준화(Scaler)

변수 중에서 수치형 변수들에 대해 표준화를 진행합니다. 표준화를 진행하는 이유는 각 변수마다 단위와 범위가 다르기 때문입니다. 단위와 범위가 다른 변수 간의 공정한 비교가 불가능하기 때문입니다.

예를 들어, 상대습도(humidity) 경우에는 범위가 9~100%(퍼센트)이지만 기온(temperature)은 248.89~308.48K(켈빈)입니다. 표준화를 적용하지 않고 그대로 모델링할 경우 범위가 넓은 변수가 종속변수(결과값)에 더 큰 영향을 미치게 됩니다. 따라서 변수가 같은 조건으로 비교되고 모델링에 반영하기 위해 표준화를 진행합니다.

표준화는 수치형 독립변수들을 대상으로 진행합니다. 원-핫 인코딩되거나 범주형 변수는 이미 0 또는 1로 표준화 되어있기 때문에 제외합니다. 종속변수는 표준화하지 않습니다.

우리는 앞서 numerical_columns 변수에 리스트 형태로 수치형 변수인 상대습도와 기온을 나타내는 열의 이름을 저장했습니다.

```
### numerical features: 습도, 온도
numerical_columns=['humidity','temperature']
```

먼저, 사이킷런(sklearn)의 preprocessing 모듈에 포함된 StandardScaler() 클래스를 호출해 scaler 변수에 저장합니다.

fit_transform() 함수를 활용해 Train data의 수치형 독립변수(X_train[numerical_columns])를 표준화합니다. fit_transform() 함수는 데이터의 특성을 파악한 뒤 표준화를 수행합니다.

transform() 함수를 활용해 Test data의 수치형 독립변수(X_test[numerical_columns])를 표준화합니다. transform() 함수는 이미 파악한 Train data의 특성을 가져와 Test data를 표준화할 때 활용합니다. 머신러닝 모델의 성능을 평가하기 위해 Train data에서 학습한 정보를 Test data에 적용하기 때문입니다.

```
### 데이터 표준화
scaler = StandardScaler()

X_train[numerical_columns] =
            scaler.fit_transform(X_train[numerical_columns])
X_test[numerical_columns] =
            scaler.transform(X_test[numerical_columns])
```

5.4 다중 공선성(VIF; Variance Inflation Factor)

회귀모델링에서 하나의 독립 변수가 다른 독립 변수와의 상관 관계가 높으면(다중공선성이 존재하면) 회귀모델링에 부정적인 영향을 미칠 수 있기 때문에, 모델링을 진행하기 앞서 다중공선성의 존재 여부를 확인해야 합니다.

우리는 앞서 "라이브러리 불러오기(Libraries Setting)"에서 모델링 및 데이터 분석을 위한 라이브러리인 statsmodels의 stats 모듈 내 outliers_influence 서브 모듈에서 variance_inflation_factor 함수를 불러왔습니다.

```
from statsmodels.stats.outliers_influence import variance_inflation_factor
```

```
### VIF 확인하기 - 10보다 크면 제거
vif = pd.DataFrame()
vif['features'] = X_train.columns
vif["VIF Factor"] = [variance_inflation_factor(X_train.values, i)
                     for i in range(X_train.shape[1])]
```

독립변수의 VIF를 확인하는 순서는 다음과 같습니다.

첫째, 데이터프레임을 생성하는 판다스(pandas, pd)의 DataFrame() 함수를 불러와 vif 변수에 저장합니다.

둘째, vif 변수에 저장된 데이터프레임에 features라는 이름의 열을 생성하고, X_train의 독립변수들을 features 열에 저장합니다. columns 속성으로 X_train의 열에 저장된 정보인 독립변수들의 이름을 불러올 수 있습니다. 독립변수의 이름은 차례대로 각 행에 저장됩니다.

셋째, vif 변수에 저장된 데이터프레임에 VIF Factor라는 이름의 열을 생성하고, variance_inflation_factor() 함수를 활용해 계산한 독립변수들의 VIF 값을 VIF Factor 열에 저장합니다.

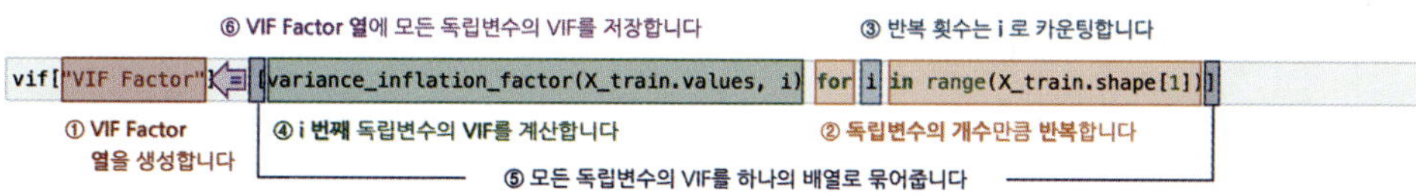

마지막으로, vif에 저장된 독립변수들의 VIF 값을 출력합니다. round() 함수를 이용하면 수치형 데이터의 값을 반올림하여 출력할 수 있습니다. round() 함수의 인자로 2를 입력하면, 소수점 둘째 자리까지 표시됩니다.

```
vif.round(2)
```

	features	VIF Factor
0	Humidity	1.17
1	Temperature	3.78
2	Holiday	1.18
3	Working Time	1.20
4	Month_January	1.53
5	Month_February	1.50
6	Month_March	1.27
7	Month_April	1.13
8	Month_May	1.16
9	Month_June	1.35
10	Month_July	1.52
11	Month_August	1.50
12	Month_September	1.35
13	Month_October	1.16
14	Month_November	1.17
15	Month_December	1.30

16개의 변수들의 VIF가 모두 10 이하입니다. 해당 변수들을 사용하여 모델링을 진행하도록 합니다.

6 모델링하기

데이터 탐색 과정까지 모두 마쳤으니 전기 에너지 소비량을 예측하는 LightGBM 회귀 (Light Gradient Boosting Machine Regression) 모델을 만들어보겠습니다.

6.1 LightGBM(Light Gradient Boosting Machine) 모델링

LightGBM 회귀는 그래디언트 부스팅 방식을 사용하는 앙상블 모델입니다. 특히 다른 모델에 비해 훈련시간이 빠르다는 장점이 있어 대규모 데이터셋에서 효율적인 처리를 할 수 있습니다. 그래디언트 부스팅에 대한 자세한 설명은 부록을 참조하기 바랍니다.

lightgbm 라이브러리의 LGBMRegressor() 클래스를 활용해 LightGBM 회귀모델을 생성하고, lgb_model 변수에 저장합니다. 우리는 "라이브러리 불러오기(Libraries Setting")에서 lightgbm 라이브러리를 불러온 뒤 lgb라고 부르기로 설정했습니다.

LGBMRegressor() 클래스의 매개변수를 활용해 LightGBM 회귀모델의 성능을 최적화할 수 있습니다.

- n_estimators는 모델에서 사용할 트리의 개수를 지정하는 매개변수입니다. 현재 모델에서는 100개의 트리를 사용합니다.
- max_depth는 각 트리의 최대 깊이를 제한하는 매개변수입니다. 현재 모델의 트리 깊이는 5입니다.
- random_state 매개변수를 활용하면 동일한 코드와 데이터를 사용했을 때 항상 같은 결과를 얻을 수 있습니다.

```
### LightGBM 모델 생성
lgb_model = lgb.LGBMRegressor(n_estimators=100, max_depth=5,
                              random_state=0)
```

fit() 함수를 활용해 lgb_model에 저장된 LightGBM 회귀모델을 실행시킵니다. 즉, 주어진 데이터(X_train, y_train)을 사용하여 모델을 학습시킵니다. 학습된 모델을 model_lgb 변수에 저장합니다.

```
### LightGBM 회귀 모델 학습
model_lgb = lgb_model.fit(X_train, y_train)
```

model_lgb 변수에 저장된 모델을 활용해 예측을 수행합니다. 예측에는 predict() 함수를 사용합니다. 모델이 학습한 결과를 바탕으로 인자로 입력 받은 데이터에 대한 종속변수의 값을 예측합니다.

Train set의 성능과 Test set의 성능을 비교분석 하기 위해 X_train, X_test의 결괏값을 각각 pred_train, pred_test 변수에 저장합니다.

```
pred_train = model_lgb.predict(X_train) # 훈련(학습)셋에서 모델의 예측값
pred_test = model_lgb.predict(X_test) # 테스트셋에서 모델의 예측값
```

독립변수의 중요도를 확인합니다.

전기에너지 소비량 예측에 중요한 요소들을 찾아봅니다. LightGBM 회귀모델의 독립변수의 중요도는 feature_importances_ 속성으로 확인할 수 있습니다. 각 독립변수의 중요도를 시각화해봅니다.

```
### 독립변수 중요도(Feature Importance) 확인하기
plt.figure(figsize=(10, 6))
plt.barh(X.columns, model_lgb.feature_importances_)
plt.title('Feature Importances')
plt.xticks(fontsize=12)
plt.yticks(fontsize=12)
```

- pyplot 모듈의 figure() 함수로 출력할 이미지의 크기를 설정합니다.
- barh() 함수를 활용해 수평 막대 그래프를 그릴 수 있습니다. bash() 함수의 인자는 독립변수명(X.columns), 중요도(model_lgb.feature_importance_) 순서로 입력합니다.
- title() 함수로 그래프의 제목을 입력할 수 있습니다.
- xticks(), yticks() 함수의 fontsize 매개변수로 각각 x축, y축 레이블의 크기를 지정할 수 있습니다.

text() 함수로 각 막대 위에 독립변수의 중요도를 표시합니다. for문으로 반복해서 독립변수의 중요도를 표시할 수 있습니다. x좌표, y좌표, 표시할 텍스트의 순서로 인자를 입력합니다. ha(horizontal alignment의 약자) 매개변수와 va(vertical alignment의 약자) 매개변수로 텍스트의 수평, 수직 정렬을 설정할 수 있습니다. size 매개변수로 텍스트의 크기를 설정할 수 있습니다.

```
### 각 막대 위에 중요도 값을 표시
for i in range(len(X.columns)):
    plt.text(model_lgb.feature_importances_[i],
             X.columns[i],
             model_lgb.feature_importances_[i],
             ha='left', va='center', size=12)
```

수평 막대 그래프는 기본적으로 아래에서 위로 출력됩니다. 가독성을 위해 gca() 함수

내의 invert_yaxis() 함수를 활용해 내림차순 정렬을 합니다. 마지막으로 show() 함수를 활용해 그린 막대 그래프를 출력합니다.

```
### 내림차순 정렬
plt.gca().invert_yaxis()

plt.show()
```

독립변수의 중요도를 확인하는 전체 코드는 다음과 같습니다.

```
### 독립변수 중요도(Feature Importance) 확인하기
plt.figure(figsize=(10, 6))
plt.barh(X.columns, model_lgb.feature_importances_)
plt.title('Feature Importances')
plt.xticks(fontsize=12)
plt.yticks(fontsize=12)

### 각 막대 위에 중요도 값을 표시
for i in range(len(X.columns)):
    plt.text(model_lgb.feature_importances_[i],
             X.columns[i],
             model_lgb.feature_importances_[i],
             ha='left', va='center', size=12)

### 내림차순 정렬
plt.gca().invert_yaxis()

plt.show()
```

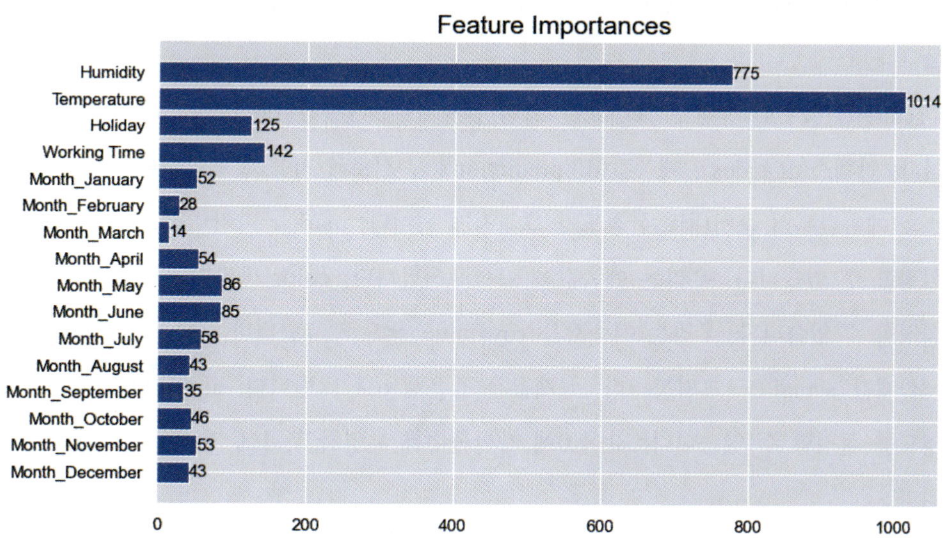

전기 에너지 소비량에 가장 큰 영향을 주는 독립변수는 기온(Temperature)입니다.

7 모델 예측 결과 및 성능 평가

7.1 예측 결과 시각화

실제값과 예측값을 데이터프레임으로 확인하고 Scatter plot으로 시각화해 봅시다.

```
### 테스트 셋에서의 예측 결과
df = pd.DataFrame({'actual': y_test, 'prediction': pred_test})
df = df.sort_values(by='actual').reset_index(drop=True)
```

판다스(pandas, pd) 라이브러리의 DataFrame() 함수를 활용해 새로운 데이터프레임(df)을 생성합니다. 새로운 데이터프레임(df)은 실제값(y_test)에 해당하는 'actual' 열과 모델이 예측한 예측값(pred_test)에 해당하는 'prediction' 열로 구성됩니다.

가독성을 위해 sort_values() 함수를 활용해 오름차순 정렬합니다. 이때 by 파라미터를 활용해 정렬 기준을 정해줍니다. 우리는 'actual' 열을 기준으로 정렬합니다. 이후 reset_index() 함수를 활용해 인덱스를 초기화합니다. drop 매개변수의 인자를 True로 설정하면, 초기화 이전의 인덱스가 삭제됩니다.

산점도 그래프(Scatter plot)로 시각화하겠습니다. pyplot 모듈의 figure() 함수로 출력할 이미지의 크기를 설정합니다. figsize 매개변수로 이미지의 가로, 세로 크기를 지정합니다.

scatter() 함수로 산점도 그래프를 그립니다. 먼저 예측값('prediction')을 그려보겠습니다. 인덱스(df.index), 예측값(df['prediction']) 순서로 인자를 입력합니다. 0번째 인덱스의 예측값부터 순서대로 산점도가 그려지게 됩니다. marker 파라미터로 점의 모양을 설정할 수 있습니다. 우리는 예측값을 x로 표시합니다. color 파라미터로 점의 색상을 설정할 수 있습니다. 우리는 예측값을 'royalblue' 색으로 그립니다.

실제값('actual')도 그려봅니다. 실제값은 검은색 o로 그립니다. alpha 파라미터로 투명도를 설정할 수 있습니다. 값이 0에 가까울수록 투명하고, 1에 가까울수록 불투명합니다.

title() 함수로 그래프의 제목을 입력합니다. legend() 함수로 그래프에 범례를 표시합니다. xlabel(), ylabel() 함수로 각각 x축, y축 레이블의 이름을 지정합니다.

마지막으로 show() 함수를 활용해 그린 막대 그래프를 출력합니다.

```
### 그래프로 시각화
plt.figure(figsize=(12, 9))
plt.scatter(df.index, df['prediction'], marker='x', color='royalblue')
plt.scatter(df.index, df['actual'], alpha=0.3, marker='o', color='black')
plt.title("Prediction result in test set : LightGBM Regression",
          fontsize=20)
plt.legend(['prediction', 'actual'], fontsize=12)
plt.xlabel('Index sorted by actual of hourly energy consumption')
plt.ylabel('Hourly Energy Consumption')
plt.show()
```

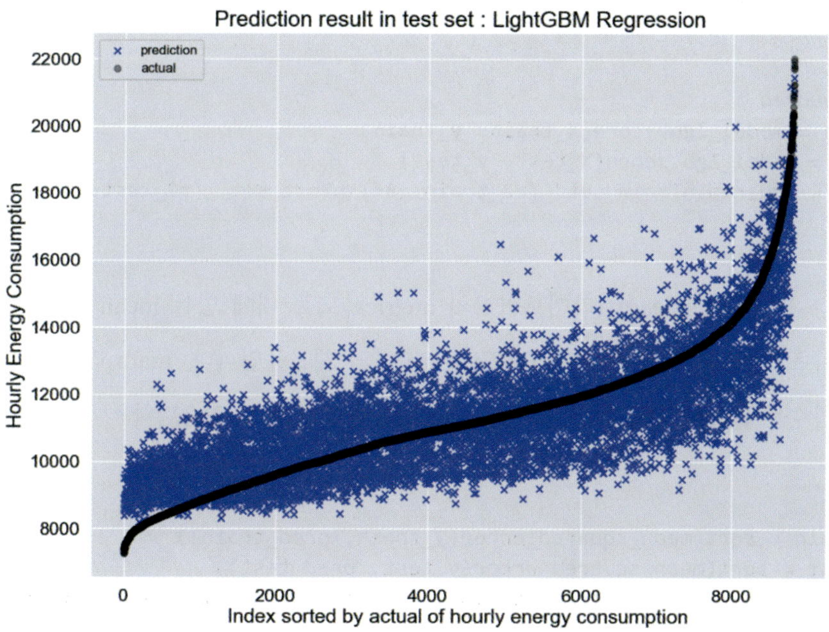

7.2 모델의 성능 평가

LightGBM 모델을 활용하여 만든 전기 에너지 소비량 예측 모델을 평가해봅시다. 모델의 성능은 R-squared, RMSE(Root Mean Square Error), Accuracy로 평가할 수 있습니다.

- R-squared는 모델의 설명력을 의미합니다. 1에 가까울수록 설명력이 좋다고 해석

할 수 있습니다.

- RMSE는 평균 제곱근 오차입니다. 예측 모델에서 예측값과 실제값 사이의 차이를 평균 낸 값으로 숫자가 작을수록 좋습니다.
- Accuracy는 모델이 얼마나 정확하게 예측하는지를 나타내는 정확도입니다.

score() 함수로 LGBMRegressor() 클래스를 활용해 학습된 LightGBM 회귀모델(model_lgb)의 R-squared를 계산할 수 있습니다. Train set과 Test set의 R-squared를 계산하여 각각 r2_train, r2_test 변수에 저장합니다.

print() 함수로 저장한 R−squared를 출력해봅니다. f"는 f-string(formatted string literal)으로, 문자열 내에 변수를 삽입하여 출력할 때 사용합니다.

```
### 모델의 성능 평가

### R squared
r2_train = model_lgb.score(X_train, y_train)
r2_test = model_lgb.score(X_test, y_test)
print(f"R-Squared\nTrain set: {r2_train:.4f}\nTest set: {r2_test:.4f}\n")
```

RMSE는 사이킷런(sklearn) 라이브러리의 metrics 모듈 내에 있는 mean_squared_error() 함수로 계산할 수 있습니다. RMSE는 MSE의 제곱근입니다. math 라이브러리의 sqrt() 함수를 활용해 MSE의 제곱근, 즉, RMSE를 계산할 수 있습니다.

```
### RMSE
rmse_train = sqrt(mean_squared_error(y_train, pred_train))
rmse_test = sqrt(mean_squared_error(y_test, pred_test))
print(f"RMSE\nTrain set: {rmse_train:.4f}\nTest set: {rmse_test:.4f}\n")
```

회귀모델의 Accuracy는 R-squared의 제곱근으로 계산할 수 있습니다. 비율(%)이므로 100을 곱해줍니다.

```
### Accuracy
a_train = sqrt(model_lgb.score(X_train, y_train))*100
a_test = sqrt(model_lgb.score(X_test, y_test))*100
print(f"Accuracy\nTrain set: {a_train:.2f}%\nTest set: {a_test:.2f}%")
```

```
R-Squared
Train set: 0.7115
Test set: 0.6972

RMSE
Train set: 1176.8163
Test set: 1214.6626

Accuracy
Train set: 84.35%
Test set: 83.50%
```

Test set의 R-squared는 0.6972 이고, RMSE는 1214.6626 입니다. Accuracy는 83.50% 입니다.

부록

1. 결정 트리(Decision Tree)
2. 랜덤 포레스트(Random Forest)
3. 에이다 부스팅(Adaptive Boosting, AdaBoost)
4. 그래디언트 부스팅 머신(Gradient Boosting Machine, GBM)
5. XGBoost(eXtreme Gradient Boosting)
6. LightGBM(Light Gradient Boosting Machine)

1 결정 트리(Decision Tree)

결정 트리(Decision Tree)는 머신러닝에서 가장 대표적인 분류 모델로, 질문에 "예/아니오"로 대답하며 학습을 반복하는 방법입니다.

결정 트리는 학습 과정을 나무(트리, Tree)모양으로 표현합니다. 나무에서 가지(Branch)들이 뻗어 나가듯이 루트 노드(Root Node)로 입력되는 데이터들이 서브 트리(Sub Tree)로 뻗어 나갑니다.

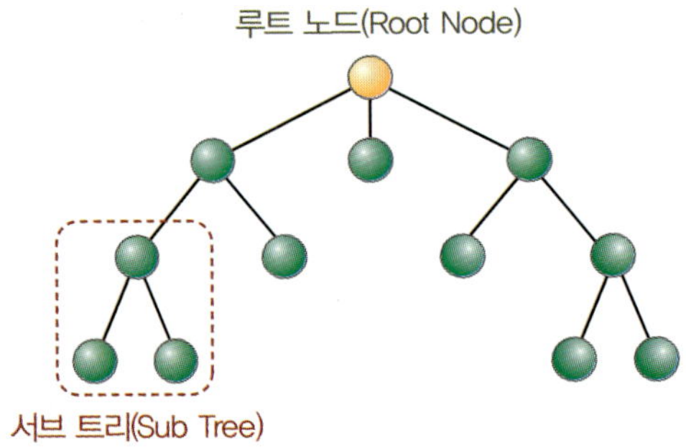

그림 1 결정 트리 구조

하나의 분류 기준을 적용하여 "예" 가지와 "아니오" 가지(Branch)로 뻗어 나갑니다. 데이터를 분류할 수 있는 기준이 없을 때까지 이 과정을 반복합니다. [그림 2]를 보면, 각 노드는 "예"와 "아니오"의 답으로 뻗어 나갑니다.

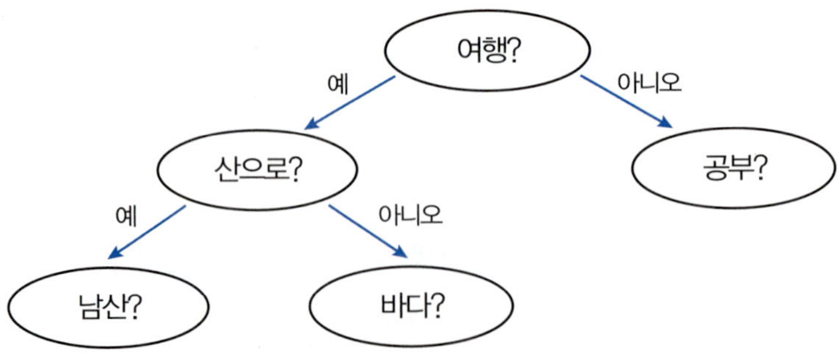

그림 2 결정 트리의 예

결정 트리는 루트 노드(Root Node), 결정 노드(Decision Node), 그리고 리프 노드(Leaf Node)로 구성됩니다. 하나 이상의 노드를 포함하고 있는 노드를 결정 노드(Decision Node)라고 하고 가장 말단에 있는 노드를 리프 노드(Leaf Node)라고 합니다.

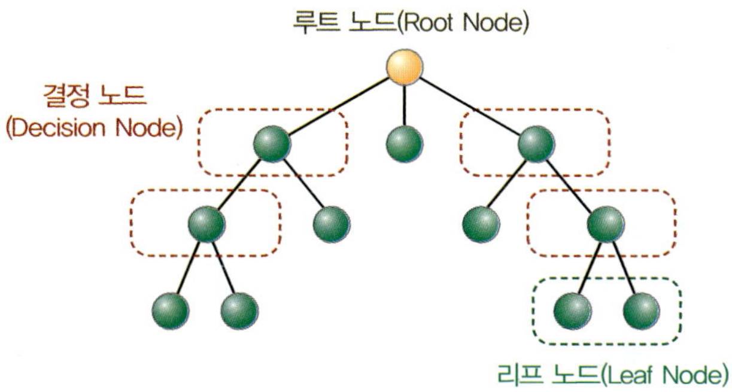

그림 3 결정 트리의 노드: 루트 노드, 결정 노드, 리프 노드

[그림 4]는 부모 노드(Parent Node)와 자식 노드(Child Node)를 보여줍니다. 상위 노드를 부모 노드(Parent Node), 하위 노드를 자식 노드(Child Node)라고 합니다.

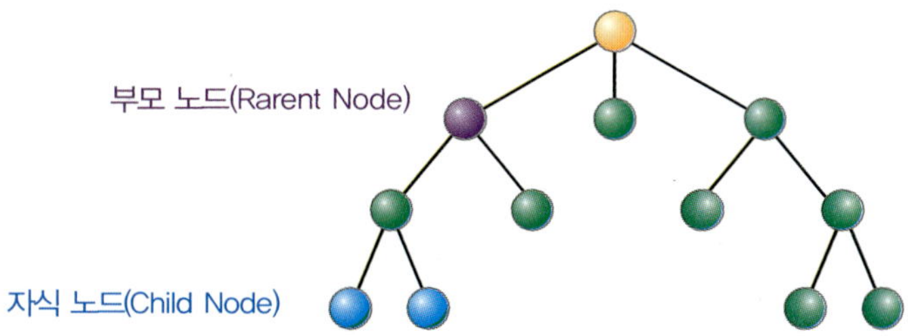

그림 4 결정 트리 노드 구조: 부모 노드와 자식 노드

결정 트리는 분류 과정을 나무 모양으로 표현합니다. 분류의 과정을 그림으로 볼 수 있기에 과정을 이해하기 쉽습니다.

그러나, 결정 트리는 1개의 나무만 만들 수 있습니다. 1개의 나무에 모든 데이터를 넣고 분류해야 하기 때문에, 데이터의 수가 너무 많거나 복잡한 특징을 가지고 있는 경우 나무의 깊이가 너무 깊어질 수 있습니다. 이를 과적합(Overfitting)이라고 합니다.

과적합(Overfitting)이란?

모델이 학습 데이터에 과하게 최적화되거나 너무 의존적인 경우를 말합니다. 학습 데이터에 대해서는 매우 좋은 모델이나 테스트 데이터로 예측을 수행할 때는 성능이 떨어집니다.

결정 트리에서는 과적합을 방지하기 위해 가지치기(Pruning)를 합니다. 결정 트리의 깊이가 너무 깊어지면 가지를 끊어주는 것입니다. 조기 종료 조건을 설정해 줍니다.

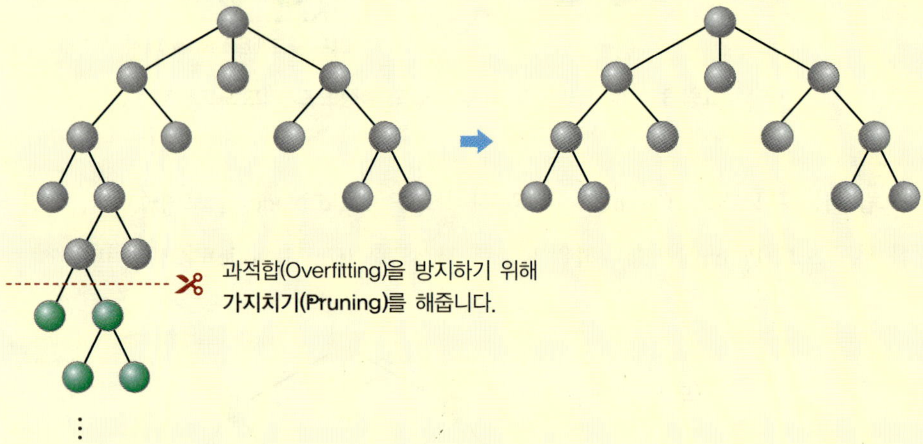

그림 5 가치치기

2 랜덤 포레스트(Random Forest)

랜덤 포레스트는 앞서 배운 결정 트리를 여러 개 묶어서 숲(Forest)을 만드는 모델입니다. 나무(트리, Tree)들이 모여 있기에 숲(Forest)이라는 이름이 붙여졌습니다. 하나의 나무만 만드는 것이 아니라 수 많은 나무들이 만들어지고, 그로부터 나온 분류의 결과들을 조합해서 만드는 모델입니다. 전문 용어로 표현하면 결정 트리에 배깅(Bagging) 방식으로 앙상블(Ensemble)하는 모델입니다.

배깅에 대해 먼저 이해해 보겠습니다. 배깅(bagging)이란, 데이터를 랜덤하게 복원 추출하여 다양한 데이터 셋을 만드는 것입니다. [그림 6]은 배깅의 과정(프로세스)을 보여줍니다.

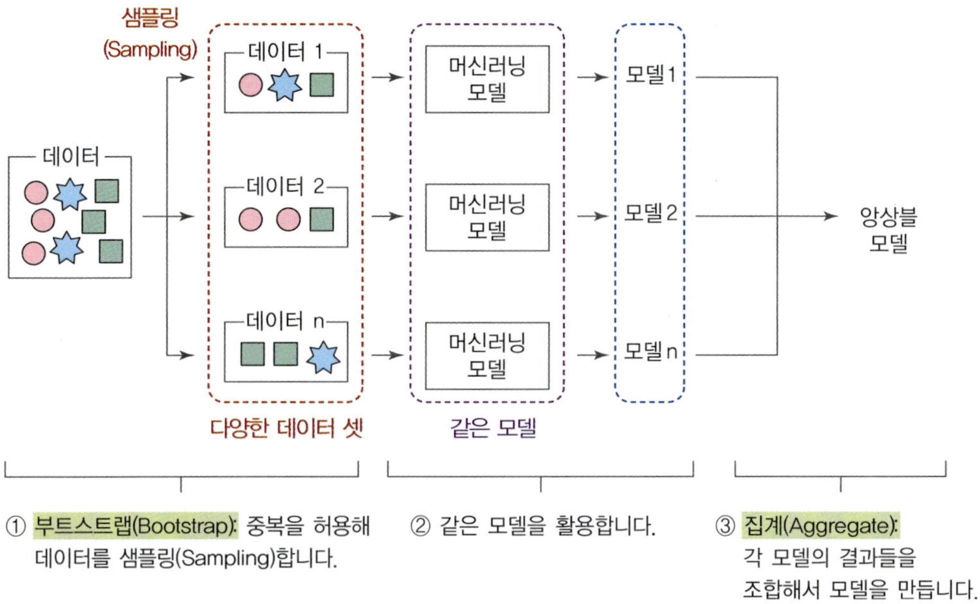

그림 6 배깅 프로세스

- 부트스트랩(Bootstrap)의 과정을 거칩니다. 복원 추출하여 데이터를 샘플링(Sampling)합니다. 다양한 데이터 셋을 만들 수 있으며, 복원 추출을 하기 때문에 같은 데이터 셋이 여러 번 만들어질 수도 있습니다.
- 다양한 데이터 셋이 하나의 모델을 사용합니다. 여기서는 트리 모델을 사용합니다. 단일 모델을 여러 번 사용함으로써 정확도를 높이고 과적합을 방지하는 효과가 있습니다.
- 모델을 n번 반복해서 학습하여 n개의 모델을 만듭니다. n개의 모델을 집계하여 앙상블 모델을 만듭니다.

배깅은 부트스트랩(Bootstrap)과 집계(Aggregate)의 합성어입니다.

부트스트랩부터 살펴보겠습니다. 부트스트랩은 샘플링(Sampling) 시 한 번 선택된 데이터를 다시 샘플링할 수 있습니다. 복원 추출 방식을 의미합니다. 쉽게 말해, 복권 번호를 추첨할 때 뽑았던 번호를 다시 넣고 뽑는 것입니다. 이를 통해 다양한 조합의 샘플을 구성할 수 있습니다.

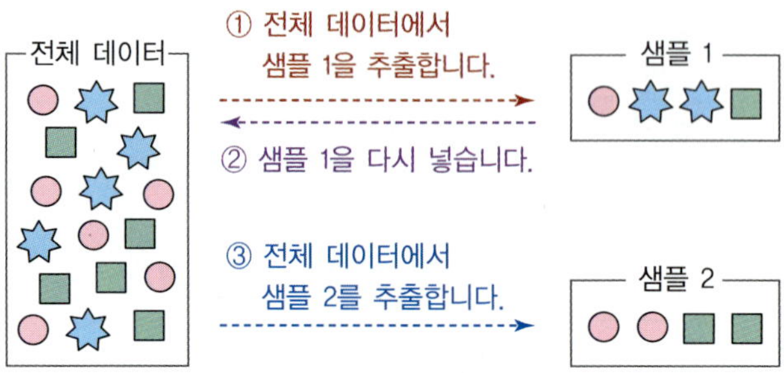

그림 7 부트스트랩 프로세스

집계는 부트스트랩을 통해 구성된 샘플들을 활용하여 만들어진 모델들의 예측 결과를 종합하는 것입니다. 최종 예측을 만듭니다. 대부분 다수결(Majority Voting)의 결과를 사용합니다. 다수결은 [그림 8]과 같이 모델의 결과들 중 가장 많이 선택된 결과를 최종 결과로 채택하는 것을 의미합니다.

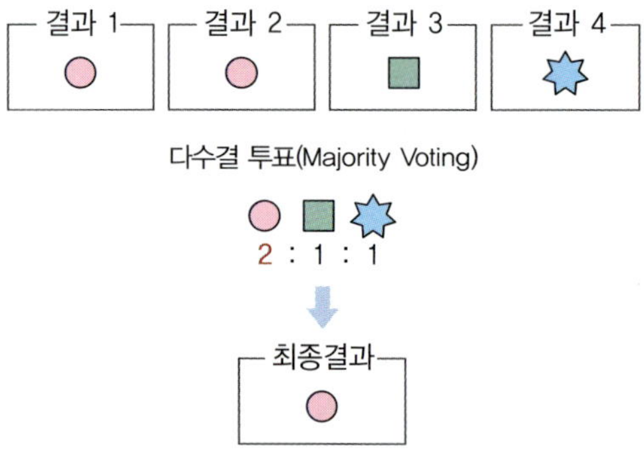

그림 8 집계 프로세스

랜덤 포레스트는 다음과 같은 순서로 모델을 만듭니다([그림 9] 참조).

① 부트스트랩 방식으로 데이터를 랜덤하게 샘플링합니다.

② 이후 각 데이터 샘플로 여러 개의 단순한 결정 트리를 구성합니다.

③ 모든 단순한 결정 트리의 결과를 집계하여 최종 예측 값을 얻습니다. 집계하는 과정을 앙상블이라고 표현할 수 있습니다.

단순한 트리들이 많아질수록 다양한 데이터 특성을 고려할 수 있습니다. 대규모의 데이터 셋에서도 안정적인 결과를 얻을 수 있습니다.

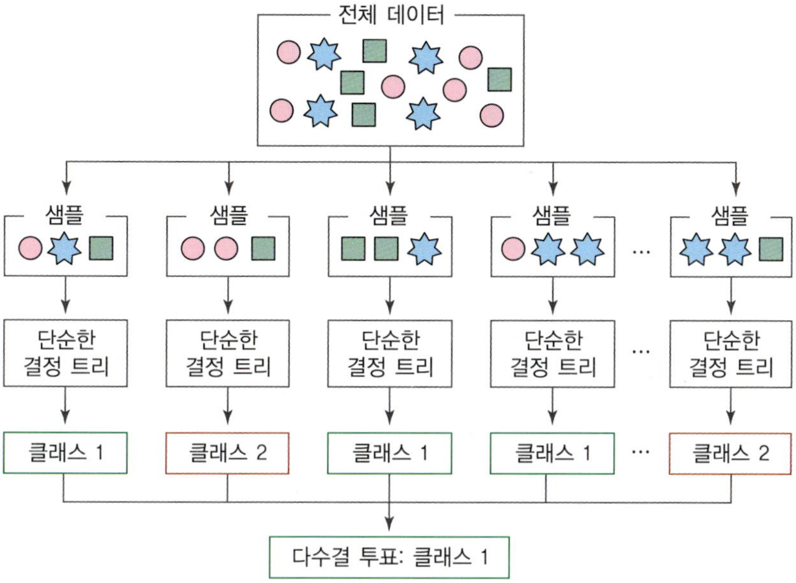

그림 9 랜덤 포레스트 모델 구조

> **단순한 결정 트리란?**
>
> 깊이를 제한하여 분할이 많이 이뤄지지 않거나 무작위로 선택된 일부 특징만을 사용하여 만들어진 트리를 의미합니다.

3 에이다 부스트(Adaptive Boosting, AdaBoost)

에이다 부스트는 잘못 분류한 데이터에 초점을 맞추어서 먼저 분류해 나가는 모델입니다.

- 잘못 분류한 데이터에 가중치를 부여합니다.
- 가중치를 고려해서 분류기준을 만듭니다.
- 분류기준을 순차적으로 적용합니다.
- 잘못 분류된 데이터가 존재할 동안 반복합니다.

- 생성된 분류기준을 결합해서 모델을 만듭니다.
- 모델을 통해 새로운 데이터에 대한 정답을 예측합니다.

요약하면, 모델이 잘못 분류한 데이터에 적절한(Adaptive) 가중치를 부여하는 부스팅(Boosting) 방식으로 앙상블(Ensemble)하는 모델입니다.

부스팅이란?

여러 모델이 연속적으로 학습하면서 이전 모델에서 잘못 분류한 부분을 보완하는 방식입니다.

예를 들어봅시다.

① 시험 준비를 합니다.

② 공부(=학습)를 합니다.

③ 모의고사를 풀었습니다.

④ 채점 후에 우리는 틀린 문제만 다시 점검하고 이를 학습합니다.

⑤ 틀린 이유를 분석하고 학습하면서 정확한 답을 도출할 수 있습니다.

부스팅도 비슷합니다. 학습한 후 틀린 부분들을 순차적으로 보완해 나가는 과정입니다. 에이다 부스트는 부스팅을 사용해서 여러 모델들을 적용한 후, 적용된 모델의 기준들을 결합(앙상블)하는 방법입니다.

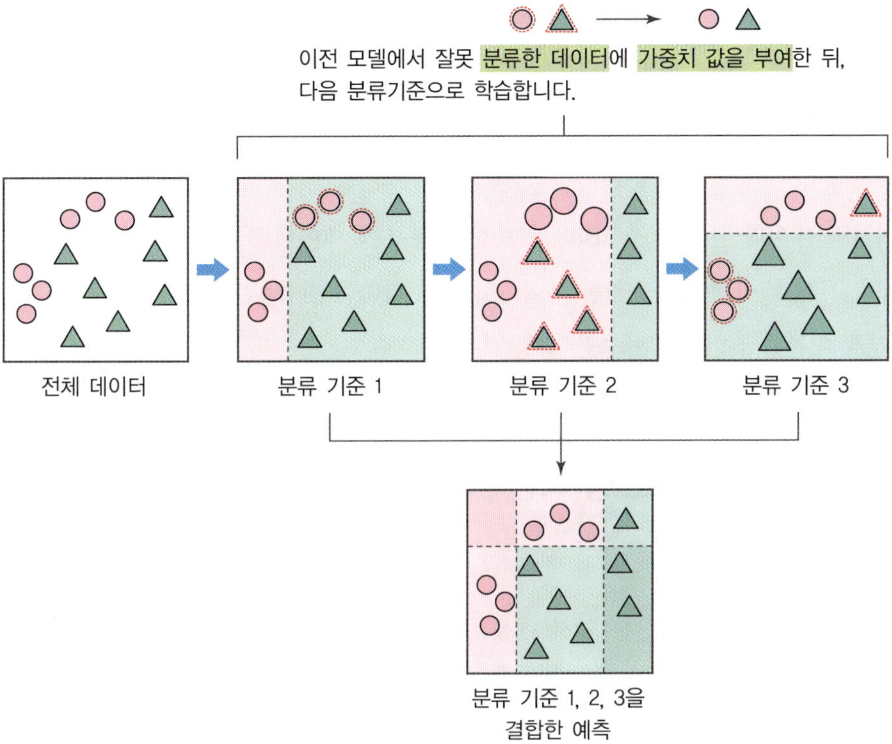

그림 10 에이다 부스트의 프로세스

에이다 부스트는 다음과 같은 순서로 모델을 만듭니다. [그림 10]을 살펴보시기 바랍니다.

① 분류 기준 1로 원과 세모를 분류합니다.
  - 빨간색 점선으로 표시된 원 데이터는 잘못 분류한 데이터입니다.

② 잘못 분류한 데이터에 가중치 값을 부여합니다.
  - 가중치가 부여된 오분류 데이터(원)는 다음 모델이 더 잘 분류할 수 있게 크기가 커졌습니다. (분류 기준 2의 그림 참고)

③ 분류 기준 2로 원과 세모를 분류합니다.
  - 빨간색 점선으로 표시된 세모 데이터는 잘못 분류한 데이터입니다.

④ 잘못 분류한 데이터에 가중치 값을 부여합니다.
  - 가중치가 부여된 오분류 데이터(세모)는 다음 모델이 더 잘 분류할 수 있게 크기

가 커졌습니다. (분류 기준 3의 그림 참고)

⑤ 분류 기준 3으로 원과 세모를 분류하고 잘못 분류한 데이터를 찾습니다.

⑥ 분류 기준 1, 2, 3을 결합합니다.

이처럼 에이다 부스트(AdaBoost)는 잘못 분류한 데이터를 순차적으로 고려합니다. 잘못 분류된 데이터에 가중치를 부여하여 분류 기준을 만듭니다. 순차적으로 고려한 모든 분류 기준을 결합하여 예측을 수행합니다.

4 그래디언트 부스팅 머신(Gradient Boosting Machine, GBM)

그래디언트 부스팅 머신은 앞서 배운 에이다 부스트처럼 부스팅을 사용하는 앙상블(Ensemble) 모델입니다. 그러나 에이다 부스트와의 차이점은 가중치를 부여하는 방식입니다.

- 에이다 부스트는 잘못 분류한 데이터에 적절한(Adaptive) 가중치를 부여합니다. 잘못 분류한 데이터에 초점을 맞춥니다.
- 그래디언트 부스팅 머신은 예측 오차(잔차, Residual)을 줄이는 방향으로 가중치를 부여합니다. 오차를 줄이는 방법으로 경사 하강법을 사용합니다.

잔차(Residual)란?

실제 정답과 모델이 예측한 예측 결과 간의 차이를 의미합니다. 예측 오차라고도 부릅니다.

예를 들어봅시다. 연봉을 예측하는 모델이 있습니다.

- 모델이 A의 연봉을 2,000만 원이라고 예측했습니다.

- 그러나 A의 실제 연봉은 1,500만 원이었습니다.
- 잔차는 예측 결과인 2,000만 원과 실제 정답인 1,500만 원의 차이인 500만 원입니다.

경사 하강법(Gradient Decent)이란?

오차(잔차)의 변화에 따라 이차함수 그래프를 만들고 적절한 학습률(이동거리)을 설정해서 미분이 0인 지점(기울기가 0인 지점을 구하는 것입니다.

기울기와 오차 사이에는 이차 함수의 관계가 있습니다([그림 11] 참조). 2차 함수의 최적의 해는 기울기(Gradient)가 0일 때입니다. 즉, 2차 함수 위의 점의 기울기가 점점 완만해져서 기울기가 0이 되었을 때 최적이라고 할 수 있습니다. 이와 비슷하게 경사 하강법(Gradient Decent)은 잔차가 가장 작은 지점을 찾는 방법으로 기울기(경사)를 사용합니다. 기울기가 점점 줄어드는(하강)하는 방향으로 이동시키는 방법입니다.

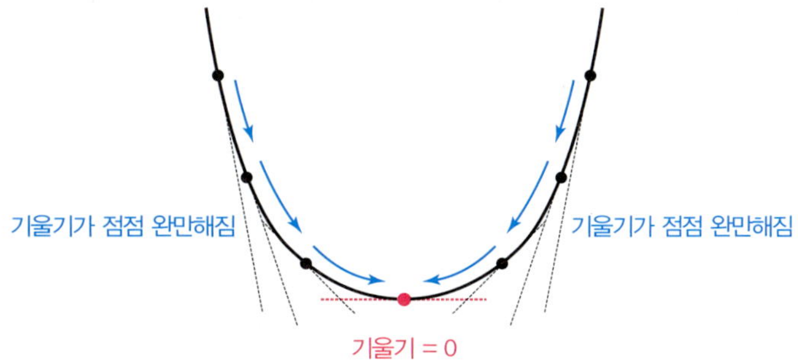

그림 11 경사 하강법의 원리

그래디언트 부스팅 머신은 다음과 같은 순서로 모델을 만듭니다. [그림 12]를 살펴보시기 바랍니다.

① 분류 기준 1로 원과 세모를 분류합니다. 빨간색 점선으로 표시된 세모 데이터는 잘못 분류한 데이터입니다.
  - 예측 오차(잔차)를 계산합니다. 분류 기준 1은 세모 데이터 4개를 잘못 분류했으므로 예측 오차(잔차)는 4입니다.

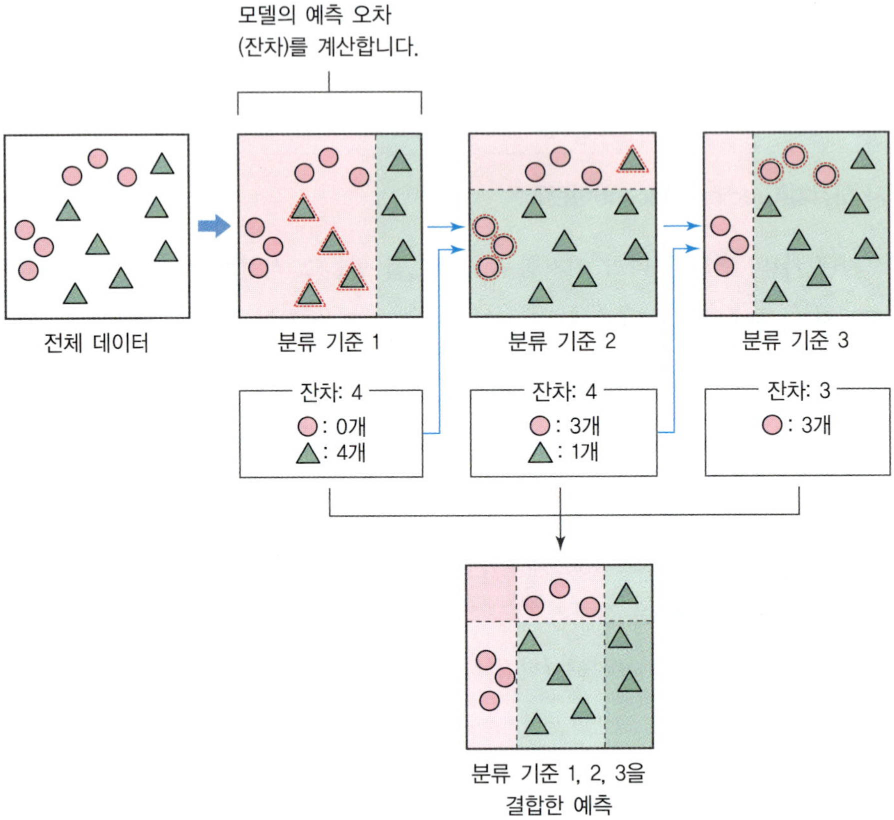

그림 12 그래디언트 부스팅 머신의 프로세스

② 분류 기준 2로 원과 세모를 분류합니다. 분류 기준 2는 분류 기준 1의 예측 오차(잔차)를 보완하도록 가중치가 부여된 분류 기준입니다.

- 빨간색 점선으로 표시된 원과 세모 데이터는 잘못 분류한 데이터입니다. 분류 기준 1에서 잘못 분류되었던 세모 데이터 4개는 잘 분류되었지만 새롭게 잘못 분류된 데이터들이 생겼습니다.
- 예측 오차(잔차)를 계산합니다. 분류 기준 2는 원 데이터 3개와 세모 데이터 1개를 잘못 분류했으므로 예측 오차(잔차)는 3+1=4입니다.

③ 분류 기준 3으로 원과 세모를 분류합니다. 분류 기준 3은 분류 기준 2의 예측 오차(잔차)를 보완하도록 가중치가 부여된 분류 기준입니다.

- 빨간색 점선으로 표시된 원 데이터는 잘못 분류한 데이터입니다. 분류 기준 2에서 잘못 분류되었던 원 데이터 3개와 세모 데이터 1개는 잘 분류되었지만 새롭

게 잘못 분류된 데이터들이 생겼습니다.

- 예측 오차(잔차)를 계산합니다. 분류 기준 3은 원 데이터 3개를 잘못 분류했으므로 예측 오차(잔차)는 3입니다. 예측 오차(잔차)가 줄어들었습니다.

④ 분류 기준 1, 2, 3을 모두 결합하여 모델을 만들고 예측을 수행합니다.

5 XGBoost(eXtreme Gradient Boosting)

XGBoost는 결정 트리에 그래디언트 부스팅(Gradient Boosting) 방식으로 앙상블(Ensemble)하는 모델입니다. 더 빠르게(Extreme) 그래디언트 부스팅을 수행하는 모델입니다.

XGBoost의 각 결정 트리는 노드를 균등하게 분할하는 방법인 균형 트리(Level-wise) 분할 방식을 사용합니다. 균형 트리는 좌우 서브 트리의 높이가 비슷하게 설계된 트리입니다([그림 13] 참조).

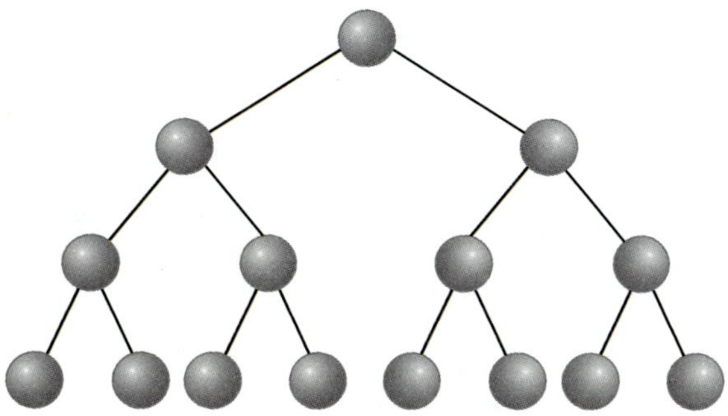

그림 13 균형 트리

균형 트리는 서브 트리의 높이를 균일하게 맞추기 위해 같은 층의 노드를 모두 분할한 뒤 다음 층의 노드를 분할합니다([그림 14] 참조).

① 0번째 층의 루트 노드(노드 ①)를 두 개의 노드로 분할합니다.

② 1번째 층을 분할합니다.

- 하위 노드 중 왼쪽 노드(노드 ②)부터 분할합니다.
- 이후 오른쪽 노드(노드 ③)를 분할합니다.

– 노드 ②, 노드 ③은 각각 두 개의 하위 노드가 생겼습니다.

③ 2번째 층을 분할합니다.

– 노드 ②의 왼쪽 하위 노드(노드 ④)부터 분할합니다.

– 이후 노드 ②의 오른쪽 하위 노드(노드 ⑤)를 분할합니다.

– 노드 ③의 왼쪽 하위 노드(노드 ⑥)를 분할합니다.

– 이후 노드 ③의 오른쪽 하위 노드(노드 ⑦)를 분할합니다.

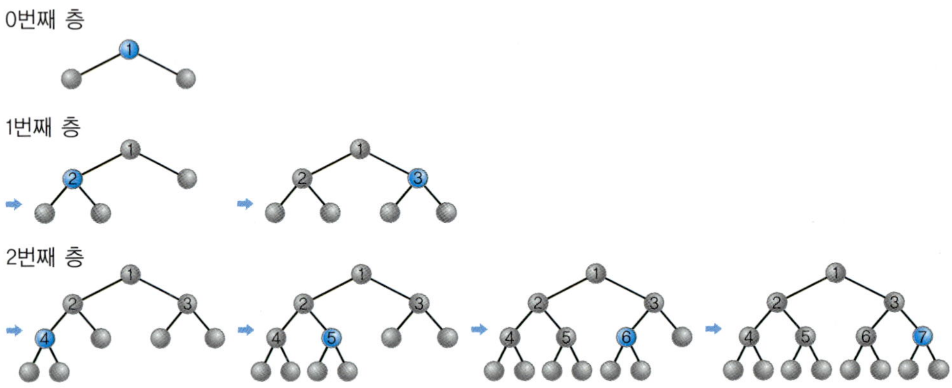

그림 14 균형 트리 분할 방식

XGBoost는 각 층의 노드의 분할을 병렬로 처리(Parallel Processing)할 수 있습니다([그림 15] 참조). 이를 통해 그래디언트 부스팅에 비해 학습 속도를 크게 향상시켰습니다.

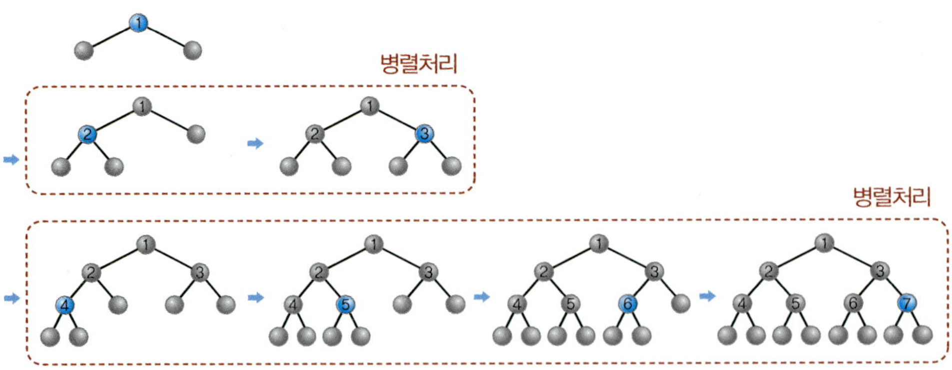

그림 15 XGBoost의 균형 트리 분할 방식

6 LightGBM(Light Gradient Boosting Machine)

LightGBM은 XGBoost와 마찬가지로 결정 트리에 그래디언트 부스팅(Gradient Boosting) 방식으로 앙상블(Ensemble)하는 모델입니다. XGBoost와의 차이점은 보다 가볍게(Light) 그래디언트 부스팅을 수행하는 모델입니다.

LightGBM의 각 결정 트리는 리프 중심 트리(Leaf-wise) 분할 방식을 사용합니다([그림 16] 참조).

리프 중심 트리 분할 방식은 트리의 균형을 고려하지 않고 오차가 큰 리프 노드를 우선적으로 분할하는 방식입니다. 즉, 모델이 가장 잘못 예측한 부분을 먼저 집중 개선하는 방식입니다.

- 0번째 층의 루트 노드(노드 ①)를 두 개의 노드로 분할합니다.
- 1번째 층의 분할된 하위 노드 중 오차가 큰 노드(노드 ②)를 분할합니다.
- 2번째 층의 분할된 하위 노드 중 오차가 큰 노드(노드 ③)를 분할합니다.
- 3번째 층의 분할된 하위 노드 중 오차가 큰 노드(노드 ④)를 분할합니다.

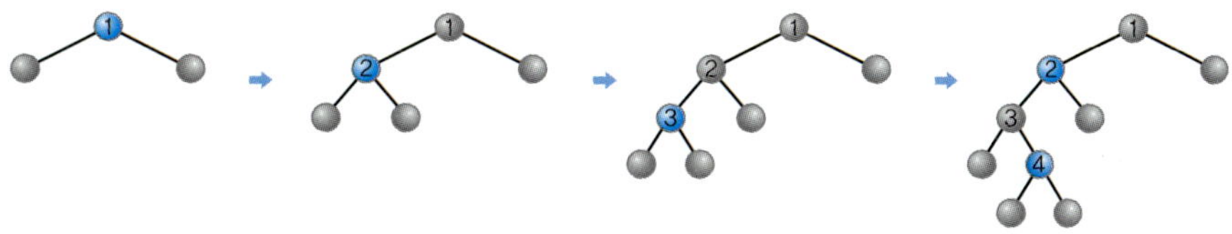

그림 16 리프 중심 트리 분할 방식

균형 트리(Level-wise) 분할 방식([그림 14] 참조)는 각 노드를 분할하는 데 많은 계산이 필요합니다. 특히 많은 양의 데이터를 학습할 경우 메모리가 많이 사용되고 학습 시간이 오래 걸리는 단점이 있습니다.

그러나 리프 중심 트리 분할 방식([그림 16] 참조)은 오차가 있는 경우에만 노드를 분할합니다. 즉, 필요한 경우에 의해서만 분할을 수행하므로 메모리가 적게 사용될 수 있고 학습 시간이 훨씬 빠릅니다.

리프 중심 트리 분할 방식을 사용하는 LightGBM은 XGBoost와 비슷한 성능을 가지지만, 메모리를 적게 사용하며 학습시간이 훨씬 빠릅니다. 따라서 많은 양의 데이터를 효율적으로 처리할 수 있습니다.

리프 중심 트리 분할 방식이 항상 좋을까요?

리프 중심 트리 분할 방식은 오차가 가장 큰 노드를 우선적으로 분할하기 때문에 한쪽으로 치우칠 수 있습니다. 즉, 데이터의 특성에 따라 과적합(Overfitting)될 수 있습니다. 이를 방지하기 위해 데이터에 맞게 트리의 깊이를 조절할 필요가 있습니다.

USING PYTHON

머신러닝 기반 데이터분석

WITH CASE STUDY

저　　자　박민서
발 행 인　김지영
발 행 처　자유아카데미
주　　소　경기도 파주시 회동길 37-42
　　　　　파주출판도시
전　　화　031-955-1321
팩　　스　031-955-1322
홈페이지　www.freeaca.com
전자우편　main@freeaca.com (대표)
　　　　　editor@freeaca.com (편집)
　　　　　crm@freeaca.com (영업)
등　　록　제406-2003-017호, 1980. 7. 12
제1판1쇄　2025년 2월 25일 발행

저자와의 협의하에 인지생략

ISBN 979-11-5808-676-3 93000